COLABORAÇÃO

Preencha a **ficha de cadastro** no final deste livro
e receba gratuitamente informações
sobre os lançamentos e as promoções da Elsevier.

Consulte também nosso catálogo
completo, últimos lançamentos
e serviços exclusivos no site
www.elsevier.com.br

MORTEN T. HANSEN

COLABORAÇÃO

Prefácio de **Jim Collins,**
autor de *Empresas feitas para vencer*
e *Como as gigantes caem*

Tradução **Thereza Ferreira Fonseca**

Do original: *Collaboration*
Tradução autorizada do idioma inglês da edição publicada por Harvard Business Press
Copyright © 2009, by Morten T. Hansen

© 2011, Elsevier Editora Ltda.

Todos os direitos reservados e protegidos pela Lei nº 9.610, de 19/02/1998.
Nenhuma parte deste livro, sem autorização prévia por escrito da editora, poderá ser reproduzida ou transmitida sejam quais forem os meios empregados: eletrônicos, mecânicos, fotográficos, gravação ou quaisquer outros.

Copidesque: Adriana Alves Ferreira
Revisão: Andréa Campos Bivar e Jussara Bivar
Editoração Eletrônica: Estúdio Castellani

Elsevier Editora Ltda.
Conhecimento sem Fronteiras
Rua Sete de Setembro, 111 – 16º andar
20050-006 – Centro – Rio de Janeiro – RJ – Brasil

Rua Quintana, 753 – 8º andar
04569-011 – Brooklin – São Paulo – SP – Brasil

Serviço de Atendimento ao Cliente
0800-0265340
sac@elsevier.com.br

ISBN 978-85-352-3472-5
Edição original: ISBN 978-1-4221-1515-2

Nota: Muito zelo e técnica foram empregados na edição desta obra. No entanto, podem ocorrer erros de digitação, impressão ou dúvida conceitual. Em qualquer das hipóteses, solicitamos a comunicação ao nosso Serviço de Atendimento ao Cliente, para que possamos esclarecer ou encaminhar a questão.

Nem a editora nem o autor assumem qualquer responsabilidade por eventuais danos ou perdas a pessoas ou bens, originados do uso desta publicação.

CIP-Brasil. Catalogação-na-fonte
Sindicato Nacional dos Editores de Livros, RJ

H222c   Hansen, Morten T.
        Colaboração : o segredo dos grandes líderes para evitar armadilhas, promover a união e conseguir excelentes resultados / Morten T. Hansen ; tradução: Thereza Ferreira Fonseca. – Rio de Janeiro : Elsevier, 2010.

        Tradução de: Collaboration
        Apêndice
        ISBN 978-85-352-3472-5

        1. Administração de empresas. 2. Liderança. I. Título.

10-4797.   CDD: 658.4
                                                              CDU: 658.012.32

À minha família:
Minhas filhas, Alexandra e Julia
Minha esposa, Hélène
E a meu pai e minha mãe

Agradecimentos

Tive sorte em receber tanta ajuda de muitas pessoas nas pesquisas por trás deste livro e na tarefa de escrevê-lo. Gostaria de agradecer a meus coautores, que trabalharam comigo ao longo dos anos para produzir os artigos acadêmicos e de administração que serviram de base para esta obra: Julian Birkinshaw, Martine Haas, Roger Lehman, Bjorn Lovas, Louise Mors, Nitin Nohria, Joel Podolny, Jeffrey Pfeffer, Jasjit Singh, Thomas Tierney e Bolko von Oetinger.

Também fui afortunado por ter tido mentores excelentes em minha carreira. O professor Jeffrey Pfeffer, da Stanford Business School, foi o presidente de minha comissão de doutorado em Stanford, e sempre forneceu valiosa orientação em minhas pesquisas. O professor Nitin Nohria, da Harvard Business School, foi mentor, coautor e fonte contínua de apoio na década passada. O professor Kim Clark, ex-reitor da Harvard Business School, me deu o incentivo inicial para este projeto quando sugeriu que eu enfocasse o tema da colaboração. Jim Collins, meu colega nos últimos 15 anos, tem sido uma luz norteadora, uma inspiração, um crítico duro e, acima de tudo, um grande amigo.

Várias outras pessoas dedicaram tempo para ler as versões preliminares do manuscrito deste livro e fornecer comentários valiosos: Ron Adner, Eric Benhamou, Nana von Bernuth, Harald Boerner, Peter Boback, Jeff Bradach, Bertil Chappuis, Jim Collins, Patrick Forth, Marianne Gillan, Egill Hansen, André Hoffmann, Cecilie Heucht, Martine Haas, Herminia Ibarra, Wistar H. MacLaren, Birger Magnus, Bjørn Matre, Louise Mors, Bolko von Oetinger, Jeffrey Pfeffer, Geoff Ralston, Mika Salmi, Einar Venold, Ludo Van Der Heyden, Jan Weetjens e quatro revisores anônimos.

Don Sull e Herminia Ibarra me ajudaram a analisar os títulos, e minha assistente Jayne Brocklehurst me auxiliou com uma série de consultas e outros trabalhos administrativos referentes ao livro.

Ao longo do caminho, Nana von Bernuth, minha assistente de pesquisa, merece uma menção especial. Nana realizou, com todo zelo, numerosas consultas de procedência do material para o livro, e analisou informações financeiras de empresas. Ela fez um trabalho formidável.

Este livro não teria chegado perto do que se tornou sem o apoio de meus editores. Melinda Merino, da Harvard Business School, desde cedo me encorajou a escrevê-lo, e eu a agradeço por seu encorajamento e orientação. Ela foi uma editora fantástica. Connie Hale forneceu orientação magnífica sobre o texto. Alev Croutier foi de grande ajuda com a linguagem e a arte de contar histórias. Agradeço a Betsy Hardinger pela excelente ajuda com a revisão final do texto. Stephani Finks fez um ótimo trabalho com o design da sobrecapa. Paul Hemp fez um trabalho formidável no artigo original da *Harvard Business Review* sobre gestão-T. Sarah Cliff, Nick Carr, Alden Hayashi e David Light foram excelentes editores de artigos anteriores da *Harvard Business Review* e *Sloan Management Review* sobre os quais se baseia este livro. Jennifer Waring, da Harvard Publishing, fez um ótimo trabalho ao acompanhar o manuscrito até sua transformação em livro. Laurie Anderson ajudou com os gráficos, enquanto Hailey Reeser colaborou na edição de imagem.

Minha família foi um grande apoio durante os dois anos de escrita do livro. Minhas duas filhas, Julia e Alexandra, me aturaram e também me ajudaram a pensar sobre os títulos. Minha esposa, Hélène, não apenas leu mais rascunhos do que qualquer outra pessoa e fez comentários perspicazes, como também me apoiou ao longo de todo o processo. Tenho sorte em ter uma família tão maravilhosa.

Agradeço a todos por toda a ajuda que tive a sorte de receber.

Morten Hansen
Sausalito, Califórnia
Janeiro de 2009

O autor

MORTEN T. HANSEN é professor de administração na School of Information da University of California, em Berkeley, e do INSEAD. Por vários anos, foi professor da Harvard Business School. Antes de entrar para Harvard, Hansen obteve seu PhD na Graduate School of Business em Stanford University.

As pesquisas de Hansen sobre colaboração ganharam vários prêmios de prestígio – inclusive o de melhor artigo da *Sloan Management Review* e o prêmio por ter feito contribuições excepcionais no campo de estudos organizacionais, concedido pela *Administrative Science Quarterly*, destacada revista acadêmica da área. Vários de seus artigos sobre colaboração, publicados na *Harvard Business Review*, tiveram grande procura por muitos anos.

Tendo realizado pesquisas sobre colaboração durante mais de uma década, Hansen combina rigor acadêmico com aplicações práticas. Suas pesquisas foram publicadas nas principais revistas acadêmicas e de administração, incluindo *Strategic Management Journal*, *Academy of Management Journal*, *Organization Science*, *Administrative Science Quarterly*, *Harvard Business Review* e *Sloan Management Review*. Hansen também escreveu editoriais para o *Financial Times*.

Sua experiência estende-se além da área de colaboração e engloba pesquisas sobre transformação empresarial, empresas familiares, liderança, crescimento rentável e inovação. Com Jim Collins (autor de *Empresas feitas para vencer*), Hansen está fazendo novas pesquisas a respeito de como as empresas podem se tornar excelentes em mundos turbulentos.

Além da carreira acadêmica, foi consultor empresarial sênior do Boston Consulting Group, nos escritórios de Londres, Estocolmo e San Francisco, onde era membro do BCG Strategy Institute. Hansen continua prestando consultoria para grandes empresas, promove seminários com equipes de executivos e faz palestras em reuniões de diretoria em empresas.

Prefácio

Há vários anos, perguntei a Morten Hansen por que ele escolheu o tema colaboração como foco de pesquisa. "Porque se as pessoas soubessem como colaborar adequadamente, o mundo funcionaria melhor", respondeu ele. Este livro representa o ápice de 15 anos de parte da melhor pesquisa sobre o tema colaboração eficaz. E ele vem com uma mensagem essencialmente importante que contraria as expectativas: *colaborar de forma certa aumenta a força, mas colaborar de forma errada é pior do que não colaborar.* Ao ler estas páginas, você entenderá o poder da colaboração eficaz e os enormes perigos da colaboração inadequada. E também aprenderá princípios confiáveis de *como* colaborar.

Conheci Morten em 1991, quando ele deixou de lado seu lucrativo trabalho de consultoria no Boston Consulting Group para aceitar uma bolsa de estudos Fulbright e entrar para nossa equipe de pesquisa na Stanford Graduate School of Business. Logo percebi que Morten possui uma intensidade incomum no trabalho quando ele se ofereceu para a tarefa de selecionar uma empresa comparável à Motorola em nosso estudo sobre o que torna as empresas visionárias. Nós precisávamos identificar a companhia mais semelhante à Motorola quando ela era uma pequena empresa. A Motorola fabricava rádios para automóveis nos anos 1930, e nós nos deparamos com um problema: como iríamos elaborar uma lista de pequenas empresas que fabricavam rádios para automóveis na década de 1930?

Morten encontrou uma solução inteligente. Ele dirigiu 80km até o depósito afastado de uma biblioteca, situado em Richmond, Califórnia, cidade assolada pelo crime e classificada entre as 25 "cidades mais perigosas" dos Estados

Unidos. Caminhou desapressado até a antiquada mesa de informações – sem sofisticada busca eletrônica, sem internet – e preencheu uma ficha solicitando catálogos telefônicos do final dos anos 1920 e início dos anos 1930. O bibliotecário desapareceu por quase uma hora e finalmente retornou com uma pilha de catálogos telefônicos empoeirados. Usando as páginas amarelas da década de 1920, Morten elaborou uma lista de empresas fabricantes de rádios de automóvel, pela qual descobrimos que a Zenith tinha uma semelhança quase perfeita com a Motorola em meados do século XX.

Naquele momento, eu soube que Morten teria tenacidade e criatividade para realizar pesquisas notáveis. Depois de sua atividade como inestimável componente de equipe com Jerry Porras e eu, no que mais tarde tornou-se o livro *Feitas para durar*, ele concluiu um doutorado em Stanford e iniciou sua pesquisa sobre colaboração. Mais tarde, tornou-se professor da Harvard Business School, onde continuou sua pesquisa e lecionou nos cursos de MBA e de formação de executivos. Atualmente ocupa o prestigioso cargo de professor catedrático na Universidade da Califórnia, em Berkeley.

Três características do estilo de Morten sempre me impressionaram:

1. *Rigor.* Uma das pessoas mais intelectualmente honestas que já conheci, Morten adota uma abordagem analítica meticulosa em suas pesquisas. Em nosso trabalho juntos ao longo dos anos, fiquei impressionado com sua disciplina e esmero. Em uma pesquisa que conduzimos juntos, Morten formulou um processo de seleção em dez etapas, começando com mais de vinte mil pontos de dados e aplicando uma série sistemática de testes e filtros para encontrar um conjunto robusto de dados de estudo. Quando eu achava que tínhamos terminado, Morten sugeria: "Creio que haja mais um passo que devemos seguir para garantir a qualidade da nossa pesquisa básica." Em *Colaboração*, você verá um edifício de ideias construído por Morten ao longo dos anos, sustentado por uma sólida base de dados quantitativos, método rigoroso e análise cuidadosa.
2. *Relevância.* John Gardner, ex-ministro da Saúde, Educação e Bem-estar Social e fundador da organização Common Cause, comentou certa vez que a iniciativa acadêmica avança progressivamente na direção de responder "com mais precisão perguntas de irrelevância crescente". Morten resiste resolutamente a essa armadilha, optando por

responder perguntas mais importantes com mais rigor e tornando seu trabalho relevante para aqueles que precisam liderar e gerenciar. Morten converteu sua investigação científica em mecanismos fáceis de usar: *como* unir pessoas; *como* cultivar líderes colaborativos que cumprem suas promessas pessoais; e *como* aproveitar o poder das redes de contatos. Poucos livros práticos têm uma base meticulosa de pesquisa e, igualmente, poucos livros acadêmicos oferecem uma orientação útil e prática. *Colaboração* reúne as duas coisas – ele oferece o porquê e o como, a ciência e a prática, de trabalhar em conjunto.

3. *Aspiração.* Morten tem paixão por questões de maior importância para o ser humano – não apenas pela forma como as empresas podem ganhar mais dinheiro. Sim, as ideias neste livro ajudarão os dirigentes empresariais a ganhar mais dinheiro, mas os conceitos aqui contidos vão além de negócios para responder à pergunta: como as pessoas podem trabalhar juntas mais eficazmente de modo a tornar as organizações mais produtivas e a sociedade mais civilizada? Os melhores pensadores da administração procuram o *e*: como alcançar objetivos *e* lucros; como ser responsável perante os acionistas *e* o meio ambiente; como reduzir custos *e* desenvolver pessoas; como produzir resultados a longo prazo *e* a curto prazo; como ser virtuoso *e* prático. Morten explica essa busca pelo *e* neste trabalho: como adquirir cultura de responsabilização individual *e* responsabilização compartilhada.

Morten Hansen presta um serviço notável ao reunir seus 15 anos de pesquisa neste livro informativo e prático. Não importa se você dirige uma empresa ou uma orquestra, administra uma escola ou um hospital, comanda uma brigada, concorre a um cargo público, dirige uma agência governamental, treina uma equipe esportiva – todo e qualquer empreendimento complexo exige colaboração. Se a má colaboração é perigosa, então você não tem escolha a não ser colaborar bem.

Jim Collins
Autor de *Empresas feitas para vencer*
Coautor de *Feitas para durar*
Boulder, Colorado
21 de novembro de 2008

Sumário

Introdução: Os perigos da colaboração – em épocas boas e ruins ... 1

1 Colaborar do jeito errado... ou do jeito certo ... 5

PARTE I: OPORTUNIDADES E BARREIRAS

2 Saiba quando colaborar – e quando não ... 25

3 Identifique as quatro barreiras à colaboração ... 49

PARTE II: SOLUÇÕES

4 Mecanismo 1: Promover a união de pessoas ... 77

5 Mecanismo 2: Promover a gestão-T ... 99

6 Mecanismo 3: Criar redes de contatos ágeis ... 123

PARTE III: UM DESAFIO PESSOAL

7 Torne-se um líder colaborativo ... 151

Fim da jornada (por enquanto) ... 175

Apêndice: A pesquisa por trás do livro ... 179
Notas ... 187
Bibliografia ... 221
Índice ... 231

INTRODUÇÃO

Os perigos da colaboração – em épocas boas e ruins

COLABORAR DE forma errada é pior do que não colaborar. As pessoas correm de uma reunião para outra para coordenar o trabalho e trocar ideias, mas muito pouco é realizado. Funcionários de diferentes unidades da empresa discutem sobre quem deveria fazer o que em um projeto compartilhado, e a rivalidade entre eles prejudica o trabalho.

Esta é uma péssima maneira de trabalhar em épocas boas: recursos são desperdiçados enquanto concorrentes melhores passam à frente. É também uma completa imprudência em épocas ruins, como em crises, em que a habilidade de colaborar pode fazer a diferença entre ser ou não bem-sucedido.

A colaboração inadequada é um mal que aflige até as melhores empresas. Aprendi essa preocupante lição nos anos 1990, quando estudava a Hewlett-Packard em meu curso de doutorado na Universidade de Stanford. Um fato curioso me chamou a atenção sobre essa fabulosa empresa na época: muitas equipes de inovação colaboravam em todas as divisões da empresa, mas, mesmo assim, achavam muito difícil. Como era possível? Achei a pergunta tão fascinante que decidi dar tudo de mim e fazer minha tese sobre o tema.

Assim, pus mãos à obra, visitando instalações da HP por toda parte e coletando montes de dados sobre 120 projetos e 41 unidades de negócios. Foram dois anos de trabalho meticuloso. O quadro que surgiu me impressionou. Para algumas equipes, a colaboração entre as divisões da HP funcionava maravilhosamente. Elas dispunham de programas, equipamentos e talento notáveis, e executavam seus projetos melhor e mais rápido. Para outras equipes, era um fracasso desanimador. Elas caíam nas armadilhas da colaboração, consumindo tempo em disputas entre as divisões, em vez de trabalhar no produto. Algumas equipes eram piores colaborando do que sem colaborar.

O estudo da HP me fez compreender a pergunta essencial sobre colaboração. Não é "Como os líderes induzem as pessoas a colaborar mais?". Essa pergunta presume que mais colaboração é necessariamente uma coisa boa, mas não é. Em vez disso, a pergunta essencial é: "Qual é a diferença entre boa e má colaboração?"

Nos últimos 15 anos, procurei respostas para essa pergunta, concentrando-me na colaboração dentro das empresas. O estudo da HP forneceu algumas peças do quebra-cabeça, especialmente sobre a forma de montar redes de contatos em toda a empresa que fazem a colaboração funcionar. Depois que obtive meu diploma de doutorado em Stanford, entrei para a Harvard Business School como professor assistente e ali continuei minha pesquisa. Quando tive a oportunidade de pesquisar uma das maiores consultorias de tecnologia da informação do mundo, eu a agarrei sem pestanejar, pois era um cenário muito diferente do da HP. Juntamente com a colega Martine Haas, examinei dados sobre 180 equipes de vendas, buscando indícios de por que algumas desempenhavam melhor quando colaboravam, mas outras se saíam pior. Esse estudo nos forneceu mais uma peça do quebra-cabeça: regras que os gestores podem usar ao decidir se devem ou não colaborar.

A pesquisa continuou. Certo dia, quando estava em minha sala em Harvard, recebi um telefonema de Bolko von Oetinger, vice-presidente do BCG (Boston Consulting Group) e diretor de seu Instituto de Estratégia. "Há algo interessante que possamos fazer juntos?", perguntou ele. Como eu ansiava por pesquisar a colaboração em mais empresas, decidimos entrevistar altos executivos em grandes multinacionais nos Estados Unidos, Europa e Ásia. Indo de um ponto a outro e acumulando milhas aéreas, nós inquirimos cinquenta executivos sobre a diferença entre boa e má colaboração. Obtive ideias inestimáveis, especialmente sobre o tipo de gestão necessário para se sair bem em empresas colaborativas (a que nos referimos como gestão-T).

Depois, quando tirei licença de Harvard para trabalhar no BCG, tive a oportunidade de atuar com clientes a fim de implementar a colaboração. Foi uma valiosa experiência de aprendizado, porque pude aplicar alguns destes conceitos na prática e, em troca, aprender com as empresas. Posteriormente, de volta a Harvard, iniciei novas pesquisas sobre mais de 100 empresas; com elas descobri que organizações encontram quatro tipos de obstáculo à colaboração e que não existe uma solução "que se aplique a todos os casos" (ver o Apêndice para uma visão geral de toda a pesquisa).

Processar dados concretos para descobrir quando a colaboração funciona – e quando não funciona – é um exercício de grande auxílio, mas não isoladamente. Felizmente, tive a sorte de ser professor em dois lugares que se destacam pela combinação de pesquisa e prática: Harvard Business School e INSEAD, uma importante escola de administração na Europa. Era possível fazer uma análise estatística sobre colaboração pela manhã, e à tarde comentá-la com um talentoso grupo de alunos do curso de MBA ou participantes do curso de formação de executivos. Também escrevi e dei aulas sobre vários estudos de caso minuciosos sobre colaboração, fiz palestras sobre o tema e aprendi muito com essas interações.

Tive uma jornada longa e imensamente gratificante para descobrir a diferença entre a boa e a má colaboração. Trabalhei com pessoas notáveis, fui orientado por alguns dos melhores profissionais do mundo e aprendi com alunos e executivos extraordinários. Mas agora é hora de parar de pesquisar e pôr no papel tudo o que aprendi.

Este livro é meu quebra-cabeça resolvido. A resposta que forneço para a pergunta sobre qual é a diferença entre a boa e a má colaboração é um conjunto de princípios a que me refiro como *colaboração disciplinada*. Trata-se da resposta a uma simples questão que se nos coloca a todos, quer sejamos altos executivos, dirigentes de organizações sem fins lucrativos, servidores públicos, políticos, prefeitos, diretores de escola, médicos, advogados ou líderes religiosos: como podemos promover a colaboração certa para conseguir os grandes feitos inatingíveis quando trabalhamos sozinhos?

CAPÍTULO 1

Colaborar do jeito errado... ou do jeito certo

No início de 2003, Howard Stringer, dirigente das operações americanas da Sony, gigante japonesa do setor eletrônico, planejava uma reação ao estrondoso sucesso da Apple com o iPod, um pequeno tocador de música portátil lançado recentemente. A Sony não queria deixar que a Apple dominasse o mercado – afinal, esse era um mercado que deveria pertencer à Sony. Ela tinha criado a ideia de que as pessoas pudessem carregar música na cabeça, com o iconoclástico Walkman, que fora lançado em 1979 e já vendera quase 200 milhões de unidades quando o iPod tornou-se a nova sensação.[1] Stringer era o homem certo para comandar a ofensiva: um inglês jovial de 1,92m de altura, formado em Oxford, que fora levado para a Sony em 1977, nos Estados Unidos, para ajudar a promover a integração das divisões, obstinadas e independentes, de música, filmes e eletrônicos. Stringer tivera uma longa carreira na mídia – como jornalista, dirigente da CBS News e presidente da CBS –, era um executivo experiente que entendia dessa área e poderia desenvolver a colaboração na Sony.[2]

Em 2003, a Sony era uma empresa colossal. Com vendas anuais de $62 bilhões, ela era 10 vezes maior que a Apple, que tinha vendas de $6,2 bilhões.[3] Além, disso, a Sony estava em uma posição muito melhor do que a Apple para lançar tocadores de música portáteis e uma loja de música on-line. A Sony tinha a divisão Walkman (e, portanto, poderia desenvolver o seu próprio disco rígido para o tocador de música), a linha de computadores pessoais VAIO (e, portanto, tinha tecnologia de computadores), a Sony Music (e, portanto, tinha muito conhecimento sobre música)[4] e a Sony Electronics (e, portanto, tinha uma variedade de dispositivos e baterias). Ironicamente, ela fornecia as baterias para o iPod. A Sony também era famosa por seu design elegante. Da perspectiva privilegiada de seu escritório de Manhattan, Stringer podia ver que possuía todas as peças para montar um contra-ataque ao iPod. Philip Wiser, CTO (Chief Technology Officer) da Sony U.S., disse-lhe: "Podemos fazer isso em nove meses. Temos o produto, o hardware e o software."[5] A essa altura, a Apple oferecia o aparelho iPod e o software iTunes somente para computadores, e não a loja de música on-line. Portanto, ainda havia tempo para alcançá-la.

Stringer e Wiser puseram todas as peças em movimento. Apropriadamente, chamaram a iniciativa de Connect – que reflete a visão de união das várias peças da Sony para conectar os tocadores de música portáteis com uma loja de música on-line.

As dores de cabeça da Sony surgiram cerca de 18 meses antes, em 23 de outubro de 2001. Nesse dia, Steve Jobs, o fascinante líder da Apple, apresentou o iPod para o mundo: "Este pequeno aparelho incrível armazena mil músicas e cabe no bolso."[6] Usando o clássico traje jeans e camiseta preta de gola alta, Jobs estava no pequeno palco de um auditório despretensioso, na sede da Apple em Cupertino, situada no centro do Vale do Silício, na Califórnia. Os 200 convidados, muitos deles jornalistas, não faziam ideia de que a Apple estava lançando um tocador de música portátil naquele dia. (A modesta carta-convite dizia: "Pista: não é um Mac.")

Jobs, o eterno *showman*, provocou a plateia, passando slides durante cerca de 10 minutos para então chegar ao ponto principal: "Deixe-me mostrar a vocês." Primeiro ele exibiu a lateral fina do iPod. Em seguida, mostrou a parte posterior. Finalmente, disse: "Esta é a parte da frente, bum!" E então coroou a exposição: "Tenho um aqui no meu bolso." Jobs exibiu o iPod para que o mundo pudesse ver, e a plateia irrompeu em aplausos.

Foi um retorno notável para Jobs, que cofundara a Apple em 1976, aos 21 anos, fora despedido pelo CEO John Sculley em 1985 e, depois, voltara como CEO interino em 1997, quando a Apple estava perto da falência.[7] O iPod não foi o primeiro tocador de música portátil com disco rígido a ser lançado no mercado (o Rio, um tocador de música portátil com capacidade de armazenamento aproximada de 100 músicas, surgiu em 1998),[8] mas era fácil de usar, tinha um visual moderno e funcionava com o software iTunes, da Apple, para permitir aos usuários gerenciar músicas em seus computadores.

Quando as pessoas começaram a olhar sob as aparências, logo perceberam que o iPod não era uma revolução tecnológica maravilhosa, mas sim a combinação inteligente de muitos elementos existentes. "Era um produto que tirava o máximo proveito de tecnologias que já existiam", explicou John Rubinstein, vice-presidente sênior de hardware da Apple.[9] O disco rígido que armazenava todas aquelas músicas era uma pequena unidade de disco de 1,8" da Toshiba; a minúscula bateria era da Sony; o projeto de hardware foi fornecido por uma pequena empresa do Vale do Silício chamada PortalPlayer; o conversor digital-analógico veio da Wolfson Microelectronics; o controlador de interface FireWire foi fornecido pela Texas Instruments; e parte do software veio da Pixo.[10]

Na Apple, uma equipe de hardware liderada por Tony Fadell e subordinada a Rubinstein fora responsável pela arquitetura do aparelho que abrigava essas tecnologias. De acordo com *The Perfect Thing*, livro de Steven Levy sobre o iPod, a equipe tivera de integrar todas as peças que vieram de fora da Apple *e* realizar um trabalho entre as várias unidades da empresa. Isso incluía a divisão de hardware, de Rubinstein; a divisão iTunes, de Jeff Robbin; e a muito elogiada unidade de desenho industrial da Apple, chefiada pela fera do design Jonathan Ive (apelidado de "Armani da Apple").[11] Resolver questões complicadas exigia muitas interações entre as equipes de hardware e de software. Robbin descreveu assim essa complexidade: "Precisávamos descobrir como o iTunes baixaria o conteúdo no iPod, como o iPod acessaria a informação e como faríamos para criar um banco de dados do dispositivo que fosse bem simples de usar."[12]

Não era uma tarefa fácil. A Apple tinha um passado preocupante como uma empresa de muitas disputas internas entre gerentes. O próprio Jobs não era exceção: no começo dos anos 1980, quando comandava a equipe que desenvolveu o primeiro computador Macintosh, ele colocou o grupo em um edifício separado e lançou o lema "Vamos ser piratas". Logo uma bandeira de pirata tremulava no topo do prédio: para os renegados, o "outro lado" era o resto da Apple.[13]

Mas o Jobs que retornara à Apple não era o pirata de anos anteriores. Ao contrário, todos estavam correndo para lançar o iPod. "Nós todos trabalhando juntos até tarde da noite, era algo muito estimulante", recordou Robbin. "Era um fantástico projeto em equipe. Não havia fronteiras. O pessoal de hardware, software, firmware, todos trabalhavam juntos. Foi uma experiência estupenda."[14] E a colaboração compensou. Tony Fadell iniciara o projeto em fevereiro de 2001, e o produto ficou pronto em outubro do mesmo ano, um pouco antes da época de Natal. A corrida espetacular de oito meses era merecedora de uma medalha de ouro olímpica.

Entrementes, na Sony, Stringer e Wiser estavam ocupados interligando as partes da empresa. Ou, pelo menos, tentando. O problema era que faltava uma peça básica no plano de Stringer: uma cultura de colaboração entre as várias divisões da Sony. "A Sony prosperou durante longo tempo numa cultura supercompetitiva, em que os engenheiros eram encorajados a superar uns aos outros", observou o repórter Phred Dvorak, do *Wall Street Journal*.[15] No passado, a cultura competitiva da Sony funcionara maravilhosamente, permitindo que grupos empreendedores trabalhassem basicamente sozinhos para criar produtos de sucesso como o Walkman e o console de vídeo game PlayStation. Mas o Connect não era um produto autônomo. Ele precisava de colaboração entre as cinco divisões da Sony: o grupo de computadores pessoais, sediado em Tóquio; a equipe de áudio portátil responsável pelo Walkman; outra equipe responsável por players com memória flash; a Sony Music nos Estados Unidos; e a Sony Music no Japão. Era uma situação totalmente nova, e a organização da Sony não estava preparada para ela.

Para começar, cada divisão tinha sua própria ideia sobre o que fazer. Os grupos de PCs e do Walkman lançaram tocadores de música concorrentes, e os três outros grupos – Sony Music (Japão), Sony Music (Estados Unidos) e Sony Electronics (Estados Unidos) – tinham seus próprios portais de música ou serviços de download. Stringer, que não tinha autoridade sobre as operações japonesas, queixava-se, em vão, de que o software Connect que estava sendo desenvolvido no Japão era difícil de usar. Enquanto a equipe americana queria um disco rígido para o tocador de música (como no iPod), a equipe japonesa escolhera o obscuro MiniDisc. E enquanto o grupo americano exigia usar o formato MP3 – padrão americano de fato –, a divisão japonesa de PCs optou por um padrão fechado, chamado ATRAC. Queixou-se Stringer: "É impossível se comunicar com todo mundo quando se tem tantos silos."[16]

Era uma bagunça.

Quando o Connect finalmente foi lançado, em maio de 2004, a bagunça tornou-se um desastre no mercado. O influente Walt Mossberg, do *Wall Street Journal*, criticou severamente o produto em uma avaliação: "O maior defeito do Walkman é a péssima interface com o usuário, que é densa e confusa. O software SonicStage 2 e a loja de música Connect também são mal projetados. E a razão disso é que, apesar de toda sua genialidade histórica no design de hardware, a Sony é muito ruim em software... Até que a Sony corrija a profusão de erros neste produto, fique longe dele."[17]

Após enviar essa crítica a Tóquio, Stringer finalmente conseguiu convencer o CEO da Sony, Nobuyuki Idei, a agir. Em novembro de 2004, Idei juntou todas as peças necessárias em um grupo, também chamado Connect, e nomeou como copresidentes do grupo Philip Wiser e Koichiro Tsujino, colaborador antigo e capacitado da Sony.

Mas os problemas não desapareceram. A equipe que desenvolvia players com memória flash não foi transferida para o novo grupo, como prometido, por causa da política interna.[18] E quando Wiser e Tsujino passaram o desenvolvimento de software para uma empresa recém-criada de mídia digital no Vale do Silício, chamada Kinoma, o pessoal da Sony não conseguia colaborar com os engenheiros dessa empresa. A CNET divulgou que "as relações entre os principais programadores da Sony e a Kinoma deterioraram-se a tal ponto que uma equipe do Japão foi solicitada a atuar como intermediária entre os dois lados."[19] O software melhorado, que saiu no final de 2005, não melhorara muito. Os executivos da Sony nos Estados Unidos recusaram-se a liberá-lo – ele era ruim mesmo. Em janeiro de 2006, a Sony teve de se desculpar com clientes na Europa e no Japão.[20] O Connect prosseguiu com dificuldade por uns tempos, mas, em agosto de 2007, Stringer o cancelou.

Por tamanho golpe – a orgulhosa Sony fora derrotada pela Apple de uma maneira que lembrava um nocaute impressionante de Muhammad Ali –, alguém tinha de pagar. Stringer seria demitido? Longe disso. Quando o Connect caiu, Stringer subiu. Em 7 de março de 2005, a Sony anunciou que Nobuyuki Idei se afastaria do cargo de CEO e seria substituído por ninguém menos que Howard Stringer. Embora não tenha conseguido competir com Jobs e o iPod, Stringer ascendeu ao cargo máximo. Afinal, não foi sua culpa: ele tentara promover colaboração em toda a empresa, mas controlara apenas a parte americana da iniciativa. Stringer fora um impotente executivo de linha, lutando para colaborar em uma cultura que louva a rivalidade interna. A responsabilidade foi de Idei, que, como mais alto executivo da Sony, era o líder que poderia ter alinhavado as muitas partes da companhia.

Sem a concorrência importante de players como o Sony Connect e com a recente combinação iPod-iTunes, as vendas da Apple explodiram. De 125 mil unidades, no primeiro trimestre de 2002, as vendas do rolo compressor iPod alcançaram 100 milhões de unidades em 9 de abril de 2007.[21] As vendas anuais da Apple (de iTunes e iPod) passaram de zero, em outubro de 2001, para $10,8 bilhões em 2007. Nesse meio-tempo, os tocadores de música portáteis da Sony perderam mercado nos Estados Unidos, provocando a queda nas vendas de sua divisão de áudio (a Sony não apresenta demonstrações financeiras separadas para o Connect e a linha Walkman). Em parte por causa disso, o preço das ações da Sony caiu 20%, de 2002 a 2006 (veja Figura 1.1).[22] Em contraste, o preço das ações da Apple disparou de desprezíveis $11, no início de 2002, para $84, no final de 2006 – um aumento de sete vezes.[23] Steve Jobs dificilmente poderia ter imaginado o sucesso que ele tirou do bolso naquele dia em Cupertino.

FIGURA 1.1

Uma história de dois produtos

O iPod teve uma grande colaboração
e foi um grande sucesso...

...elevando o preço das ações da Apple

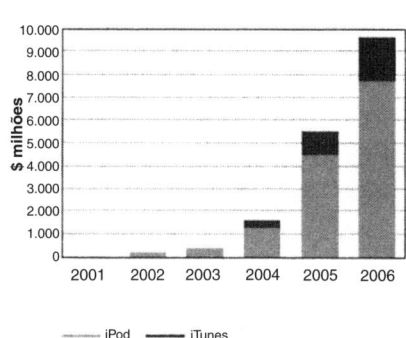

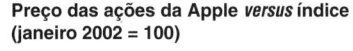

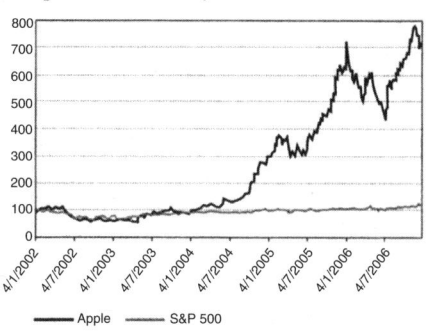

O Connect teve colaboração precária,
provocando queda de vendas...

...afetando o preço das ações da Sony

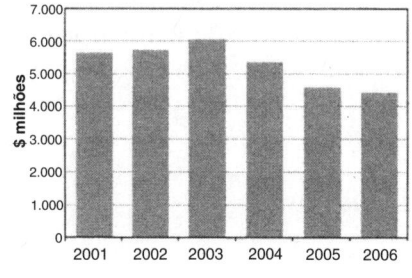

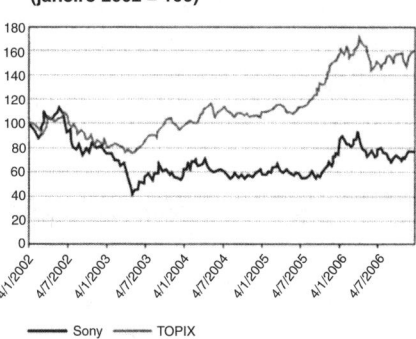

Evidentemente, a disputa entre o Connect Sony e o iPod Apple reside em muito mais do que colaboração. A Apple tinha grande conhecimento de software, um design requintado, e desenvolveu excelentes interfaces com o usuário. A equipe era talentosa e experiente, e Steve Jobs deu-lhe total apoio.[24] A colaboração foi apenas um fator no sucesso do iPod. Mas pense no seguinte: e se a Apple tivesse falhado fragorosamente no fator colaboração? E se os profissionais das divisões de software e hardware tivessem trabalhado uns contra os outros, impedindo que o iPod funcionasse bem com o software iTunes? E se o projeto tivesse sido arruinado por brigas constantes entre as unidades e atrasado durante anos?

Mais importante, pense também na possibilidade de existir uma colaboração perfeita dentro da Sony – um grande esforço de equipe, em que as várias divisões unem sua capacidade em música portátil, computadores, aparelhos eletrônicos, baterias e música, a fim de produzir um Sony Connect notável. E se a Sony tivesse se esmerado em colaboração? Então a disputa entre Sony e Apple teria sido muito mais nivelada, com um resultado incerto. Conclusão: em atividades organizacionais complexas, a colaboração eficaz não raro é *requisito necessário* para o sucesso.

Armadilhas da colaboração: Como pessoas inteligentes colaboram do jeito errado

Como ilustra o Connect Sony, gerentes inteligentes podem facilmente colaborar do jeito errado. Na verdade, muitas empresas caem em várias armadilhas de colaboração.

Colaborar em território hostil

A Sony caiu na armadilha de colaborar em território hostil. Algumas empresas não estão preparadas para colaborar, e os projetos de colaboração logo ficam empacados. A Sony era uma empresa descentralizada, cujas divisões se orgulhavam de competir entre si. Era um ambiente nefasto para qualquer esforço de colaboração, e condenou o Connect desde o princípio. Devemos nos surpreender que a colaboração fracasse em ambientes projetados para a prática oposta – competição e independência? Claro que não. A armadilha é acreditar que unidades concorrentes podem colaborar e, em seguida, lançar projetos ambiciosos nesses ambientes não receptivos.

Colaborar em excesso

Outra armadilha, por incrível que pareça, é a tendência de colaborar demais. Quando a gigante petrolífera British Petroleum (BP) começou a estimular a colaboração entre as unidades, os líderes encorajaram a formação de redes transfuncionais focadas em áreas de interesse comum. Com o tempo, essa ideia se transformou em uma série inesperada de redes e sub-redes (a rede de utilização de helicópteros foi uma) que consumia cada vez mais tempo dos gerentes. Uma auditoria somente no segmento de exploração identificou várias centenas dessas redes. Como disse o executivo John Leggate: "As pessoas sempre tinham um bom motivo para se reunir. Compartilham-se boas práticas, mantêm-se boas conversas com profissionais com ideias afins. Porém, progressivamente, constatamos que as pessoas viajavam e trocavam ideias, sem estarem firmemente voltadas para o resultado financeiro."[25] A armadilha reside no fato de que, ao promover a colaboração nas empresas, os líderes recebem mais do que esperam. Todas as pessoas não raro exageram.

Superestimar o valor potencial

E também existe a armadilha de superestimar o valor potencial da colaboração. É fácil se entusiasmar, acreditando que há benefícios sinérgicos enormes a serem obtidos pela colaboração entre as unidades de negócios das empresas. Quando a Sony comprou a Columbia Pictures em 1989, a ideia era que o pessoal do ramo de aparelhos eletrônicos poderia colaborar com produtores de filmes em promoções cruzadas e na utilização de novas tecnologias na distribuição de filmes. Mas esses benefícios acabaram sendo bem pequenos, de acordo com o professor Robert Bruner, da Universidade de Virginia, um especialista em finanças que estudou a transação e escreveu sobre ela no livro *Deals from Hell*.[26] Por exemplo, o filme "O último grande herói", da Columbia Pictures, estrelado por Arnold Schwarzenegger, tinha trilha sonora produzida pela Sony Music, e executivos de várias divisões também colaboraram no marketing conjunto de aparelhos de TV, videocassetes e no filme. O problema foi que o filme foi um fracasso, perdendo $124 milhões, e não houve sinergia. Um analista gracejou: "Sinergia: muito vento, trovões fortes, mas não chove. É algo ótimo para discutir conceitualmente... mas, no fim, o resultado é mínimo."[27] Os executivos da Sony superestimaram o valor potencial da colaboração.

Subestimar os custos

"Corto meu pescoço se eu ajudar o outro lado", um gerente me confessou em segredo. Ele se referia à profunda desconfiança que nutria pela divisão com a qual estava colaborando. As duas divisões deveriam compartilhar os contatos de clientes, para que pudessem vender mais produtos. Mas logo o projeto foi prejudicado por problemas: os profissionais das duas divisões suspeitavam uns dos outros e achavam que o outro lado estava a fim apenas de maximizar os próprios ganhos. Assim, o projeto degenerou em disputas internas sobre quem deveria estar fazendo o que, consumindo tempo de gerenciamento e resultando em altos custos: realizou-me muito poucas vendas adicionais e desperdiçou-se tempo tentando resolver o conflito. Os gerentes de projeto não previram essa perda financeira – ao contrário, fizeram projeções financeiras baseados na suposição de que tudo seria favorável. Quando se trata de colaboração, às vezes os gerentes *esperam* que tudo corra bem, mas não avaliam completamente os custos do trabalho transfuncional e da resolução de conflitos.

Diagnosticar incorretamente o problema

Muitos líderes caem na armadilha de diagnosticar incorretamente as razões pelas quais as pessoas não colaboram. Um gerente de uma grande companhia americana de serviços financeiros me disse: "Nós pensávamos que o problema principal era encontrar conhecimento e pessoas em nossa empresa, quando, na realidade, o maior problema é a má vontade das pessoas em colaborar." Bem, são dois problemas inteiramente diferentes: o primeiro tem relação com a falta de habilidade de encontrar material, e o outro com o fato de que as pessoas não ligam para o trabalho transfuncional. Os líderes precisam saber quais barreiras à colaboração estão em jogo na empresa e quais não estão.

Implementar a solução errada

A armadilha do diagnóstico equivocado não raro é seguida pela armadilha da solução errada. "Nós investimos em um sistema esmerado de gestão de conhecimento para ajudar os funcionários a encontrar informações na empresa", o mesmo gerente explicou. Mas isso não ajudou muito, porque o problema não era as pessoas não conseguirem encontrar o que procuravam; o problema era que elas não queriam procurar. Em muitos casos, essa armadilha ocorre com gerentes que presumem que uma solução – um sistema de TI, um sistema de incentivos, uma meta comum – estimulará a colaboração em quaisquer circunstâncias. Mas barreiras diferentes à colaboração exigem soluções diferentes.

Todas essas armadilhas levam à *má colaboração – colaboração caracterizada por muito atrito e pouco foco em resultados.* Como vi várias vezes em minha pesquisa, executivos inteligentes também caem nessas armadilhas. Isso acontece porque elas não são evidentes – são sutis, não raro espreitando sob a superfície. Projetos importantes são lançados na esperança de que sobrevivam num ambiente sem colaboração. Esforços bem-intencionados para incentivar a colaboração nas empresas podem facilmente resultar em colaboração excessiva. As verdadeiras sinergias provenientes do trabalho transfuncional são difíceis de estimar e, com toda a certeza, os custos do trabalho transfuncional nas organizações são difíceis de estabelecer. A existência de diferentes barreiras torna difícil sua identificação. Assim, é muito difícil planejar soluções para estimular a colaboração.

Os líderes não caem nas armadilhas porque não são inteligentes; os líderes inteligentes caem nelas porque eles não dispõem de um sistema que os ajude a distinguir claramente a boa da má colaboração.

Solução: Colaboração disciplinada

Como os líderes podem evitar essas armadilhas e infundir colaboração para gerar um desempenho excelente? A resposta, descobri, é uma série de princípios que chamo de colaboração disciplinada. Antes de analisá-los, vamos definir o que significa colaboração neste livro.

Definição de colaboração

A colaboração transfuncional ocorre quando profissionais de diferentes unidades trabalham juntos – em equipes transfuncionais – em uma tarefa compartilhada, ou ajudam-se mutuamente de forma significativa. Pode ser um trabalho conjunto entre unidades ou uma colaboração unilateral, como quando uma unidade auxilia outra. Em todos os casos, a colaboração precisa envolver pessoas: se tudo o que acontece é enviar informações de um lado para o outro entre as unidades, isso não é colaboração.

Neste livro, enfoco especificamente a colaboração *dentro* da empresa, não fora dela (as ideias podem facilmente ser estendidas para colaboração externa, mas este não é o foco aqui). O foco deste livro é a colaboração *entre* unidades da empresa, incluindo colaboração entre divisões, unidades de negócios, linhas de produtos, subsidiárias, departamentos, áreas, fábricas e escritórios de vendas. Trata-se de *colaboração em toda a empresa*. No caso de governos, o equivalente é colaboração entre departamentos e agências governamentais e os três poderes; no caso de empresas sem fins lucrativos, é a colaboração entre escritórios e departamentos regionais.

Colaboração em toda a empresa difere do trabalho em equipe tradicional, que não raro se refere a equipes locais de 5 a 10 pessoas *dentro* de uma unidade de negócios, divisão ou departamento. A maior parte de livros e pesquisas sobre equipes analisa como os gerentes podem comandar, da melhor maneira possível, pequenas equipes num cenário local.[28] A colaboração em toda a empresa, ao contrário, consiste em levar pessoas de diferentes unidades da organização a trabalhar juntas. Mais importante, este livro não enfoca a forma de comandar uma equipe, mas sim como liderar uma empresa de modo que seus profissionais colaborem da forma certa. É uma perspectiva de toda a organização, e não de uma pequena equipe.

Colaboração disciplinada: Três passos

A ideia de *colaboração disciplinada* pode ser resumida em uma frase: *a prática de liderança ao avaliar corretamente quando colaborar (e quando não) e ao infundir nas pessoas boa vontade e habilidade de colaborar quando necessário*. Para conseguir resultados com a colaboração disciplinada, os líderes seguem três passos (Figura 1.2).

Passo 1: Avalie as oportunidades de colaboração. A primeira pergunta é: "Obteremos uma grande vantagem ao colaborar?" Os executivos podem facilmente iniciar um movimento em que as pessoas colaborem por colaborar. Todavia, a meta da colaboração não é a colaboração em si, mas melhores resultados. Nos negócios, o objetivo da colaboração pode ser inovações fora de série (pense na Apple), aumento extraordinário de receita (como no banco americano Wells Fargo), ou redução de custos substancial (como na BP). No caso de agências governamentais e entidades sem fins lucrativos, as metas são excelência no desempenho de projetos, melhores decisões e custos mais baixos. No caso de assembleias estaduais e outros órgãos governamentais, a meta é solucionar problemas de interesse dos cidadãos.

Líderes que buscam a colaboração disciplinada nunca se esquecem desta máxima: a colaboração é o meio para atingir uma finalidade, e a finalidade é o desempenho excelente. Isso significa que, em muitos casos, pode ser melhor *não* colaborar, porque não há uma razão convincente para fazê-lo. Ser disciplinado sobre colaboração é saber quando não colaborar. Como

FIGURA 1.2

Os três passos da colaboração disciplinada

Sistema de colaboração disciplinada

| Avalie as oportunidades de colaboração | Identifique as barreiras à colaboração | Conceba soluções para eliminar barreiras |

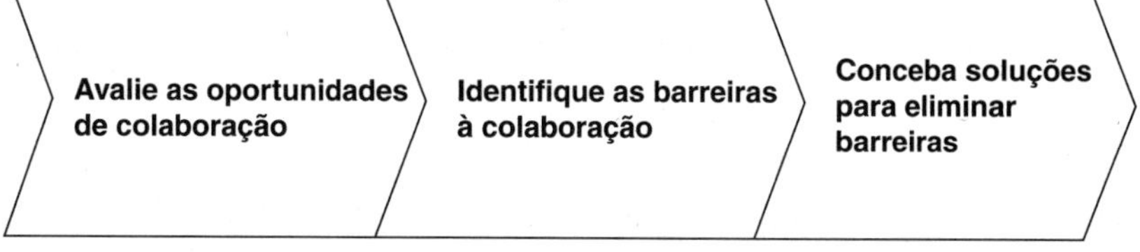

detalhado no Capítulo 2, os líderes precisam ser rigorosos ao decidir se devem ou não priorizar a colaboração em suas empresas, em que áreas colaborar (inovação, clientes, custos) e que projetos específicos realizar (e quais não realizar) como atividades de colaboração. Se a vantagem parecer pouco significativa, os líderes ficarão em melhor situação se não tentarem promover a colaboração em suas empresas.

Passo 2: Identifique as barreiras à colaboração. Depois de responder afirmativamente a pergunta se existe uma vantagem, a próxima pergunta é: "Quais são as barreiras que impedem as pessoas de colaborar bem?" As pessoas não colaboram bem por várias razões. Algumas delas estão relacionadas com falta de motivação – as pessoas não estão dispostas a colaborar. Outras têm a ver com habilidade – as pessoas não conseguem colaborar com facilidade. Conforme o Capítulo 3 descreve, o sistema de colaboração disciplinada se concentra em quatro barreiras:

- Barreira do "não inventado aqui" (as pessoas não têm vontade de se aproximar das demais)
- Barreira de retenção (as pessoas não estão dispostas a ajudar)
- Barreira de busca (as pessoas não são capazes de achar o que procuram)
- Barreira de transferência (as pessoas não conseguem trabalhar com quem não conhecem bem)

Todas as quatro barreiras precisam ser reduzidas antes que possa haver colaboração eficaz. Cada uma delas é suficiente para impedir a boa colaboração.

O problema é que nem sempre é evidente quais barreiras surgiram na empresa. Nem todas as situações são iguais. Muitos gerentes começam do lado errado, primeiro presumindo qual é o problema e, em seguida, descobrindo uma solução para ele. Para evitar isso, os líderes precisam primeiro analisar as barreiras existentes e, depois, descobrir a solução adequada.

Passo 3: Conceba soluções para eliminar barreiras. Conhecendo as barreiras existentes, o líder já pode conceber soluções. Barreiras diferentes exigem soluções diferentes: barreiras motivacionais exigem que os líderes acionem mecanismos que motivem as pessoas a colaborar; barreiras de habilidade indicam que os líderes precisam acionar mecanismos que habilitem pessoas motivadas a colaborar em toda a empresa.

Líderes têm à escolha uma combinação de três mecanismos para conceber suas soluções. Para motivar o pessoal a colaborar, podem lançar mão do que chamo *mecanismo de unificação* (analisado no Capítulo 4): lançar metas comuns atraentes, engendrar um forte sentido de colaboração entre diferentes áreas da empresa e promover o discurso da colaboração para passar uma mensagem vigorosa, cujo fito é alçar o horizonte das pessoas acima de interesses menores, na direção de um objetivo comum.

Com o *mecanismo de pessoas*, os líderes podem procurar promover um tipo especial de gestão. A solução não é fazer as pessoas colaborarem mais, mas conseguir que as pessoas certas colaborem nos projetos certos. Conforme analiso no Capítulo 5, isso significa promover o que chamo de *gestão-T*: pessoas que estão firmemente comprometidas com o desempenho de sua unidade (a parte vertical do *T*) e, ao mesmo tempo, partilham conhecimento livremente através da organização (a parte horizontal do *T*). Estão dispostas e aptas a colaborar quando necessário, mas disciplinadas o suficiente para dizer não, quando colaborar não é o indicado.

Ao usar o *mecanismo de redes*, líderes podem criar redes interpessoais em toda a empresa para que os funcionários estejam mais aptos a colaborar. A colaboração funciona melhor em redes interpessoais do que em hierarquias formais. Entretanto, há o lado desagradável das redes de contatos – elas podem fugir ao controle. Quando se passa mais tempo conectado a redes do que trabalhando, a colaboração destrói os resultados. O Capítulo 6 delineia as regras que impõem disciplina às redes de contatos.

A colaboração disciplinada não é completa sem pôr os líderes em foco. Enquanto os Capítulos de 2 a 6 dão ênfase à forma como os líderes podem promover a colaboração *nos outros*, o Capítulo 7 volta as atenções para os *líderes*. Para praticar bem a colaboração, eles também precisam mudar. O Capítulo 7 mostra o que significa adotar um estilo de liderança colaborativo e descreve as barreiras pessoais que podem impedir os líderes de fazê-lo.

O melhor de dois mundos: Descentralizado e colaborativo

A colaboração disciplinada ajuda a evitar um dos maiores erros quando se colabora: em busca de colaboração em toda a empresa, às vezes os líderes centralizam a tomada de decisões, e as informações fluem para o topo da pirâmide organizacional, onde poucos executivos comandam. Em nome da colaboração, a descentralização deixa de funcionar. Essa abordagem implica uma troca – você precisa escolher entre os benefícios da descentralização e os benefícios da colaboração.

A colaboração disciplinada rejeita esse compromisso. As organizações podem desfrutar das duas vantagens ao mesmo tempo – desempenho baseado em trabalho descentralizado *e* desempenho baseado em trabalho colaborativo. Indra Nooyi, CEO da PepsiCo, e sua equipe dão a isso o nome de "autonomia conectada."[29]

A ideia de colaboração disciplinada é permitir que as unidades da empresa trabalhem de forma independente quando essa abordagem traz os melhores resultados. Essa prática mantém os benefícios da descentralização – dar aos profissionais a liberdade de "ser donos" de uma parte do trabalho, de ser responsáveis, de ser empreendedores que constroem algo importante, de estar próximos dos clientes e de ser recompensados pelos resultados.

Essa abordagem, entretanto, precisa ser complementada – não substituída – por outros comportamentos colaborativos, que ocorrem quando profissionais de toda a organização escolhem projetos de colaboração adequadamente. Eles não precisam de ordens do topo sobre onde e como colaborar. Em vez disso, eles mesmos veem as oportunidades, sabem quando (e quando não) colaborar e estão dispostos e aptos a executar os projetos selecionados. Eles agem como colaboradores disciplinados.

Líderes que buscam o melhor desempenho têm de levar a organização para o canto superior direito da Figura 1.3. O desafio varia dependendo da posição atual da empresa neste diagrama. No caso de empresas em que gerentes têm muita autonomia, mas não colaboram bem (como no canto inferior direito do diagrama), o estratagema é implementar a colaboração disciplinada cuidadosamente, ao mesmo tempo em que preserva os benefícios da descentralização. No caso de líderes que acham que sua empresa

FIGURA 1.3

Colaboração disciplinada: Alto desempenho resultante de descentralização e colaboração

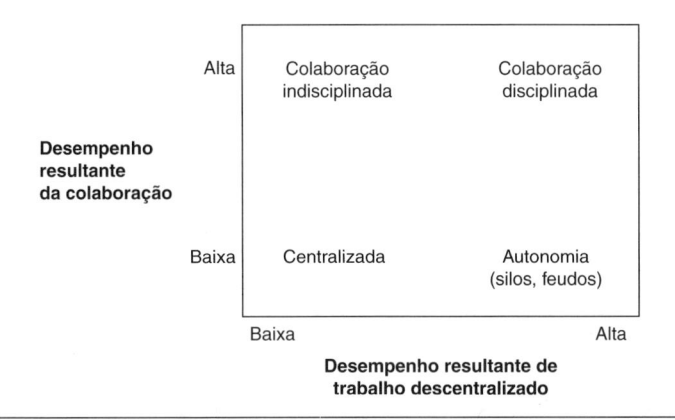

	Baixa	Alta
Alta	Colaboração indisciplinada	Colaboração disciplinada
Baixa	Centralizada	Autonomia (silos, feudos)

Desempenho resultante da colaboração (eixo vertical)

Desempenho resultante de trabalho descentralizado (eixo horizontal)

está praticando a colaboração indisciplinada (como no canto superior esquerdo do diagrama), o desafio é impor mais disciplina na colaboração e recuperar parte da autonomia que possa ter sido perdida. E no caso de líderes de organizações altamente centralizadas (como no canto inferior esquerdo), o desafio é adotar unidades autônomas e acrescentar colaboração disciplinada.

Companhias, empresas sem fins lucrativos e agências governamentais que adotam a colaboração disciplinada apresentam desempenho melhor do que aquelas que adotam apenas a descentralização, porque a colaboração disciplinada combina os resultados de todas as unidades independentes e os resultados baseados na colaboração. Como este livro mostra, esse tipo de desempenho é difícil de superar.

PARTE I

OPORTUNIDADES E BARREIRAS

CAPÍTULO 2

Saiba quando colaborar – e quando não

EM 8 DE JUNHO DE 2000, A. G. Lafley assumiu um dos cargos mais difíceis das empresas americanas. Em San Francisco, dois dias antes, Lafley recebera um telefonema de John Pepper, ex-CEO da Procter & Gamble e, na época, membro do conselho. Será que Lafley se tornaria CEO? Um golpe na sala do Conselho de Administração, sem precedente nos 163 anos de história da empresa, acabara de ocorrer na matriz em Cincinnati.[1]

Apenas 18 meses antes, o CEO Durk Jager, da P&G, lançara uma torrente de iniciativas, determinado a "acabar com a cultura insular da P&G e refazê-la de baixo para cima", como disse a *Business Week*.[2] Mas as mudanças haviam provocado uma confusão tremenda:[3] em vez de clarear as coisas para os funcionários, a mudança os confundiu; em vez de acelerar as coisas, ela as atrasou; ao enfocar produtos novos e inovadores, ela negligenciou marcas existentes. Em 7 de março de 2000, a P&G declarou que o lucro líquido sofreria uma queda de 10%, em vez do aumento esperado de 8%. O preço das ações despencou 30%. Cerca de sete semanas depois, quando o lucro líquido caiu 18%, as ações caíram mais 10%. Em junho, a empresa informou que os lucros não haviam aumentado, embora os analistas estivessem esperando um aumento de 15%. As ações sofreram mais uma queda de 7%. Jager também caiu naquele mês.

Com boa aparência, cabelos grisalhos e óculos, o afável Lafley parecia ter pulso firme – alguém com quem se podia contar em época de crise. Lafley crescera na P&G. Após servir na marinha americana no Japão, durante cinco anos, ele ingressou na Harvard Business School, na turma de 1977, e depois foi contratado pela P&G. Seu primeiro trabalho foi no marketing do detergente Joy. Após subir rapidamente na hierarquia da organização, acabou sendo promovido para dirigir as operações da empresa na América do Norte. Em junho de 2000, ele completara 23 anos de Procter & Gamble e conhecia a organização melhor que a maioria.[4]

"Nós havíamos feito uma confusão, e todos sabiam", Lafley admitiu.[5] No que equivaleria a uma atitude estoica quando o exército no campo de batalha está prestes a desmoronar, Lafley não reagiu à turbulência com mais turbulência. Em vez disso, voltou o foco da empresa para o que ela sempre fizera melhor – desenvolver as marcas existentes gradualmente através de inovação e colaboração em todas as áreas da empresa. Ele reconhecia que a reorganização de Jager era correta em sua essência, mas as medidas criaram um caos, enfraqueceram as marcas importantes e deram destaque excessivo a inovações radicais. Um artigo da *Fortune* comentou: "Se o plano tinha algo de chocante, era sua simplicidade. Todos na cadeia de comando conseguiam entender: vender mais Tide é menos complicado que inventar o novo Tide."[6]

A colaboração foi um componente importante no plano de recuperação de Lafley. Ele comunicou uma nova meta: "Queremos que a P&G seja conhecida como uma empresa que colabora – dentro e fora – melhor do que qualquer outra no mundo." Para isso, Lafley tinha de unir a empresa: "Em junho de 2000, nós não éramos uma equipe. Estávamos todos apagando incêndios e tentando resolver problemas em nossas unidades."[7]

Lafley não é um homem exibicionista. Ele coleciona figurinhas de basquete e revistas de histórias em quadrinhos e tem duas motos Vespa – não uma Ferrari cara – na garagem. Ele conserva a humildade. Enquanto Jager era áspero, Lafley convenceu as pessoas a se unirem. "Eu não sou de falar alto, nem de gritar", diz ele. "Mas não se enganem com meu estilo. Eu sou muito determinado."[8]

Para criar mais inovações, Lafley incentivou os desenvolvedores de produtos a trabalhar com grupos externos.[9] Dava muita importância à abordagem tradicional para inovação de produtos: colaboração transfuncional, combinando experiência técnica de formas diferentes para criar novos produtos. Dada a variedade de produtos – sabões, fraldas, cremes dentais, batatas chips, loções, detergentes –, a empresa tinha enorme potencial para reunir coisas das maneiras mais variadas e lançar novos produtos excelentes. Veja o caso de Crest Whitestrips (tiras branqueadoras), que a P&G lançou nos Estados Unidos em 2001. O que você faz se quiser branquear os dentes? Você pode ir ao dentista e pagar $500 para sentar na cadeira por uma hora e fazer um tratamento de clareamento; pode pedir ao dentista para fazer uma moldagem de seus dentes por $200, sobre a qual é confeccionada uma placa de plástico, que você deve manter na boca durante a noite com o líquido clareador; ou você pode ir à drogaria e comprar Crest Whitestrips por $24,99.

Desenvolvedores de produtos de três unidades diferentes da P&G reuniram-se para criar o Whitestrips. O pessoal da divisão de higiene bucal forneceu o know-how em branqueamento de dentes; especialistas da divisão de limpeza do lar e de roupas forneceram o know-how sobre alvejantes (desenvolvido originalmente para lavar roupas); e cientistas de pesquisa e desenvolvimento da empresa forneceram moderna tecnologia de películas.[10] Três unidades distintas, ao colaborar e combinar suas tecnologias, conseguiram desenvolver um produto de preço acessível para clarear os sorrisos e, de acordo com o site do produto na internet, proporcionar "maior sucesso no trabalho e no amor".[11]

Colaborações como essas não acontecem por acaso; elas são resultado de mecanismos organizacionais bem fundamentados. A P&G, por exemplo, criou mais de 20 comunidades de prática com oito mil participantes; cada grupo inclui voluntários de diferentes partes da empresa e enfoca uma área de especialização (fragrâncias, embalagem, química de polímeros, ciência da pele e assim por diante). Os grupos solucionam problemas específicos que lhes são apresentados e reúnem-se para compartilhar as melhores práticas. A empresa também equipou sua intranet com um recurso de colaboração, em que os funcionários podem relatar um problema da empresa, que será canalizado para o pessoal com experiência pertinente. Em um nível mais radical, a P&G promove funcionários internos e faz um rodízio entre países e unidades de negócios. Em consequência, seus funcionários formam redes transfuncionais de grande eficácia.[12]

A abordagem de Lafley produz resultados incríveis. De uma empresa cujos gerentes estavam apagando incêndios em suas unidades, Lafley criou união no topo. Em 2003, ele fez o seguinte comentário sobre a equipe de liderança global da empresa: "O que mais diferencia este grupo de homens e mulheres é a habilidade de trabalhar juntos colaborativamente."[13] O crescimento orgânico da Procter & Gamble tem sido, em média, de 5% ao ano desde que Lafley assumiu, em 2000 – um número substancial, considerando o tamanho da empresa. De 2000 a 2008, as vendas cresceram de $39 bilhões para $83 bilhões, sendo que $10,5 bilhões são provenientes da aquisição da Gillette. Ao mesmo tempo, as margens operacionais passaram de 14,2% para robustos 20,5%.[14] Colaboração foi apenas um fator deste sucesso – mas um fator fundamental.

A história da Procter & Gamble demonstra que a colaboração pode produzir resultados surpreendentes, contanto que seja praticada de forma inteligente. Como A. G. Lafley bem percebeu, a meta da colaboração não é a colaboração em si, mas melhores resultados. Líderes de qualquer empresa de grande porte precisam saber quando colaborar, em que áreas, e quando não colaborar. Este capítulo oferece diretrizes que o tornarão disciplinado sobre quando colaborar:

- A primeira tarefa é entender o argumento a favor da colaboração – avaliar como a colaboração pode aumentar o desempenho.
- A segunda tarefa é avaliar a vantagem para a empresa – examinar o potencial para a organização como um todo.
- A última tarefa é saber quando recusar um projeto de colaboração – estabelecer uma regra de decisão de quando prosseguir e quando não prosseguir com o projeto.

Argumento a favor da colaboração

Há três áreas de possíveis vantagens no contexto comercial: inovações melhores, vendas maiores e operações mais eficientes. Em contexto não comercial, pode-se pensar em novos serviços, maior satisfação dos clientes e organizações mais bem dirigidas. Examinemos cada caso.

Inovações melhores

Inovações melhores ocorrem porque profissionais de diferentes áreas – unidades de negócios, divisões, operações nacionais, centros de tecnologia, escritórios de vendas, marketing, laboratórios – juntam-se, criam novas ideias através dessas interações e desenvolvem produtos excelentes. Neste caso, a lógica econômica é *recombinar recursos existentes* – produtos, experiência, tecnologias, marcas, ideias – a fim de criar algo novo a partir de algo velho.[15] Essa prática leva a mais inovação, de maneira mais econômica.

A história da P&G está repleta de inovações baseadas em recombinação de tecnologias existentes. Está no sangue da empresa. Quando William Procter e James Gamble começaram a colaborar em 1837, às margens do rio Ohio, eles faziam velas e sabão. Isso formou a base de muitas combinações subsequentes de produtos.[16] Os sabões geraram experiência fundamental para a produção de óleos e gorduras, explica o CTO (Chief Technology Officer) da P&G, Gordon Brunner, "e isso levou à criação de produtos de óleo vegetal, como Crisco".[17] A partir daí, a empresa passou a fabricar manteiga de amendoim e batatas chips. Triturar sementes para produzir óleo originou o conhecimento sobre fibras vegetais, que levou à criação de produtos de papel e absorventes, como toalhas de papel (Bounty, lançado em 1965), produtos de proteção feminina e fraldas descartáveis, como Pampers, lançado em 1961 e hoje uma marca que vale $8 bilhões.[18]

O conhecimento sobre óleos e gorduras é a base dos surfactantes, tecnologia usada para detergentes como Tide, lançado em 1946, ano em que Harry Truman era presidente. Posteriormente, a P&G passou a fabricar xampus, como Head & Shoulders (1961) e Pantene Pro-V, lançado em 1992, ano em que Bill Clinton tornou-se presidente. Fabricar detergentes proporcionou experiência em água dura e cálcio. Essa experiência produziu conhecimentos sobre fortalecimento de dentes, que propiciou a oportunidade de vender creme dental. Isso, por sua vez, resultou em conhecimentos sobre fortalecimento de ossos, o que levou a P&G a desenvolver medicamentos para osteoporose.

Quando os novos produtos faziam sucesso, normalmente passavam a ter suas próprias linhas de produtos e unidades organizacionais. Para continuar a combinar tecnologias e criar novos produtos, o pessoal da P&G teve de aprender a praticar a colaboração entre essas muitas unidades.

O que a colaboração fez pela Procter & Gamble? Bem, vejamos. De acordo com o relatório anual de 2008, a P&G tem 24 marcas, cada uma responsável por vendas anuais de $1 bilhão ou mais. Destas, 13 são provenientes de colaboração: Crest, Head & Shoulders, Always, Pampers, Tide, Downy, Bounty, Ariel, Pringles, Gain, Dawn, Pantene Pro-V e Actonel, medicamento para osteoporose.[19] É um grupo considerável de marcas de $1 bilhão ou mais, graças à colaboração.

Vendas maiores

Outra vantagem da colaboração é a *venda cruzada*, que significa vender produtos diferentes para clientes existentes. Isso geralmente envolve o cruzamento de unidades organizacionais, de modo que uma unidade possa vender seus produtos para os clientes de outra unidade. A lógica econômica é que é mais barato vender mais para clientes existentes do que adquirir novos clientes.

Richard Kovacevich é uma autoridade em venda cruzada no mundo bancário. Astro do basquete de sua escola secundária em uma pequena cidade do estado de Washington, Kovacevich machucou o braço que usava para arremessar a bola e desperdiçou a chance de aceitar um contrato com um clube da liga principal.[20] Mas isso não acabou com suas ambições: quando se formou na Universidade de Stanford, iniciou sua carreira no setor bancário, onde se tornou CEO do Norwest, banco regional sediado em Minneapolis, em 1993. Em 1998, ele exultou quando o Norwest e o Wells Fargo fundiram-se para formar o sétimo maior banco dos Estados Unidos, tendo-o como CEO.[21] Todavia, a fusão foi recebida com boa dose de ceticismo, porque foi anunciado que ela implicaria um número mínimo de demissões e não haveria ganhos de curto prazo. "A comunidade de investidores criticou quando fizemos esse anúncio", Kovacevich disse, sorrindo, a um repórter.[22] Mas ele sabia o que estava fazendo, porque tinha uma arma poderosa em seu arsenal: a venda cruzada. Mais do que qualquer outro banco nos Estados Unidos, o Wells Fargo destacava-se na venda de muitos produtos aos clientes, incluindo contas correntes, cadernetas de poupança, hipotecas, contas de investimento, cartões de débito, cartões de crédito, financiamento de bens imobiliários com alienação fiduciária, e muitos outros.

Eu sou cliente do Wells Fargo e sei como ele trabalha. Você abre uma conta corrente e, antes que se dê conta, o caixa sugere que talvez você precise de uma caderneta de poupança e, depois, quem sabe um plano de previdência privada com juros melhores. Em sua próxima visita, o caixa sugere uma conversa com um planejador financeiro (que vende os produtos do Wells Fargo). Você diz que tudo bem e esquece, mas, mais tarde na mesma semana, o planejador lhe telefona e sugere uma reunião pessoal na agência mais próxima de sua casa. Se você não marcar uma data, logo o planejador volta a lhe telefonar e gentilmente o lembra do assunto. No fim, você vai ao encontro dele, ocasião em que recebe aconselhamento financeiro e acaba comprando mais produtos do Wells Fargo.

Talvez você diga: "Bem, todos os bancos tentam fazer isso. Grande coisa." Mas o Wells Fargo faz isso há mais tempo e faz melhor (Figura 2.1).[23] Quando Kovacevich tornou-se CEO em 1998, residências consumidoras de serviços bancários tinham, em média, 3,2 produtos do banco. Priorizando continuamente vendas cruzadas, Kovacevich e sua equipe aumentaram esse número para 5,6 em 10 anos. O objetivo é alcançar 8 produtos por cliente (as residências americanas têm, em média, 16 produtos financeiros).[24] Este é um ótimo negócio. "O custo de vender um produto para um cliente existente representa apenas 10% do custo de vender o mesmo produto para um novo cliente", observa Kovacevich.[25]

O Wells Fargo pratica a colaboração internamente entre suas 84 unidades para apresentar "um único Wells Fargo" aos clientes, os quais, em troca, compram mais produtos. Essa colaboração contribui para o crescimento rentável.[26] Em 1999, o Wells Fargo obteve $800 em vendas por cliente.[27] Esse número dobrou para $1.634 em 2007. Em comparação, o número do Bank of America, em 2007, foi $808, numero aproximado do Wells Fargo oito anos antes. E o lucro por cliente do Wells Fargo chegou a incríveis $304, em 2007, em comparação com os $160 do Bank of America.[28]

Líderes também podem aumentar receitas ao agrupar os atuais produtos de unidades diferentes em uma solução e cobrar mais por isso. Vejamos o caso do grande conglomerado Jardine Pacific, sediado em Hong Kong. Se você já tomou uma das barcas Star Ferry, que saem da ilha de Kowloon à noite, e fez a travessia do estreito, deve ter se maravilhado com a silhueta dos edifícios de Hong Kong contra o céu: Hong Kong abriga o maior número de arranha-céus

FIGURA 2.1

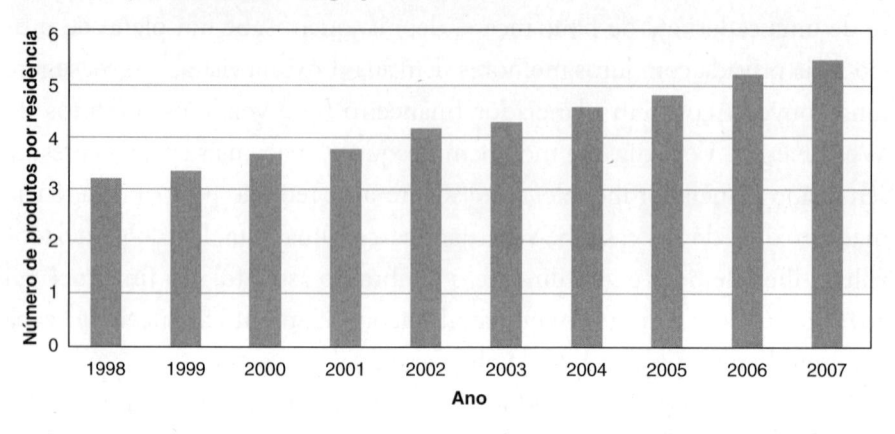

Número de produtos Wells Fargo por residência

[Gráfico de barras mostrando Número de produtos por residência por Ano, de 1998 a 2007, com valores crescentes de aproximadamente 3,2 em 1998 até cerca de 5,5 em 2007.]

do mundo, mais de sete mil.[29] É óbvio que todos esses edifícios precisam de serviços de manutenção. A Jardine Pacific, companhia altamente descentralizada, tinha várias unidades prestando esses serviços: o pessoal de elevadores ocupava-se do seu bom funcionamento; os técnicos em ar-condicionado cuidavam dos equipamentos; a unidade de limpeza mantinha tudo limpo; e a unidade de negócios imobiliários tratava de assuntos relativos aos imóveis. Mas, quando os gerentes das unidades de negócios examinaram a questão atentamente, viram a oportunidade de colaboração entre suas unidades.

O resultado foi uma empresa que fazia o gerenciamento total de facilidades para os proprietários de imóveis. Juntos, elevadores, ar-condicionado, limpeza e imóveis tornaram-se uma próspera empresa de serviços, graças à colaboração. O que os capitalistas imobiliários viram foi uma solução, um serviço fornecido pela Jardine Pacific, e, por trás dessa fachada, estava a estreita colaboração entre quatro unidades de negócios independentes. O agrupamento de produtos em uma solução pode ser um meio muito eficaz de vender mais através de colaboração.

Operações mais eficientes

O terceiro argumento a favor da colaboração é que ela torna as operações mais eficientes, seja reduzindo custos ou passando adiante recomendações que melhorem a qualidade das decisões. A lógica econômica baseia-se na *reutilização de recursos existentes*: boas soluções e experiência podem ser transferidas para outras unidades, diminuindo o custo de operações.

Há alguns anos, Deborah Copeland, chefe da unidade de postos de gasolina da British Petroleum no Sudeste dos Estados Unidos, procurava meios de melhorar o desempenho dos postos.[30] Por meio de sua clientela, ela descobriu programas-piloto de postos de gasolina da BP no Reino Unido e Holanda, que testavam formas inovadoras de encomenda e entrega de suprimentos para as lojas de conveniência. Copeland contou com a ajuda de colegas desses dois países, bem como de gerentes de varejo da BP em sete outros países. Eles se reuniram e apresentaram as melhores práticas em gerenciamento de fornecedores e layout de lojas. Em seguida, Copeland lançou três programas-piloto na região de Atlanta. Os resultados foram impressionantes: as lojas-piloto estocavam 26% menos unidades do que grupos de controle semelhantes. A redução de estoque, por sua vez, provocou uma redução de 20% no capital de giro, mesmo com o aumento de 10% nas vendas.

A colaboração também pode melhorar a qualidade de decisões. A professora Martine Haas, da Wharton School, escreveu sobre a equipe de uma grande organização de assistência humanitária que conseguiu fazer exatamente isso.[31] A equipe trabalhava em um projeto de $50 milhões, destinado a melhorar a favelização em uma cidade superpovoada de um país muito pobre da África Ocidental. A pobreza urbana é um problema gigantesco no mundo inteiro: cerca de um bilhão de pessoas vivem em favelas urbanas, onde crianças de até cinco anos perambulam por depósitos de lixo em busca de comida, pedem esmola nas ruas e morrem de doenças.[32]

A equipe dedicou-se a melhorar as condições de vida de mais de um milhão de pessoas carentes, auxiliando no acesso à moradia e água limpa. Devido ao fato de já haver trabalhado em muitas cidades assoladas pela pobreza, a equipe tinha grande experiência em planejamento urbano, saneamento, engenharia, habitação e finanças públicas. Em vez de trabalhar sozinho, o grupo decidiu aproveitar esse amplo universo de conhecimento. Buscou informações de gestores de projetos semelhantes na Ásia e na América Latina, e de especialistas em pobreza urbana. Ao incorporar essas recomendações, a equipe elaborou uma proposta de alta qualidade para melhorar o acesso à moradia e serviços públicos essenciais. A equipe obteve bons resultados porque tomou decisões melhores ao incorporar as recomendações dos colegas.

Em que pode resultar toda essa colaboração disciplinada? Qual é o impacto total de inovação, vendas e operações melhores, baseadas em colaboração? A colaboração nas empresas pode ter impacto significativo no retorno financeiro através de três mecanismos: aumento de vendas, redução de custos e aumento de eficiência dos ativos. A Figura 2.2 mostra as várias formas pelas quais a colaboração afeta esses critérios de avaliação.

Como a colaboração afeta vendas, custos e eficiência de ativos, o efeito conjunto no retorno sobre o patrimônio pode ser enorme. Vejamos o exemplo hipotético de uma empresa com $1 bilhão em vendas: se ela puder implementar a colaboração disciplinada para aumentar receitas em 9% (3% ao ano), reduzir custos em 2% e melhorar a eficiência de ativos em 2% no decorrer de três anos, o retorno sobre o investimento aumentará 25%.[33] É um aumento enorme.

Parece implausível? Bem, vamos dar uma rápida olhada no desempenho da Procter & Gamble, de 2002 a 2005. Durante esse período, as receitas da P&G aumentaram 41%; os custos operacionais caíram 2,7%; o patrimônio líquido sobre parte das vendas diminuiu 3,3%; e o retorno sobre o patrimônio aumentou 30,8%. Uma avaliação realista é que de um quarto a um terço desse aumento do retorno sobre o patrimônio pode ser atribuído à colaboração (nas notas finais, avaliei o efeito da colaboração na P&G).[34] É uma contribuição e tanto.

Qual é a vantagem para a empresa?

As empresas diferenciam-se no valor que podem criar com base em colaboração: inovação, vendas e melhoria de operações. Para alguns, como Steve Jobs e Apple, é principalmente inovação. Para outros, como Richard

FIGURA 2.2

Como a colaboração pode resultar em desempenho financeiro substancial

As três áreas de colaboração – inovação, vendas e operações – promovem aumento de vendas, redução de custos e eficiência de ativos, gerando melhor retorno sobre o patrimônio.

Área de colaboração	Aumento de vendas	Redução de custos	Eficiência de ativos
Inovação • Inovação de produtos através de recombinação • Criação de novas unidades	Novos produtos desenvolvidos mais rapidamente	Maior produtividade em pesquisa	
Vendas melhores • Venda cruzada, agrupamento • Serviço coordenado ao cliente	Mais produtos vendidos para cada cliente, melhor serviço através de "uma única face para o cliente"	Menor custo de vendas	
Operações melhores • Redução de custos através de transferência de melhores práticas • Decisões melhores através de consultas	Vendas melhores através da transferência das melhores práticas de venda	Custos menores mediante transferência de melhores práticas e tomada de decisões melhores	Redução de capital de giro e de aplicação de capital mediante transferência de melhores práticas e tomada de decisões melhores
Efeito provável no decorrer de três anos (cenário hipotético no caso de uma empresa com $1 bilhão em vendas)	Aumento de vendas 3% ao ano → Aumento de lucro +29%	Redução de custos 3%	Eficiência de ativos 2% → Necessidade de capital −2%
Efeito da colaboração no retorno sobre o patrimônio (RSP)		Retorno sobre o patrimônio (RSP) +25%	

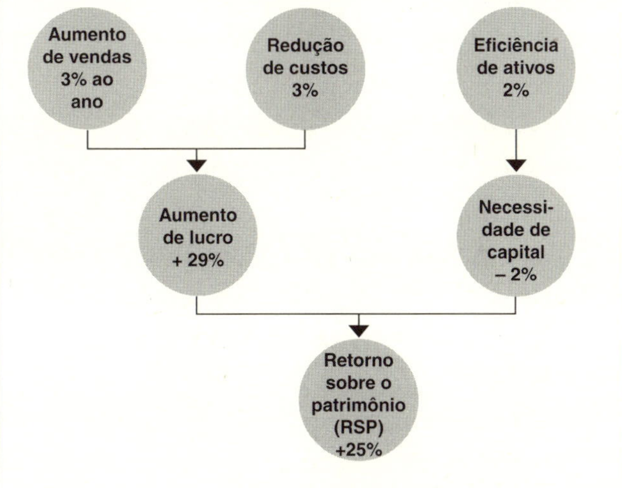

Kovacevich e Wells Fargo, o essencial é venda cruzada. Para outros, ainda, empresas como a BP, que faz coisas semelhantes no mundo todo, o principal valor reside na transferência de melhores práticas.

Líderes precisam ser disciplinados ao avaliar a possível vantagem da colaboração. Considero útil abordar essa avaliação de duas formas.

Ajuste total

Uma maneira é olhar a empresa como um todo e perguntar: "Qual é o potencial de inovação, vendas e operações baseadas na colaboração em nossa empresa, presumindo que podemos praticá-la bem. Essa avaliação pode fornecer um entendimento comum da vantagem.

Vejamos como uma grande empresa europeia de mídia fez isso. A organização administra jornais, revistas, estações de televisão e empresas de classificados on-line em oito países da Europa, incluindo Itália, Reino Unido, Espanha, França e Suécia.[35] Embora os mercados de mídia sejam um tanto regionais (os franceses não gostam de assistir programas da televisão alemã), os gestores pensaram que poderiam levar produtos de sucesso de um país para outros, associar-se para vender publicidade e desenvolver, em conjunto, novos produtos de mídia on-line. Quando 200 altos executivos fizeram um rápido levantamento, descobriram que havia uma grande vantagem em todas as três áreas: inovação, vendas e operações. A média de suas respostas foi elevada, e foi semelhante à média de respostas de uma amostra de referência de 107 empresas europeias e americanas de uma variedade de setores (Figura 2.3).

Quando os executivos também avaliaram seu nível atual de atividades nas três áreas, perceberam que o potencial era muito maior do que o que estavam realizando; existia uma grande distância entre o potencial e os níveis reais. A distância – que representava cerca de 50% do potencial (e ainda mais em vendas cruzadas) da empresa – é a avaliação da vantagem de colaboração. Representa o valor adicional que pode ser criado com base em colaboração, se esforços forem feitos.

Embora fosse uma avaliação rápida, logo ficou claro para todos na empresa de mídia que colaboração era uma oportunidade de negócios que valia a pena buscar.

Todavia, a adoção de uma abordagem tão ampla negligencia diferenças existentes na empresa. Em muitas empresas, existem diferentes tipos de oportunidade em áreas diferentes. Duas divisões podem ter grande potencial para vendas cruzadas, enquanto outras duas podem considerar a inovação transfuncional seu ponto forte. E outras, ainda, podem descobrir que não têm nada em comum. Essa realidade indica a necessidade de uma abordagem sutil para avaliar a vantagem, conforme analisado a seguir.

FIGURA 2.3

Vantagem de uma empresa de mídia (comparada com uma amostra de referência)

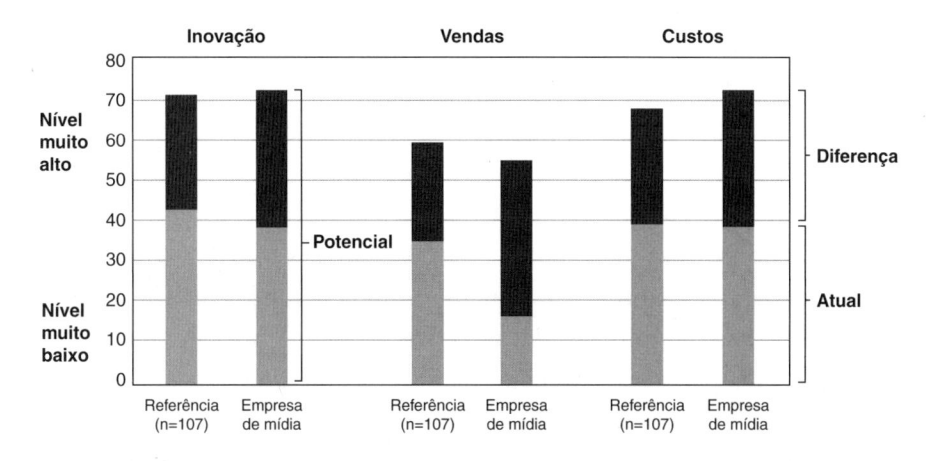

[Gráfico de barras comparando Inovação, Vendas e Custos entre Referência (n=107) e Empresa de mídia, mostrando Potencial, Atual e Diferença em escala de Nível muito baixo (0) a Nível muito alto (80).]

As perguntas foram:
Qual é o *potencial* de *inovação de produtos transfuncional* mediante a combinação de pessoas, tecnologias, recursos e ideias de diferentes unidades de sua empresa? (Anote de 0 a 100 pontos)
- Qual é o grau *atual* de *inovação de produtos transfuncional* mediante a combinação de pessoas, tecnologias, recursos e ideias de diferentes unidades de sua empresa? (Anote de 0 a 100 pontos)
- Qual é o *potencial* de *aumento de receita* mediante o trabalho conjunto em equipes transfuncionais para fazer vendas cruzadas, customizar produtos e combinar soluções para os clientes? (Anote de 0 a 100 pontos)
- Qual é o *aumento de receita atual* mediante o trabalho conjunto em equipes transfuncionais para fazer vendas cruzadas, customizar produtos e combinar soluções para os clientes? (Anote de 0 a 100 pontos)
- Qual é o *potencial* de *redução de custos* mediante a transferência de melhores práticas entre as unidades de sua empresa? (Anote de 0 a 100 pontos)
- Qual é o nível *atual* de *redução de custos* mediante a transferência de melhores práticas entre as unidades de sua empresa? (Anote de 0 a 100 pontos)

Potencial = vantagem máxima. Atual = o que está sendo obtido atualmente. Diferença = potencial – atual.
Dados de referência mostram a *média* correspondente a 107 empresas. Essa amostra de referência baseia-se em uma pesquisa que realizei entre empresas americanas e europeias de vários setores. O número de funcionários variava de 50 a 50.000 (média = 11.076). Os setores incluíam fabricação, serviços financeiros, alta tecnologia, bens de consumo/varejo, assistência médica, serviços profissionais, energia. É uma amostra bastante representativa, mas não é aleatória, razão pela qual se recomenda cuidado ao tirar conclusões.
Inovação refere-se à inovação de produtos transfuncional; vendas referem-se a vendas cruzadas; custos referem-se à redução de custos devido à transferência de melhores práticas.

Matriz de colaboração

Um meio de obter uma avaliação sutil da vantagem da empresa é usar uma matriz de colaboração. A ideia aqui é dividir a avaliação em pares de divisões; por exemplo, duas divisões formam um par. É uma forma sistemática de avaliar – par a par – onde existem oportunidades de colaboração.

Vamos fazer uma análise detalhada de uma empresa em que essa ferramenta mostrou-se proveitosa. Com sede às margens da bela baía de Oslo, na Noruega, a Det Norske Veritas (DNV) é especializada na classificação de navios e em fornecer outros serviços de gestão de risco. À semelhança de suas concorrentes, como Lloyds Register, da Inglaterra, a DNV não apenas inspeciona navios, mas também realiza pesquisas altamente técnicas a fim de desenvolver padrões de segurança em alto-mar.

Este setor está habituado a desastres. O naufrágio do *Titanic*, em 1912, quando 1.517 pessoas morreram, motivou melhores padrões de segurança, mas os acidentes marítimos continuam – como o naufrágio do *MS Estônia*, em 1994.[36] Durante uma viagem noturna, a "porta" da frente da balsa de cruzeiro, usada para carros, separou-se da embarcação e fez o navio se inclinar de 30 a 40 graus para a direita, tornando quase impossível se deslocar com segurança. Os que conseguiram sobreviver naquela noite já estavam no convés quando o navio se inclinou, porém a maioria dos passageiros não estava. Ao todo, 852 pessoas foram sepultadas com o navio no Mar Báltico. Na sequência, investigadores descobriram que as travas da porta falharam, inundando o convés de veículos e provocando a inclinação do navio.

Trabalhar para garantir que navios não encontrassem fins tão trágicos transformou a DNV em uma grande empresa, com 300 escritórios em 100 países.[37] A experiência da DNV em padrões de segurança para navios forneceu um bom ponto de partida para entrar em outros setores. No decorrer dos anos, a empresa criou novos negócios na indústria petrolífera e também ingressou em novas linhas de serviços, como consultoria. Mas essa multiplicidade de negócios também significava que a organização se tornara descentralizada, com quatro unidades de negócios comandando suas próprias atividades: operações marítimas (navios), energia (plataformas petrolíferas), setores (segurança de alimentos, assistência médica etc.) e tecnologia da informação.

Em 2006, o novo CEO Henrik Madsen, um dinamarquês afável que vivia havia muitos anos na Noruega, viu uma oportunidade interessante em vendas cruzadas. Cada unidade de negócios estabelecera relações com clientes, e serviços de outras unidades poderiam ser vendidos para eles. A oportunidade bateu à porta. A principal equipe de Madsen, composta de sete executivos, pôs mãos à obra. Primeiro, viram cada unidade de negócios como fornecedora de serviços e perguntaram: "O que vocês têm que as outras unidades podem vender a seus clientes?" Em seguida, inverteram a pergunta: "Que relações valiosas com clientes vocês têm que as outras unidades podem usar para vender serviços?"

Utilizando esse método, a equipe conseguiu encontrar oportunidades de venda cruzada em pares (Figura 2.4). Veja a oportunidade entre as unidades marítima e de TI (número 3 na matriz da DNV). Como na-

---

FIGURA 2.4

Matriz de colaboração na DNV

Este exemplo mostra como a DNV (empresa de serviços profissionais em gestão de risco) descobriu oportunidades de venda cruzada entre suas quatro unidades de negócios. Gerentes identificaram nove oportunidades em que uma unidade de negócios podia fornecer um serviço ou competência aos clientes de outra.

	Fornecedores de competências/serviços			
	Unidade de negócios	**Marítima**	**Energia**	**Setores**	**Tecnologia da informação**
Detentores de relações com clientes	Marítima		1. Vende competências em energia, materiais e testes, incêndios e explosões, e riscos de ativos para clientes da unidade Marítima (20 milhões).	2. Vende sistemas de gestão (Setores) para clientes da unidade Marítima (10 milhões).	3. Vende serviços de gestão de risco (TI) para clientes da unidade Marítima (100 milhões).
	Energia	4. Vende classificações de plataformas marítimas móveis para clientes de Energia (200 milhões).		5. Vende sistemas integrados de gestão empresarial (Setores) para clientes de Energia (10 milhões).	6. Vende serviços de gestão de risco (TI) para clientes de Energia (100 milhões).
	Setores		7. Vende competências (Energia) em materiais e testes, incêndios e explosões, e riscos de ativos para clientes de Setores (50 milhões).		8. Vende serviços de gestão de risco (TI) para clientes de Energia (300 milhões).
	Tecnologia da Informação		9. Vende tecnologia de gestão de risco e segurança (Energia) para clientes da unidade de TI (10 milhões).		

Fonte: Morten T. Hansen, "Transforming DNV: From Silos to Disciplined Collaboration Across Business Units – Changes at the Top (B)". Caso 08/2007-5458 (Fontainebleau, França: INSEAD, 2007).
Estimativas de oportunidades de receita referem-se a metas de cinco anos, conforme previsto por membros da diretoria executiva.
Coroa norueguesa (em milhões). O total de oportunidades de receita equivale a cerca de 8%-10% das receitas da empresa.

vios têm grande número de sistemas informatizados atualmente, alguém precisa assegurar que esses sistemas não entrem em colapso e causem grandes danos. Essa oportunidade foi percebida por Annie Combelles, uma francesa que chefiava a unidade de tecnologia da informação: sua unidade poderia vender serviços para os clientes da unidade marítima. A marítima tinha as relações com clientes, e a de TI tinha os serviços – uma boa combinação.

A matriz da DNV mostra algo igualmente importante: quadros vazios. São áreas de transações entre empresas em que não há oportunidades reais de colaboração. Por exemplo, como não há oportunidades reais de vender serviços marítimos para clientes de setores, o quadro permanece vazio.

Como mostra a história da DNV, a matriz de colaboração permite aos executivos identificar, com certa precisão, se há oportunidades entre as unidades de negócios – par a par – e, em caso positivo, quais suas dimensões. Quando líderes usam essa abordagem, eles fazem uma avaliação disciplinada e detalhada das áreas onde a vantagem realmente existe e onde não existe.

Não superestime

É fácil se entusiasmar com a colaboração, acreditando que obterá muitos benefícios com ela. A realidade pode ser diferente, como constatou determinada empresa. Sterling é uma grande consultoria de tecnologia da informação, com mais de 10.000 funcionários e mais de 100 escritórios espalhados pelos Estados Unidos. É especializada em auxiliar empresas de grande porte a implantar sistemas integrados de gestão empresarial (ERP) amplos e complexos, como SAP e Oracle. Equipes de vendas travavam uma disputa acirrada com rivais como IBM e Accenture por contratos que poderiam valer $50 milhões em honorários. Normalmente, uma equipe de vendas de quatro a seis pessoas passava cerca de dois meses formulando uma proposta de implantação de um sistema SAP para um cliente como Walt Disney Company. Para impressionar o pessoal da Disney, a equipe volta e meia pedia o conselho de outros especialistas em SAP da Sterling, com o intuito de melhorar a proposta.

Obviamente, os altos executivos da Sterling achavam que toda essa colaboração era algo bom. Mas não existiam dados concretos para comprovar isso. Para fazer um teste, minha colega Martine Haas e eu pegamos uma amostra de 182 equipes e medimos fatores como horas de ajuda recebida, para testar seus efeitos na vitória de uma licitação (era vencer ou perder, portanto não havia ambiguidade). Nós nos sentamos diante do computador em minha sala na Harvard Business School, inserimos todos os dados em um programa estatístico e fizemos uma análise de um mês. A Figura 2.5 mostra um dos diagramas que apareceram na tela, que exibe os resultados de uma amostra de equipes de vendas altamente experientes.

Faça uma pausa e examine o diagrama. Ele mostra algo curioso: quanto mais colaboração as equipes recebiam dos colegas da Sterling, *menos* chances tinham de conquistar o contrato. Como isso é possível? Deveria ser o contrário: quanto mais ajuda, mais sucesso.

Ficamos perplexos com essa descoberta. Ao que se revelou, o segredo se encontrava nas próprias equipes de vendas. A ajuda externa não era tão útil para equipes altamente experientes – aquelas dirigidas por profissionais expe-

FIGURA 2.5

Quanto mais ajuda, pior

A relação entre receber ajuda e conquistar contratos de venda, no caso de equipes experientes em uma grande consultoria de TI

Horas de ajuda fornecidas à equipe

Fonte: Os resultados deste estudo estão relatados em Martine R. Haas e Morten T. Hansen: "When using knowledge can hurt performance: the value of organizational capabilities in a management consulting company". *Strategic Management Journal* 26, n. 1 (2005), 1-24.
Dados: Análise de regressão de uma amostra com 105 equipes de vendas.

rientes, que sabiam tudo sobre um sistema SAP. Eles já tinham tudo o que era necessário para formular uma proposta de implantação de um sistema SAP e, mesmo assim, supunham que receber colaboração de outros especialistas SAP da Sterling traria ainda mais benefícios. Mas não trazia. Na verdade, acarretava apenas trabalho – o tempo e o esforço envolvidos na colaboração eram o tempo e o esforço que a equipe de vendas não empregava para apresentar uma proposta ainda melhor. Eles superestimavam: as equipes experientes nunca colhiam benefícios por colaborar com especialistas da empresa.[38]

Líderes também tendem a superestimar a vantagem de colocar várias empresas sob um único teto.[39] Em 2007, quando o mandachuva da Daimler, Dieter Zetsche, vendeu a Chrysler por lamentáveis $1 bilhão, empresa que a montadora alemã comprara nove anos antes por $36 bilhões, ele confessou: "É óbvio que superestimamos o potencial de sinergias." Um erro de $35 bilhões! Alguns estudos relataram que entre 39% e 66% das aquisições não geram o lucro prometido e, mesmo assim, líderes continuam superestimando o potencial de sinergias que se baseiam, em parte, em colaboração.[40]

Não subestime

Subestimar é igualmente errado. Quando líderes acreditam – erradamente – que há pouca ou nenhuma vantagem na colaboração entre as unidades da empresa, eles ignoram grandes oportunidades. Às vezes, temem que ela destrua a liberdade empresarial de que cada unidade de negócios desfruta. Eles creem, não raro erroneamente, que os possíveis ganhos de colaborar serão superados pela perda de espírito empreendedor.

Bertelsmann, uma das maiores empresas de mídia da Europa, ficou presa a essa crença. Seus líderes insistiam que cada unidade de negócios – editora de livros, editora científica, revistas, música, clubes de música e televisão – deveria operar como empresa independente e que não havia necessidade de colaboração. "A Bertelsmann tem uma organização completamente descentralizada", disse o CEO Gunter Thielen. "Cada centro de lucro tem um diretor gerente que atua como 'empresário dentro da empresa maior'. Esses diretores – e não a diretoria executiva – são os verdadeiros condutores da empresa."[41]

Está implícita no raciocínio de Thielen a escolha entre liberdade empresarial e colaboração; as empresas podem ter apenas uma delas. Eu discordo. A Bertelsmann perdeu oportunidades por subestimar a questão da colaboração.[42] Um bom exemplo: a empresa não promoveu colaboração entre suas várias divisões para reagir à Amazon.com e lançar sua própria livraria virtual na hora certa. Como resultado, a empresa não é uma concorrente real no mercado de livrarias virtuais.[43]

Mas tanto superestimar como subestimar contribuem para a colaboração indisciplinada. Os líderes não avaliam a oportunidade de colaborar com o devido cuidado.

Quando dizer "não!" à colaboração?

Deve-se iniciar um projeto colaborativo ou não? Gerentes precisam de uma regra para ajudá-los a decidir quando colaborar e quando dizer: "Não, não é negócio. Não vamos colaborar."

Mas essa regra precisa ser diferente da típica regra ("sim ou não") para liberação de projetos. Gerentes precisam levar em conta dois custos adicionais: custos de oportunidade e custos de colaboração. Deve-se lançar um projeto de colaboração apenas se o valor líquido de colaboração for maior que o retorno menos custos de oportunidade *e* custos de colaboração. Chamo esse valor líquido de prêmio de colaboração, e o princípio pode ser visualizado em uma equação simples:

> Prêmio de colaboração = retorno do projeto − custos de oportunidade − custos de colaboração

Custo de oportunidade é a resposta à pergunta: "O que mais poderíamos fazer com o tempo, os esforços e os recursos empregados no projeto de colaboração?" Talvez haja aplicações melhores para o tempo e os esforços dos profissionais – projetos com melhor retorno no geral. Custo de oportunidade é o fluxo líquido de caixa que as empresas deixam de gerar ao investir no projeto de colaboração – e não em outra coisa.

Custos de colaboração referem-se a problemas ligados ao trabalho transfuncional e suas consequências: viajar mais, tempo gasto na discussão de objetivos e partilha de informações, esforços para solucionar conflitos e todas as consequências nefastas que essas complicações acarretam – atrasos, estouro de orçamento, baixa qualidade e perda de vendas (que podem ser enormes). Custo de colaboração é o fluxo de caixa negativo que resulta de todos esses fatores.

Para ver por que o prêmio de colaboração é importante, vamos revisitar a DNV e examinar um projeto de colaboração que deu errado.

DNV: A oportunidade

Em 2006, um surto da bactéria Escherichia Coli no espinafre deixou 200 pessoas doentes e matou um menino de dois anos nos Estados Unidos.[44] Posteriormente, a bactéria foi associada a Natural Selection Foods, empresa da Califórnia que cultiva espinafre e outros vegetais. Como essas catástrofes preocupam muito as empresas de alimentos, elas ficam ansiosas para garantir a segurança do processo de produção e contratam empresas para ajudá-las nisso.

Dada a experiência da DNV em segurança, ajudar empresas de alimentos a produzir alimentos seguros era uma oportunidade interessante. Em 2003, duas unidades de negócios – certificação e consultoria – reuniram-se para colaborar na indústria alimentícia.[45] A unidade de certificação inspecionava a cadeia de produção de alimentos e emitia certificados de inspeção sanitária. A unidade de consultoria em gestão de riscos trabalhava com as empresas de alimentos para ajudá-las a reduzir riscos na cadeia alimentar.[46] As previsões iniciais eram promissoras: se as duas unidades de negócios operassem separadamente, elas poderiam aumentar a receita em 50%, de 2004 a 2008. Se colaborassem, esse aumento seria de 200%. O fluxo líquido de caixa previsto era $40 milhões.[47] Era um sinal claro para seguir em frente.

Os custos reais

A unidade de consultoria, porém, não incluíra os custos de oportunidade – maneiras alternativas de usar os recursos disponíveis. Como se constatou mais tarde, alimentos não eram sua melhor oportunidade. A melhor era consultoria em gestão de risco na área de TI. Para o braço de consultoria, seria mais vantajoso empregar esforços nesse segmento, que não exigia colaboração com outras unidades de negócios. Ao persistir em alimentos, ela teria de renunciar a parte dessa oportunidade – talvez $25 milhões em fluxo líquido de caixa. (Não é difícil estimar esse número; é o fluxo de caixa proveniente do projeto mais atraente não empreendido.)

O segundo problema eram os altos custos de colaboração; a organização não estava preparada para colaborar (em primeiro lugar, os gerentes eram avaliados apenas pelo desempenho de suas unidades de negócios). Havia rixas entre os membros da equipe transfuncional, e os dois lados começaram a desconfiar um do outro. "Muitos profissionais eram voltados para feudos", disse um gerente, referindo-se a uma atitude míope. "Os membros da equipe tentavam proteger os próprios clientes." Disse outro: "O pessoal de certificação temia apresentar o pessoal de consultoria aos seus clientes." Em consequência, as duas unidades não conseguiram criar um banco de dados de clientes comum. Isso implicava que as previsões – especialmente de aumento de vendas de serviços para os clientes uma da outra – tinham de ser ajustadas para baixo. (No caso de custos de colaboração, esse número é mais difícil de prever. Trata-se principalmente de vendas perdidas como resultado de rixas – cerca de $20 milhões em fluxo líquido de caixa.)

A seguir, estimativas aproximadas feitas por mim ao elaborar o estudo de caso da DNV – mas elas mostram cifras que representam bem a realidade:

> Prêmio de colaboração = retorno projetado – custos de oportunidade – custos de colaboração
> – $5 milhões = $40 milhões – $25 milhões – $20 milhões

Considerando que o prêmio de colaboração era negativo, a DNV não deveria ter prosseguido com o projeto.

A queda

O que aconteceu? Durante o projeto, os custos de oportunidade e de colaboração assombravam a equipe. A unidade de consultoria não estava muito empenhada no setor de alimentos, visto que estava progredindo mais no segmento de TI. Os custos de oportunidade eram enormes, e isso afastou os consultores do projeto alimentício. Além disso, aumentaram os atritos entre as duas equipes, aumentando os custos de colaboração na forma de perda de receita de vendas cruzadas. No outono de 2005, a receita estava aquém das projeções e o projeto foi abandonado.

A lição? Gerentes precisam avaliar atentamente custos de oportunidade e colaboração e dizer claramente "Não, não vamos colaborar" se o prêmio de colaboração for negativo, prenunciando prejuízo. Isso significa ser disciplinado sobre quais projetos de colaboração empreender e quais deixar de lado.

Talvez você pense: "É muito difícil prever esses números com antecedência. Só a visão retrospectiva é 20/20." Bem observado. Mas gerentes também despendem esforços enormes para estimar o retorno sobre projetos, portanto, é pedir muito que eles despendam a mesma energia em custos de oportunidade e colaboração, especialmente quando esses custos podem destruir um projeto?

O exemplo da DNV fornece outra lição importante. A última equação diz que os custos de colaboração eram $20 milhões, suficientes para a não liberação do projeto. Mas vamos supor que os custos de colaboração fossem muito baixos; vamos supor que os componentes da equipe não desconfiassem uns dos outros; vamos supor que eles não tivessem retido as relações com seus clientes, mas tivessem, ao contrário, procurado fazer vendas cruzadas de serviços; vamos supor que tivessem criado aquele banco de dados de clientes comum para possibilitar vendas cruzadas. Se os custos de colaboração fossem muito baixos, o prêmio de colaboração seria positivo, e é possível que o projeto tivesse dado certo.

Em última análise, custos de colaboração são elevados em empresas em que há barreiras à colaboração – neste caso, profissionais que ocultam suas relações com clientes. A função do líder, por conseguinte, é identificar essas barreiras, derrubá-las e reduzir os custos para perto de zero.

Capítulo 2: Pontos principais

Saiba quando colaborar – e quando não

- O objetivo da colaboração não é a colaboração em si, mas melhores resultados. Líderes precisam incutir esse princípio de disciplina em toda a empresa, de modo que as pessoas não colaborem só por colaborar, mas que sejam capazes de rejeitar projetos de colaboração de benefício questionável. Ser disciplinado sobre colaboração é saber quando não colaborar.

- Há justificativa empresarial convincente para a colaboração em muitas empresas. O benefício pode ser grande: colaboração melhora vendas, aumenta margens de lucro e permite o uso eficaz de ativos. Líderes podem obter um retorno muito melhor do patrimônio em consequência da colaboração.

- Líderes precisam avaliar o potencial em três áreas: inovações melhores por meio de colaboração (desenvolvimento de produtos transfuncional); vendas maiores por meio de colaboração (vendas cruzadas e melhor atendimento ao cliente); e operações mais eficientes (redução de custos mediante a transferência de melhores práticas e tomada de melhores decisões). Esses potenciais variam de empresa para empresa. Líderes precisam ajustar a oportunidade em suas empresas e evitar tanto superestimar como subestimar o potencial.

- Para impor disciplina em projetos de colaboração, deve-se assegurar que cada projeto tenha um prêmio de colaboração. Projetos colaborativos devem ser empreendidos apenas se o valor exceder tanto custos de oportunidade (renúncia a outros projetos) como custos de colaboração (tempo gasto na discussão de objetivos e partilha de informações, que acarretam atrasos, estouros de orçamento, perda de vendas e baixa qualidade). Antes de liberar projetos de colaboração, gestores devem submetê-los ao teste de prêmio de colaboração.

- Líderes podem reduzir custos de colaboração para perto de zero mediante a eliminação de barreiras à colaboração. "Colaborar em busca de resultados" torna-se muito mais fácil se as pessoas souberem como colaborar.

CAPÍTULO 3

Identifique as quatro barreiras à colaboração

EM 29 DE AGOSTO DE 2001, um agente do FBI escreveu e enviou às pressas um e-mail furioso para a colega Jane: "O que aconteceu? Um dia desses alguém vai morrer e – barreira ou não –, o público não vai entender por que não fomos mais eficazes e empregamos todos os recursos que tínhamos em certos 'problemas'."[1] O agente revoltado queria capturar um cidadão saudita chamado Khalid al Mihdhar. O agente achava que Mihdhar estava ligado ao caso em que ele estava trabalhando – a investigação do atentado a bomba ao USS *Cole* no Iêmen, que matou 17 marinheiros. Mas sua colega do FBI, chamada anonimamente de "Jane", invocou por engano a "barreira" do FBI, que, em sua opinião, impedia o acesso de pessoas que trabalhavam em casos criminais a informações do serviço de inteligência. Daí o e-mail furioso. Em vez de perseguir Mihdhar com urgência, o agente do FBI teve de se conformar com uma solicitação rotineira mais lenta, que Jane enviou ao escritório de Nova York. Lá, um agente novato começou a investigar, mas o tempo estava se esgotando. Em 11 de setembro, Mihdhar sequestrou um avião da American Airlines (voo 77), que foi lançado contra o Pentágono e matou 189 pessoas. Anteriormente, a CIA já fizera uma busca frenética por Mihdhar. As pistas retrocediam a Kuala Lumpur, na Malásia.[2] Em janeiro de 2000, agentes da Agência Central de Inteligência souberam que uma reunião da al-Qaeda deveria se realizar naquele país e que Mihdhar estava em um apartamento com um colega. No entanto, a reunião foi cancelada abruptamente, e Mihdhar e seus companheiros, incluindo Nawaf Hazmi, outro sequestrador do 11 de Setembro, foram de avião para Bangcoc, na Tailândia, depressa demais para que as autoridades pudessem rastreá-los. Quando foi dado o alerta, "os viajantes já haviam desaparecido nas ruas de Bangcoc."[3] Autoridades americanas em Bangcoc informaram que as pistas haviam esfriado. Eles colocaram Mihdhar numa lista de observação em Bangcoc, mas o interessante é que não alertaram o serviço de imigração dos Estados Unidos nem o FBI. Em 15 de janeiro, Mihdhar e Hazmi voaram para Los Angeles com vistos americanos, mas ninguém sabia que eles estavam chegando. Mihdhar e Hazmi alugaram um apartamento em San Diego, abriram conta bancária com seus nomes verdadeiros, tentaram aprender inglês e matricularam-se em uma escola para aprender a pilotar aviões. Mais tarde, em junho de 2000, Mihdhar cometeu um erro tático quando viajou da Califórnia ao Iêmen, para só retornar em 4 de julho de 2001, cerca de dois meses antes de 11 de setembro.[4] Isso poderia ter arruinado toda a trama do 11 de Setembro; ele arriscou-se a ser descoberto, porque teve de solicitar novo visto americano em junho de 2001. Mas ninguém o colocara em uma lista de observação que não a de Bangcoc; por essa razão ele não foi identificado. Em meados de maio de 2001, as pistas de Kuala Lumpur foram novamente rastreadas. "John", funcionário da CIA nos Estados Unidos, começou a rever alguns relatórios antigos e pediu a uma colega, "Mary", para investigar.[5] Logo eles descobriram várias informações, inclusive que Mihdhar estivera em Kuala Lumpur (e ligado a al-Qaeda) e que obtivera visto americano. Em 24 de agosto de 2001, Mary e Jane finalmente colocaram Mihdhar na lista de observação do Departamento de Estado. Mas era tarde demais, já que Mihdhar entrara no país em 4 de julho. Quando o colérico agente do FBI, que investigava o ataque ao USS *Cole*, viu essa informação, ele queria perseguir e capturar Mihdhar rapidamente. Em vez disso, Jane iniciou uma busca de trâmite moroso.

Essa não foi a única oportunidade perdida pelo FBI. Em 10 de julho de 2001, em Fênix, no Arizona, o agente Kenneth Williams escreveu um e-mail para o quartel-general do FBI com o título polêmico "Usama Bin Laden... partidários frequentam escolas de aviação civil."[6] Williams e colegas haviam investigado um cidadão saudita chamado Zacaria Mustapha Soubra, juntamente com dois extremistas islâmicos algerianos. Durante um interrogatório, Soubra disse aos investigadores que ele considerava o governo e as forças militares dos Estados Unidos no Golfo "alvos militares legítimos do Islã". Williams alertou sobre o perigo de haver extremistas islâmicos aprendendo a pilotar. Quando o memorando de Williams chegou ao quartel-general do FBI, dois supervisores de nível médio o examinaram, mas não o passaram adiante.[7] Eles não o enviaram aos altos funcionários do FBI, nem o compartilharam com outras unidades do FBI ou da CIA. Williams também enviara o memo para o escritório do FBI em Nova York, mas seus funcionários também não o distribuíram. Como resultado, muito pouca gente sabia do alerta de Williams.

Em 27 de agosto de 2001, houve uma acalorada conversa telefônica entre um supervisor do escritório do FBI, em Minneapolis, e um agente do quartel--general do bureau, que acusou o supervisor de tentar transtornar as pessoas.[8] O supervisor de Minneapolis retrucou que ele estava "tentando impedir que alguém pegasse um avião e o lançasse contra o World Trade Center". Eles estavam discutindo sobre Zacarias Moussaoui, que entrara nos Estados Unidos em fevereiro de 2001 e começara a ter aulas de pilotagem de avião em Oklahoma e em Minnesota. A escola de aviação alertara o FBI sobre o estrangeiro, que, com pouco conhecimento de pilotagem, "queria aprender a 'decolar e pousar' um Boeing 747". Os agentes logo souberam que ele era um extremista islâmico. Como se constatou mais tarde, o visto de Moussaoui havia expirado, e o FBI o prendeu. Os agentes de Minneapolis suspeitavam que Moussaoui possuísse informações sobre planos terroristas e queriam investigar seu laptop, mas, para isso, precisavam de um mandado de busca especial. Essa foi a origem do diálogo acalorado: Minneapolis queria o mandado de busca, mas o quartel--general do FBI determinou que não havia evidência suficiente.

Moussaoui escapou de uma investigação completa antes de 11 de setembro, e essa foi uma incrível oportunidade desperdiçada, porque, como se verificou mais tarde, era curta a distância entre ele e o sequestrador Mohamed Atta, líder dos sequestradores de 11 de setembro e piloto suicida do voo 11 da American Airlines. Moussaoui recebeu ajuda de uma pessoa chamada Ramzi bin al-Shibh, que operava do exterior e auxiliou os outros terroristas nos Estados Unidos, incluindo Atta.[9]

Em 6 de agosto de 2001, o informe diário sobre segurança do presidente George Bush tinha um título traumático: "Bin Laden determinado a atacar os Estados Unidos."[10] Para a comunidade do serviço de informações, como lembrou o diretor da CIA George Tenet, "o sistema estava em alerta vermelho".[11] Agentes do serviço de informações no mundo todo estavam captando "conversas rápidas" e fragmentos de informações, indicando que algo de grandes proporções estava em andamento. De acordo com o relatório da Comissão de Inquérito do 11 de Setembro, "um informe sobre ameaças terroristas, distribuído no final de maio, indicava alta probabilidade de ataques terroristas 'espetaculares' a curto prazo, com numerosas vítimas".[12] Em 25 de junho, Richard Clarke, chefe do Grupo de Contraterrorismo, informou a Conselheira de Segurança Nacional Condoleezza Rice que seis relatórios distintos do serviço de informações revelavam alertas do pessoal da al-Qaeda sobre um ataque iminente.[13] Em fins de julho de 2001, Tenet afirmou que "pior não poderia ficar".[14] O problema é que havia informações pouco específicas sobre onde os ataques poderiam ocorrer e que tipos de ataques poderiam ser.

Durante todo esse período, de janeiro de 2000 a 11 de setembro de 2001, ninguém fez a ligação entre estas quatro informações: o terrorista da al-Qaeda Mihdhar entrando no país e tendo aulas de pilotagem; extremistas aprendendo a pilotar aviões no Arizona; Moussaoui aprendendo a pilotar Boeings 747; e o sistema indicando alerta vermelho no verão de 2001. Se alguém tivesse associado os fatos, poderia ter deduzido que os altos níveis de alerta geral durante o verão de 2001 estavam relacionados a sequestro de aviões (terroristas da al-Qaeda tiveram aulas de pilotagem) e a certos indivíduos (Mihdhar, Hazmi e Moussaoui). Isso já é meio caminho andado para identificar o fato e os autores.

É mais fácil ver a ligação entre essas informações em retrospecto do que em tempo real, em meio a grande quantidade de pistas e dados. Porém, o caso da falha do serviço de informações no episódio de 11 de setembro destaca a principal mensagem deste capítulo: organizações – neste caso a comunidade do serviço de informações dos Estados Unidos – não raro criam barreiras que impedem a troca de informações e a colaboração. A falha dos agentes em difundir informações e associar os fatos é resultado direto de várias barreiras à colaboração. A função do líder é identificar essas barreiras e derrubá-las para que possa haver melhor colaboração.

A inimiga da colaboração: Administração moderna

A colaboração raramente ocorre de modo natural, porque os líderes, quase sempre involuntariamente, erguem barreiras que impedem as pessoas de colaborar. Muitas delas têm a tendência natural de colaborar, mas não têm liberdade de ação. E a culpada é a administração moderna.

Administradores e pensadores da administração comemoram a descentralização, que funciona da seguinte forma: você delega responsabilidade nas áreas de operações, produtos e negócios a um grupo de gerentes. Quanto mais claras as linhas de responsabilidade, melhor. Em seguida, você estabelece metas e critérios para cada gerente, de modo que eles saibam o que precisarão alcançar trimestral e anualmente. Para aumentar as chances de sucesso, você dá grande liberdade aos gerentes – eles administrarão suas próprias unidades. Em seguida, você os responsabiliza pelos resultados e cria incentivos para motivá-los a atingir os objetivos – bônus, aumentos salariais, opções sobre compra de ações e promoções são oferecidos aos que apresentam bons resultados; os que não satisfazem as expectativas recebem orientação ou são dispensados. Como seria de esperar, os gerentes de cada unidade trabalham com afinco e concentram-se na realização dos objetivos. Você relaxa e se maravilha com a beleza do sistema.

Essa é a essência da administração moderna: um sistema descentralizado, com linhas de responsabilidade bem-definidas, muita responsabilização e recompensas para os que apresentam bom desempenho. É um belo sistema, que funciona muito bem – até certo ponto. O problema é que cada gerente torna-se cada vez mais independente e tenta tirar o máximo de sua unidade – afinal de contas, é dessa forma que o cargo está definido. Gerentes preocupam-se em alcançar suas metas e têm pouco interesse em ajudar os demais a alcançar as deles. Com o tempo, a descentralização corre o risco de transformar a empresa em um conjunto desarticulado de unidades, que se tornam feudos ou silos.

Foi o que aconteceu com a comunidade do serviço de informações dos Estados Unidos antes de 11 de setembro de 2001. Era uma comunidade irregular, composta de muitas unidades: FBI, CIA, Serviço de Imigração e Naturalização, Agência de Segurança Nacional, Agência de Inteligência de Defesa, Escritório Nacional de Reconhecimento, Departamento de Estado, Agência Federal de Aviação, Grupo de Segurança Antiterrorista na Casa Branca e Conselho de Segurança Nacional. "A própria expressão 'comunidade do serviço de informações' é intrigante", disse o vice-presidente da Comissão do 11 de Setembro, Lee Hamilton. "Ela mostra o grau de descentralização e fragmentação dos recursos de nosso serviço de inteligência."[15]

A estrutura descentralizada foi duramente criticada pela Comissão do 11 de Setembro, que observou: "As agências são como um conjunto de especialistas num hospital; cada um pedindo exames, procurando sintomas e prescrevendo medicamentos. O que falta é o médico responsável que garante que eles trabalhem em equipe."[16]

A solução, todavia, não é desmontar o sistema descentralizado e fazer o oposto – centralização extrema –, em que algumas pessoas no topo decidem e filtram informações. Isso é descartar algo valioso ao tentar se livrar de algo indesejável. Afinal de contas, o sistema descentralizado fornece amplos benefícios. Há uma maneira melhor – e um modelo melhor. *A colaboração disciplinada exige que as organizações sejam descentralizadas, porém coordenadas*. Para implementar esse modelo, líderes precisam identificar as barreiras à colaboração e superá-las sem reduzir os benefícios de uma estrutura descentralizada.

Normalmente, quatro barreiras impedem a colaboração. Para avaliar sua prevalência nas empresas, usei a pesquisa realizada com 107 empresas europeias e americanas que mencionei no Capítulo 2.[17] Criei uma ferramenta de avaliação e pedi aos gerentes para avaliar o alcance dessas barreiras (você pode fazer essa rápida avaliação, apresentada ainda neste capítulo, e comparar seus resultados com esta amostra). Ainda que os dados fossem subjetivos, eles indicaram que todas as quatro barreiras estavam presentes, embora as empresas diferissem bastante quanto às barreiras que enfrentavam e sua gravidade. Isso significa que líderes precisam primeiro identificar as barreiras que enfrentam.

1. Barreira do "não inventado aqui"

Nas operações europeias da Hewlett-Packard, no final da década de 1990, executivos criaram um sistema de referência interno, que comparava o tempo de processamento de pedidos de computadores nas fábricas em diferentes países.[18] A ideia era possibilitar que os gerentes avaliassem seus pontos fracos e aprendessem com os melhores. Mas os gerentes de fábricas de baixo rendimento não estavam interessados em aprender com os demais – pouco ajudava o fato de a fábrica francesa ser pior que a belga. A ideia de terem de ir à Bélgica para aprender com os gerentes belgas não agradava aos gerentes franceses. Eles acreditavam que os outros não poderiam lhes ensinar práticas úteis, em parte porque achavam que seus problemas eram diferentes. Mas não eram.

Este exemplo ilustra a barreira do "não inventado aqui", que surge quando as pessoas não estão dispostas a transcender o âmbito de suas unidades para obter colaboração e colaborar.

Por que os profissionais não pedem ajuda? É obvio que às vezes não é necessário. Outras vezes, porém, eles podem obter ótimos resultados quando recebem colaboração de outras pessoas – um conselho, transferência de uma tecnologia. Ou existem oportunidades de trabalho conjunto – desenvolver novos produtos juntos ou apresentar propostas conjuntas a clientes. Mas, mesmo assim, as pessoas não tentam se comunicar. É um problema *motivacional* causado por diversos fatores, como mostrado na Figura 3.1.

FIGURA 3.1

A primeira barreira: Por que a síndrome do "não inventado aqui" ocorre?

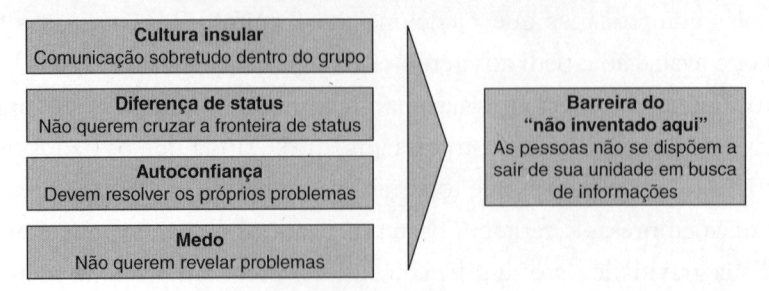

- **Cultura insular**
  Comunicação sobretudo dentro do grupo
- **Diferença de status**
  Não querem cruzar a fronteira de status
- **Autoconfiança**
  Devem resolver os próprios problemas
- **Medo**
  Não querem revelar problemas

→ **Barreira do "não inventado aqui"**
As pessoas não se dispõem a sair de sua unidade em busca de informações

Cultura insular

Pessoas que trabalham juntas podem criar uma cultura insular. Como convivem entre si a ponto de excluir pessoas de fora, elas restringem a entrada de novos pontos de vista e reforçam suas próprias convicções.[19] Quanto mais unido for o grupo, mais seus membros voltam-se para dentro e se isolam do mundo.

Em minha pesquisa com 120 equipes de desenvolvimento de produtos da Hewlett-Packard, durante os anos 1990, constatei que algumas delas viviam essa situação desagradável.[20] Os membros das equipes enturmavam-se apenas com o pessoal de suas unidades de negócios. Com o tempo, formou-se entre eles uma rede insular de relações informais. Como resultado, eles preferiam encontrar soluções em sua própria unidade para os problemas no desenvolvimento de produtos. Consequentemente, o desempenho foi prejudicado.[21]

Diferença de status

Quando os profissionais pensam que têm status mais alto que os outros, eles não se interessam em colaborar com esses seres humanos "menos dignos". No Morgan Stanley, por volta de 1998, o pessoal do braço do banco de investimento – elite de banqueiros que geralmente vinha das melhores universidades – mostrava certo desprezo pelos funcionários que tinham feito carreira dentro da recém-adquirida corretora de varejo Dean Witter".[22] Logo após a fusão entre as duas organizações, corretores dos dois lados precisaram começar a trabalhar juntos. Os do Morgan Stanley não dissimulavam o desdém. De acordo com um artigo da *Fortune*, "Um corretor do Morgan Stanley descreveu o momento como o que trouxe para sua vida 'sujeitos chamados Vinnie, de ternos baratos'".[23] Os antigos mundos do Morgan Stanley e da Dean Witter não poderiam ser mais distintos, e a diferença de status impediu uma boa colaboração.

Mas, com toda a certeza, os corretores de menor status da Dean Witter acolheriam de bom grado a oportunidade de se misturar com os banqueiros de status elevado do Morgan Stanley. Ter contato com um pessoal de prestígio parece ser uma boa ideia, mas evidências sugerem o contrário. Para membros de grupos de status inferior, comunicar-se com grupos de status elevado acaba com o conforto de conviver com pessoas da mesma condição. É confortável ser de uma condição social inferior se as pessoas do mesmo grupo também forem; mas relacionar-se com pessoas de status elevado destrói essa tranquilidade e os lembra de seu destino. O economista Robert Frank chama esse fenômeno de "escolher a lagoa certa".[24] Relacionar-se com grupos de status elevado em uma empresa é uma das últimas coisas que pessoas de menor status querem fazer.

A diferença de status envolve reciprocidade: pessoas de status elevado não querem manchar sua imagem e as de menor status não querem que as primeiras as façam lamentar sua condição. Ambas as atitudes criam barreiras à colaboração.

Autoconfiança

Quando existe uma norma que diz "Você deve corrigir seus próprios problemas", as pessoas resistem em solicitar informações. Não é que elas achem que são melhores que as outras; ao contrário, essa atitude deriva da crença arraigada de que as pessoas precisam resolver seus problemas sozinhas, em vez de pedir ajuda. Quando esse comportamento surge em uma unidade, provavelmente a barreira do "não inventado aqui" irá se instalar.

Receio de expor deficiências

Chegar para alguém e dizer "Nós não estamos nos saindo bem nesta área e precisamos de ajuda" pode ser interpretado como fracasso: "Esses caras não são muito bons." As pessoas às vezes receiam expor suas fraquezas, especialmente aos experts. Ao solicitar colaboração, os profissionais expõem sua vulnerabilidade, permitindo que os outros os critiquem. Como resultado, eles podem decidir que é melhor não pedir ajuda, ou que talvez seja melhor recorrer a quem já conhecem e em quem confiam – mesmo que não sejam os mais bem-informados.[25] O temor de revelar deficiências torna-se uma barreira à colaboração.

A barreira do "não inventado aqui" teve papel decisivo no fracasso da comunidade do serviço de informações americano em descobrir a conspiração do 11 de Setembro? Embora não tenha sido a barreira mais importante, ela certamente desempenhou um papel decisivo.[26] Várias agências possuíam muitas informações e, mesmo assim, poucos analistas telefonaram para outras agências em busca de qualquer delas. Embora alguns tentassem, como quando o furioso agente do FBI solicitou informações a Jane, o relatório do 11 de Setembro revela que a norma era *não* pedir ajuda. Por exemplo, havia informações que poderiam ser usadas para identificar o sequestrador Hazmi, mas elas não foram passadas adiante. Como o relatório da comissão ressalta, "Alguém precisava solicitá-las, mas ninguém o fez."[27] No FBI, raramente agentes contatavam outras agências federais que possuíam bancos de dados com informações potencialmente valiosas para ajudar nas investigações.[28]

2. Barreira de retenção de informações

Você já se perguntou por que alguns funcionários não ligam de volta quando colegas lhes pedem ajuda? Talvez você pense: "Ah, eles esqueceram." Os motivos podem ser mais perversos. Alguns profissionais, deliberadamente, não querem dividir informações; eles negam ajuda, informações, tempo e esforços. Às vezes, recusam-se a fornecer qualquer coisa (embora não admitam abertamente) ou retêm partes do que sabem. Ou, ainda, talvez concordem em cooperar em alguma coisa e depois fazem corpo mole.

Ao contrário da barreira do "não inventado aqui", em que as pessoas recusam-se a pedir ajuda, a barreira de retenção de informações refere-se a pessoas na posição oposta: aquelas que podem fornecer ajuda, mas não a oferecem. Diversos fatores provocam retenção de informações, como mostrado na Figura 3.2.

Concorrência

A concorrência dentro da empresa enfraquece a disposição de colaborar. Na pesquisa da Hewlett-Packard, nos anos 1990, perguntei aos gerentes qual era o grau de competitividade que eles achavam existir nas relações transfuncionais. Eles atribuíram o surpreendente percentual de 30% de competitividade a todas as interações interdivisionais. Por quê? Gerentes de diferentes divisões habitualmente discutiam sobre quem tinha direito de desenvolver certos produtos. Competiam pelas mesmas oportunidades, e isso possibilitava o comportamento de retenção de informação. Quando chegava a hora de transferir tecnologias de uma divisão para outra, engenheiros que forneciam a tecnologia às vezes recusavam-se a cooperar. Relutavam quando percebiam um relacionamento competitivo entre suas divisões e a divisão solicitante.[29]

FIGURA 3.2

A segunda barreira: Por que as pessoas retêm informações?

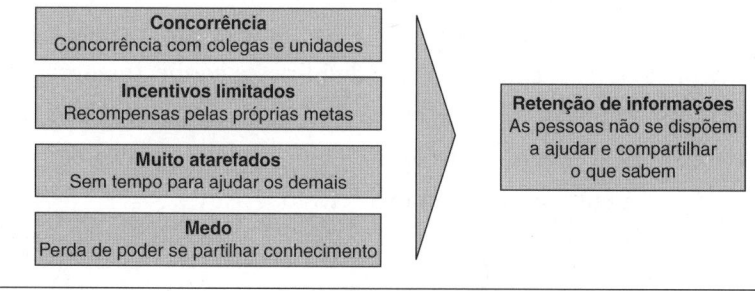

| **Concorrência** |
| Concorrência com colegas e unidades |

| **Incentivos limitados** |
| Recompensas pelas próprias metas |

| **Muito atarefados** |
| Sem tempo para ajudar os demais |

| **Medo** |
| Perda de poder se partilhar conhecimento |

→ **Retenção de informações**
As pessoas não se dispõem a ajudar e compartilhar o que sabem

Incentivos limitados

Quando os funcionários são recompensados apenas pelo bom desempenho de suas atividades, eles tendem a dirigir a atenção exclusivamente para o trabalho. Muitas empresas operam com esse sistema de incentivo. Essa estrutura causa o comportamento de retenção de informações, porque os profissionais concentram-se em seus objetivos em prejuízo da ajuda a pessoas de fora da unidade.[30]

Muito atarefados

Paradoxalmente, a ênfase na gestão de desempenho na última década criou o que o professor de Harvard Leslie Perlow chama de "fome de tempo" no trabalho.[31] Como as pessoas são pressionadas a desempenhar, elas acham que não têm tempo para ajudar os outros; pedidos moderados de ajuda são considerados um fardo que os atrasa no trabalho. Assim, os funcionários precisam escolher – fazer o próprio trabalho (e não ajudar os outros) ou ajudar os outros (mas realizar menos trabalho). Minha pesquisa sobre equipes de projetos da Hewlett-Packard, na década de 1990, revelou esta escolha: componentes de equipes que colaboravam em outros projetos acabavam demorando mais para concluir o próprio projeto, porque empregavam tempo valioso auxiliando outras pessoas e não terminavam o próprio trabalho.[32]

Medo de perder poder

Como diz o ditado "Conhecimento é poder", uma pessoa é mais poderosa em uma organização quanto mais ela sabe sobre alguma coisa e quanto menos sabem os outros. Então por que dividir esse conhecimento, tornando-nos com isso menos poderosos e, por fim, desnecessários? Se os funcionários recearem ficar menos poderosos e menos valiosos para a empresa ao difundir conhecimento, eles tenderão a retê-lo.

O comportamento de reter informações era muito frequente na comunidade do serviço de informações antes do ataque de 11 de setembro. Veja os exemplos no início deste capítulo. Primeiro, os agentes da CIA que seguiam as pistas em Kuala Lumpur não compartilharam as informações com o FBI e com o Departamento de Estado; segundo, no caso de Mihdhar, a agente Jane, do FBI, recusou-se a dar informações ao agente do FBI designado para a investigação do USS *Cole*, citando a barreira no bureau; terceiro, os agentes que leram o memorando de Fênix decidiram não passá-lo adiante.

Os incentivos eram extremamente limitados na comunidade do serviço de informações. No FBI, cada divisão de campo tinha seus próprios indicadores de desempenho, incluindo número de prisões, indiciamentos e condenações. Os funcionários preocupavam-se em atingir as metas, e não em ajudar outras divisões de campo. Pior, havia incentivos para desencorajar a partilha de informações. Como observou o relatório da Comissão do 11 de Setembro: "A estrutura de incentivos de cada agência opõe-se ao compartilhamento de informações, sujeito a riscos (sanções administrativas, civis e criminais), e são poucas as recompensas pela partilha."[33] Bem, se os funcionários podem ir para a cadeia por partilhar informações com outras agências, é fácil entender por que eles tendiam a reter informações.[34]

A estrutura descentralizada da comunidade do serviço de inteligência, incentivos limitados e receio de revelar informações contribuíram para o ambiente favorável à retenção de informações.

3. Barreira na busca de informações

Muitas empresas estão familiarizadas com a expressão "Se ao menos soubéssemos o que sabemos". Com isso elas querem dizer que, em algum lugar da empresa, alguém sabe a resposta de um problema, mas a dificuldade é que quem tem o problema não consegue localizar quem tem a resposta. Essa é a barreira na busca de informações. Ao contrário das duas primeiras barreiras, em que as pessoas não se dispõem a colaborar, a barreira na busca de informações refere-se à *incapacidade* de encontrar informação e pessoas em uma organização.

Os funcionários podem gastar grande parte de seu tempo tentando encontrar o conhecimento de que precisam. Em minha pesquisa no setor de

FIGURA 3.3

A terceira barreira: Por que a busca é difícil?

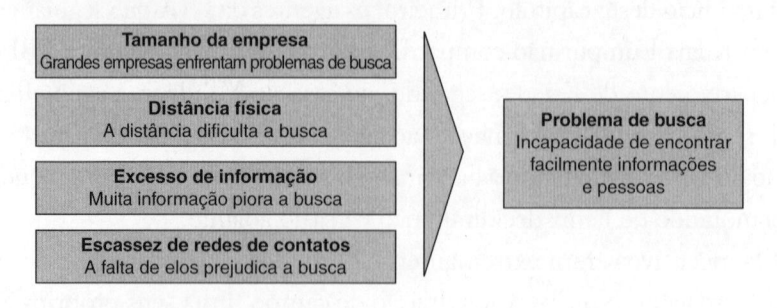

- **Tamanho da empresa**
  Grandes empresas enfrentam problemas de busca
- **Distância física**
  A distância dificulta a busca
- **Excesso de informação**
  Muita informação piora a busca
- **Escassez de redes de contatos**
  A falta de elos prejudica a busca

→ **Problema de busca**
Incapacidade de encontrar facilmente informatções e pessoas

---

equipamentos eletrônicos de medição da HP, nos anos 1990, as equipes de inovação passavam grande parte do tempo tentando encontrar know-how técnico e informações de marketing em outras divisões da empresa (o tempo gasto equivalia a 5% do orçamento de pessoal).[35] Uma equipe acabou empregando, na busca, 22% de seu total de meses de engenharia; isso equivale a cerca de um quinto do orçamento total do projeto gasto na realização de buscas. Vários fatores dificultam a busca (Figura 3.3).

Tamanho da empresa

Quanto maior a empresa, maiores os problemas de busca. Minha pesquisa com 107 companhias revelou que gerentes de grandes empresas consideravam a barreira de busca muito maior do que em pequenas empresas. E o tamanho, por sua vez, está relacionado ao número de unidades de negócios, grupos de produtos, subsidiárias e territórios de vendas de uma empresa: as de tamanho maior possuem mais unidades para pesquisar, piorando o problema.

Distância física

Empresas espalhadas por cidades, regiões, países e continentes têm maiores problemas de busca do que aquelas localizadas em um único lugar.[36] Os funcionários preferem interagir com quem está perto. Em seu conhecido estudo de uma empresa de engenharia, Thomas Allen, do MIT, demonstrou que a comunicação entre dois engenheiros era resultado direto do número de metros entre suas baias no edifício: quanto mais próximas as baias, maior a comunicação. Quando as baias ficavam a 25 metros de distância uma da outra, a comunicação caia para quase zero.[37]

Encontrei resultados semelhantes quando pesquisei 41 unidades de negócios da Hewlett-Packard na década de 1990.[38] A comunicação entre as unidades de negócios diminuía à medida que aumentava o número de quilômetros entre elas. Na realidade, a maior queda em comunicação ocorria na distância de zero a uma milha: bastava que duas unidades de negócios não estivessem situadas nas mesmas dependências para que a atividade de colaboração diminuísse – e, além de 1.600km, as chances de colaboração desapareciam. A principal razão era os profissionais acharem difícil procurar informações e pessoas em unidades distantes.

Excesso de informação

Às 7h05 do dia 7 de dezembro de 1941, dois militares que operavam uma estação de radar perto de Pearl Harbor detectaram o que parecia ser um avião, a 137 milhas ao norte da ilha de Oahu, no Havaí. Eles telefonaram para o centro de informações, onde um funcionário inexperiente lhes disse para esquecer. Foi o que fizeram. O ataque japonês a Pearl Harbor, que levou os Estados Unidos a participar da Segunda Guerra Mundial, ocorreu 53 minutos depois.

As informações mais vitais – como essa, sobre a aproximação de um avião – foram abafadas por informações irrelevantes. De acordo com Roberta Wohlstetter, que escreveu um livro abalizado sobre os sinais de alerta em Pearl Harbor, "Não conseguimos prever o ataque a Pearl Harbor não por falta de informações relevantes, mas pelo excesso de informações irrelevantes".[39] O ruído (quantidade descartável) de informações era muito alto. O mesmo pode-se dizer das informações sobre o 11 de Setembro – fatos valiosos, como os quatro citados no início deste capítulo, perderam-se num mar de informações. Que paradoxo! Na pressa de ajudar profissionais a obter as informações de que necessitam, empresas instalam bancos de dados, intranets e sistemas de gestão de conhecimento que geram um problema: excesso de informação. Como me disse o gerente de uma grande empresa: "Há quatro anos, os funcionários das unidades de negócios reclamavam que não tinham informações suficientes; hoje, eles reclamam que estão se afogando nelas."[40]

O excesso de informações dificulta a busca em virtude do ruído de informações – relação entre a quantidade *total* de informações disponíveis e a quantidade de informações *úteis*. Os sistemas de informação, incluindo os sistemas de gestão de conhecimento, aumentam o índice de ruído ao disponibilizar informações em excesso, o que complica a busca pelo tipo certo de conhecimento ou de pessoa.[41]

Carência de redes de contatos

Criou-se na sociedade o mito de que vivemos num mundo pequeno. Quase todo mundo sabe contar a história de dois estranhos num lugar remoto que conhecem alguém em comum. O psicólogo Stanley Milgram, da Universidade de Yale, relata a história de Fred Jones, de Peoria, estado de Illinois, que está sentado em uma mesa de calçada de um café em Tunis, na África, e pede um fósforo para o homem da mesa ao lado. O estranho é um inglês que passou vários meses em Detroit, estudando as operações de uma fábrica de tampas de garrafa. Jones pergunta ao inglês se por acaso ele conheceu Ben Arkadian, um velho amigo que gerencia uma cadeia de supermercados em Detroit. O inglês disse que sim. "Meu Deus!", exclama Jones. "O mundo é pequeno, não é?"[42]

Milgram é conhecido por difundir a crença na ideia de que o mundo é pequeno. Sua pesquisa demonstrou que uma pessoa precisa de seis passos para fazer chegar uma carta do Estado de Nebraska, no Meio-Oeste, por meio de conhecidos, a uma pessoa estranha – um corretor de valores – em Boston, a 2.250km de distância.[43] O folclore dos "seis graus de separação" e do "É um mundo pequeno" se estabeleceu.

O fato de que o mundo é pequeno deveria nos ajudar bastante a realizar buscas. Mas, infelizmente, o mundo nem sempre é pequeno. Dois estranhos descobrirem uma relação em comum não significa que sempre estamos a poucos passos da informação de que precisamos. Na realidade, Milgram constatou uma enorme diferença no grau de relacionamento das pessoas: o morador mais bem relacionado de Nebraska alcançou o corretor através de um único intermediário, porém o mais mal relacionado teve de passar por 10 intermediários (e 71% das buscas iniciadas nunca alcançaram o corretor, portanto elas foram um completo fracasso).

Que o mundo pode ser muito grande também é verdade para os funcionários das empresas. Em uma pesquisa sobre 3.000 funcionários de uma empresa global de consultoria de gestão, os melhores profissionais concluíram as buscas em um único passo e os piores precisaram de até cinco passos.[44] Essa é uma cadeia de busca muito longa, se considerarmos que a empresa não é muito grande. O mundo pode ser pequeno para algumas pessoas bem relacionadas, mas é grande para muitas outras, o que constitui uma descomunal barreira de busca.

A busca foi uma enorme barreira na comunidade do serviço de inteligência antes do ataque terrorista de 11 de setembro de 2001. A Comissão do 11 de Setembro foi categórica: "Faltou ao FBI capacidade para saber o que sabia."[45] Grande parte da culpa foi atribuída ao serviço de informações obsoleto. O diretor Robert Mueller admitiu que, ao longo dos anos, o FBI "não conseguira desenvolver capacidade suficiente para coletar, armazenar, buscar, acessar, analisar e partilhar informações."[46] Mas o problema ia bem além de ter um precário sistema de TI. Todos os outros fatores causaram grande dano: era uma comunidade grande e espalhada; uma abundância de informações sufocava os agentes; e havia deficiência de redes de contatos entre as agências.

4. Barreira de transferência

As pessoas têm problemas para transferir experiência, conhecimento e tecnologias quando profissionais de unidades diferentes não sabem trabalhar em conjunto. O problema de transferência não é uma questão de motivação, mas de habilidade: as pessoas podem ser altamente motivadas a trabalhar em conjunto, mas consideram isso difícil.

A barreira de transferência pode ser um enorme problema. Por exemplo, algumas equipes de projeto da Hewlett-Packard, nos anos 1990, encontraram essa barreira quando tentaram transferir tecnologias complexas de outras divisões da empresa.[47] As equipes de projeto gastavam aproximadamente 10% do orçamento de pessoal na transferência de tecnologias, embora um único projeto tenha totalizado o incrível percentual de 57%. Vários fatores causam os problemas deste tipo de transferência (Figura 3.4).

FIGURA 3.4

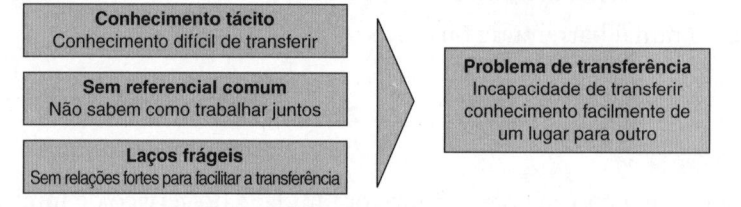

A quarta barreira: Por que ocorrem problemas de transferência?

- **Conhecimento tácito** — Conhecimento difícil de transferir
- **Sem referencial comum** — Não sabem como trabalhar juntos
- **Laços frágeis** — Sem relações fortes para facilitar a transferência

→ **Problema de transferência**: Incapacidade de transferir conhecimento facilmente de um lugar para outro

Conhecimento tácito

Esta espécie de conhecimento dificulta a transferência. Conhecimento tácito refere-se a informações difíceis de expressar em palavras – por escrito, em manuais, em equações e em código de software.[48] O conhecimento explícito, por outro lado, pode ser facilmente expresso. Por exemplo, veja esta fórmula:

$$PR(A) = (1-d) + d\,(PR(T1)/C(T1) + \cdots + PR(Tn)/C(Tn))$$

Você sabe o que é? É a famosa fórmula que o Google usa em seu mecanismo de busca – um método de classificação de páginas da Web. Os fundadores do Google, Larry Page e Sergey Brin, escreveram essa fórmula em um trabalho acadêmico de 1996, quando eram alunos de pós-graduação na Universidade de Stanford.[49] É um conhecimento altamente explícito que hoje vale bilhões de dólares.[50] Agora, você consegue escrever uma fórmula para "fechar uma difícil negociação de venda"? Provavelmente não. Você é capaz de escrever sugestões sobre como negociar com afinco, mas conseguiria escrever todas as táticas sutis que um exímio vendedor emprega para fechar um negócio? Não, porque se trata de conhecimento altamente tácito.

Leva tempo para aprender e dominar o conhecimento tácito. O grande *chef* francês Fernand Point, muitas vezes considerado o pai da moderna cozinha francesa, escreveu em seu livro *Ma Gastronomie*: "O que é um molho béarnaise? Uma gema de ovo, algumas chalotas e um pouco de estragão. Mas, acredite-me, são necessários anos de prática para que os resultados sejam perfeitos."[51]

Várias pesquisas demonstram as dificuldades de transferir conhecimento tácito.[52] É mais fácil colaborar quando os profissionais trabalham com conhecimento técnico, bem documentado e objetivo, ou dados de mercado confiáveis. É muito mais difícil colaborar quando se tem de compartilhar tecnologias novas que são mal entendidas, dados de mercado ambíguos ou intuições sobre o rumo dos mercados.

Sem um referencial comum

Pessoas que não se conhecem não têm um referencial comum – compreensão dos hábitos de trabalho um do outro, da maneira sutil de expressar alguma coisa, simpatia mútua e admiração pelos atributos um do outro. A falta de um referencial comum pode não parecer muito importante, mas é. Veja o outro lado – situações em que há um forte referencial comum entre colaboradores. Você já pensou por que existem duplas duradouras no esporte (um treinador e um atleta), na ciência (dois cientistas que trabalham juntos durante quase toda a carreira) ou na música (pense em Lennon e McCartney)?

Angelo Dundee treinou o notável boxeador Muhammad Ali durante toda a sua carreira e foi seu assistente técnico em todas as lutas. Kieran Mulvaney, da ESPN, escreveu sobre a dupla: "O relacionamento deles baseava-se em grande respeito mútuo e transformou-se em amizade profunda e duradoura."⁵³ Dundee sabia como tratar Ali em todas as situações e como aprimorar sua forma de lutar. Sua estratégia não era a de moldar Ali, mas a de "aparar as arestas". "Mas isso tinha de ser feito de um jeito especial", escreveu Mulvaney. "Se ele quisesse que Ali desse socos rápidos, ele não lhe dizia para fazer isso; ele sabia que o ego do boxeador não permitiria. Em vez disso, ele o elogiava pela forma como aplicava esses socos." Dundee entendia muito bem a maneira como Ali aceitava opiniões e trabalhava: "Eu o fazia sentir como se ele estivesse inovando. Se eu fosse um cara que lhe desse ordens, ele diria: 'Ei, quem é este anão para me dizer o que fazer?' Não, eu nunca lhe dei uma ordem direta."

Dundee e Ali trabalhavam bem juntos porque desenvolveram um forte referencial comum. Sem ele, as pessoas estranham-se, na medida em que carecem de um entendimento profundo sobre como poderão desenvolver um trabalho conjunto.

Laços frágeis

As pessoas consideram difícil transferir conhecimento para quem não conhecem bem (laços frágeis). Elas precisam de laços fortes – relacionamentos em que as conversas são frequentes e há uma estreita relação de trabalho. Laços frágeis são extremamente prejudiciais quando é necessário transferir conhecimento tácito. Foi o que aconteceu a algumas equipes de projeto da Hewlett-Packard nos anos 1990: as equipes precisavam transferir, de outras divisões, conhecimento tácito sobre novas tecnologias, mas elas tinham relações superficiais com os engenheiros que conheciam as tecnologias.⁵⁴ Elas não sabiam como trabalhar em conjunto nem como expressar pontos delicados, e não compartilhavam a mesma terminologia e a maneira de formular problemas. Como resultado, algumas equipes levaram 30% mais tempo para concluir o trabalho quando precisaram transferir conhecimento tácito de divisões com as quais tinham uma ligação frágil. Pense no seguinte: isso equivale a acrescentar 4 meses a um projeto de 12, porque havia apenas um elo frágil entre elas.

A barreira de transferência teve quase nenhuma influência na comunidade do serviço de inteligência americano antes dos ataques de 11 de setembro. No caso dos agentes, o conhecimento envolvido era, de modo geral, explícito – as informações sobre o paradeiro de Mihdhar, por exemplo. Quando alguém divulgava informações, o receptor entendia o seu significado ("O terrorista Mihdhar da al-Qaeda foi de avião de Bangcoc para Los Angeles, em 13 de janeiro de 2000" é uma informação altamente explícita). Se as pessoas entendiam a importância da informação e se guiavam por ela é outra questão, mas elas compreendiam seu significado.

De barreiras a soluções

O primeiro passo para derrubar barreiras é avaliar corretamente quais delas estão presentes em uma situação. O segundo passo é desenvolver soluções para cada uma.

Nem todas as situações são iguais

As empresas variam muito em relação à dimensão das quatro barreiras. Em algumas empresas, todas as barreiras são altas; em outras, nenhuma delas é alta. A maioria das organizações enfrenta uma combinação de barreiras. Por exemplo, com base em minha avaliação da situação do serviço de inteligência em relação ao 11 de Setembro, duas barreiras eram enormes: retenção de informações e busca. A barreira do "não inventado aqui" teve papel limitado, e a barreira de transferência não foi importante.

Como as organizações diferem, líderes precisam primeiro identificar a combinação de barreiras que enfrentam. Qual é a combinação em sua empresa ou unidade? Faça uma avaliação rápida e subjetiva, respondendo as perguntas listadas na Figura 3.5 e, em seguida, compare o resultado com uma amostra de 107 empresas que fizeram esse exercício.

FIGURA 3.5

Quais as barreiras existentes em sua empresa?

Passo 1. Faça uma pesquisa rápida e subjetiva. Pergunta: Quais barreiras à colaboração estão presentes em sua unidade organizacional? Avalie sua unidade de 1 (de maneira nenhuma) a 100 (em grande medida).

Barreiras	Pergunta	1 a 100
"Não inventado aqui"	1. Mesmo quando necessitam de ajuda, nossos funcionários não se dispõem a buscar informações fora de sua unidade organizacional.	
	2. Quando enfrentam problemas, os funcionários de nossa unidade esforçam-se para resolvê-los por conta própria, sem pedir ajuda externa.	
	3. A atitude predominante em nossa unidade é que os profissionais devem resolver seus próprios problemas e não contar com ajuda externa.	
	Total das respostas às perguntas de 1 a 3:	
Retenção de informações	4. Nossos funcionários guardam experiência e informações para si mesmos e não querem compartilhá-las com todas as unidades organizacionais.	
	5. O pessoal de nossa unidade geralmente reluta em auxiliar colegas de outras partes da empresa.	
	6. Nossos funcionários raramente respondem ligações telefônicas e e-mails quando recebem pedidos de ajuda de outras unidades.	
	Total das respostas às perguntas de 4 a 6:	
Problemas de busca	7. Nosso pessoal não raro queixa-se da dificuldade em localizar colegas de outras unidades que possuem as informações e a experiência de que eles precisam.	
	8. É muito difícil encontrar os especialistas da empresa.	
	9. Nossos funcionários têm enorme dificuldade em encontrar documentos e informações nos bancos de dados e sistemas de gestão de conhecimento.	
	Total das respostas às perguntas de 7 a 9:	
Problemas de transferência	10. Os funcionários não aprenderam a realizar um trabalho transfuncional eficaz para transferir conhecimento tácito.	
	11. Funcionários de diferentes unidades organizacionais não estão habituados a trabalhar juntos e consideram isso difícil.	
	12. Os funcionários acham difícil o trabalho transfuncional para transferir tecnologias complexas e melhores práticas.	
	Total das respostas às perguntas de 10 a 12:	

Passo 2. Compare seu resultado com uma amostra de 107 empresas.

	Primeiro quartil	Segundo quartil	Mediana	Terceiro quartil	Quarto quartil
"Não inventado aqui"	3-105	106-159	160	161-200	201-300
Retenção de informações	3-60	61-99	100	101-140	141-300
Problemas de busca	3-90	91-134	135	136-180	181-300
Problemas de transferência	3-110	111-167	168	169-210	211-300
Dedução:	As barreiras não são um problema	Talvez as barreiras causem problemas	É bem provável que as barreiras causem problemas	As barreiras são um problema	As barreiras são um grande problema

Desenvolver soluções

É necessário desenvolver soluções para as duas barreiras mais importantes no serviço de inteligência americano: retenção e busca de informações. Criar amplas redes de contatos entre as agências e implementar um sistema de TI poderia ajudar na busca de informações, mas não na retenção (sistemas de TI não motivam pessoas a divulgar informações). E mudanças nos sistemas de incentivos – encorajar a disseminação de informações para todas as agências – reduziria as barreiras de retenção, mas não de busca (que requerem sistemas de TI e redes de contatos). Conclusão: para diminuir as duas barreiras cruciais na comunidade do serviço de inteligência são necessárias mudanças em incentivos (para reduzir a barreira de retenção de informações), bem como redes de contatos (para reduzir a barreira de busca de informações). Isso é desenvolver soluções para problemas específicos.

Líderes que praticam colaboração disciplinada escolhem a solução certa para a barreira certa. O diagrama de soluções para barreiras da Tabela 3.1 mostra as melhores soluções para cada barreira e também quais não funcionam – os quadros vazios no diagrama.[55] Aplicar soluções erradas para reduzir barreiras é um desperdício de recursos.

Repare que as duas primeiras barreiras ("não inventado aqui" e retenção de informações) dizem respeito a questões motivacionais. Elas existem

TABELA 3.1

Diagrama de soluções para barreiras

Selecione uma barreira e verifique que soluções se enquadram melhor.

Barreira	Mecanismo 1: União (Capítulo 4)	Mecanismo 2: Gestão–T (Capítulo 5)	Mecanismo 3: Redes sociais ágeis (Capítulo 6)
"Não inventado aqui"	+++	+++	+
Retenção de informações	+++	+++	+
Problemas de busca		+	+++
Problemas de transferência		+	+++

+++ = melhores soluções para uma barreira
+ = efeito modesto

porque as pessoas não estão dispostas a colaborar. Isso significa que devem ser adotadas soluções de gestão para motivar a colaboração. Duas soluções que alcançam esse objetivo são:

- *Unir pessoas*: elaborar uma meta de união, declarar o valor essencial do trabalho em equipe e usar a plataforma de liderança para incentivar colaboração.
- *Promover a gestão-T:* usar recrutamento, promoções, demissões e recompensas para promover a colaboração.

Essas soluções ajudam a escolher os profissionais certos – aqueles que estão motivados a colaborar – e muda a atitude dos demais. Juntas, elas reduzem as barreiras do "não inventado aqui" e de retenção de informações.

Em contraposição, as duas outras barreiras – problemas de busca e problemas de transferência de informações – referem-se à capacidade dos profissionais em colaborar bem. Vencer essas duas barreiras não tem relação com motivação e atitudes. Líderes que pregam colaboração podem motivar equipes, mas não conseguem, apenas através de palavras, ajudá-las a localizar os experts. Uma única solução é especialmente eficaz em reduzir barreiras de busca e transferência:[56]

- *Criar redes de contatos ágeis:* encorajar o desenvolvimento de relacionamentos pessoais entre as unidades a fim de reduzir problemas de busca e de transferência de informações.

O diagrama de soluções de barreiras é um guia para os próximos três capítulos. Cada capítulo apresenta uma solução para determinadas barreiras. No Capítulo 4, analiso como líderes conseguem unir pessoas. No Capítulo 5, explico o conceito de gestão-T. Em seguida, no Capítulo 6, descrevo como as redes de contatos reduzem barreiras de busca e transferência de informações.

Capítulo 3: Pontos principais

Identifique as quatro barreiras à colaboração

- A administração moderna é inimiga da colaboração. Gerentes estabeleceram uma descentralização radical para estimular o espírito empreendedor, a liberdade individual e a prestação de contas. É um sistema notável que produz muitos benefícios, mas é difícil praticar colaboração em um conjunto desarticulado de unidades. A solução não é centralizar, mas sim identificar barreiras à colaboração e derrubá-las. É um modelo descentralizado, mas ainda assim coordenado.

- Pesquisas demonstram que quatro barreiras impedem a colaboração entre unidades descentralizadas.
    - "Não inventado aqui": as pessoas não se dispõem a buscar colaboração fora de suas unidades.
    - Retenção de informações: quando solicitados, os profissionais negam-se a fornecer informações e a ajudar os demais.
    - Problemas de busca: os profissionais não conseguem encontrar informações e pessoas com facilidade.
    - Problemas de transferência: as pessoas não conseguem transferir conhecimento complexo de uma unidade para outra.

    As duas primeiras barreiras referem-se a problemas motivacionais – falta de vontade de colaborar. As duas últimas referem-se a problemas de capacidade – as pessoas não estão aptas a colaborar bem.

- Situações diferentes têm barreiras diferentes. Líderes precisam primeiro avaliar que barreiras existem na empresa. Não fazer isso equivale a arremessar dardos no escuro: você não faz ideia do que está atingindo.

- Barreiras diferentes exigem soluções diferentes. Não existe uma solução única para todas as situações. Por exemplo, implantar um sistema de informações auxilia as buscas, mas não reduz o comportamento de retenção. Colaboração disciplinada significa, primeiro, avaliar que barreiras estão presentes e, em seguida, criar soluções para elas. Isso significa que os líderes precisam ser cuidadosos ao escolher uma combinação de mecanismos para implantar a colaboração disciplinada. Eles precisam ser compatíveis com sua situação.

- Três mecanismos precisam ser desenvolvidos para o mix de barreiras da empresa: mecanismos de união (Capítulo 4), gestão-T (Capítulo 5) e redes de contatos (Capítulo 6).

PARTE II

SOLUÇÕES

CAPÍTULO 4

Mecanismo 1: Promover a união de pessoas

EM 1954, uma experiência incomum, que nunca se repetiu,[1] foi realizada nos Estados Unidos. O brilhante psicólogo Muzafer Sherif, nascido na Turquia e formado em Harvard, afastou-se temporariamente da função usual de professor e dirigiu uma colônia de férias no Robbers Cave State Park, em Oklahoma. Ele queria investigar comportamento de grupo e imaginou que uma experiência no mundo real forneceria informações mais úteis do que uma experiência de laboratório do campus de sua universidade.

Sherif e quatro pesquisadores – sua esposa psicóloga e três alunos de doutorado – recrutaram 22 garotos de 11 anos de idade, para participar de uma colônia de férias de três semanas.[2] Os garotos, que não foram informados de que eram parte de uma grande experiência psicológica, foram separados em dois grupos chamados Águias e Serpentes. Eles passaram a primeira semana fazendo o que crianças habitualmente fazem em colônias de férias, em uma linda reserva natural repleta de lagos, bosques e áreas de camping. Os grupos – separadamente – faziam longas caminhadas, excursões noturnas e passeios de canoa. Eles cozinhavam juntos, nadavam e faziam imitações divertidas ao redor da fogueira. No final da primeira semana, os Serpentes tornaram-se um grupo unido, e os Águias também. Era exatamente o que Sherif pretendera – a formação de dois grupos independentes e coesos.

Na segunda semana, começou a experiência real. De maneira perspicaz, os pesquisadores provocaram conflitos entre os dois grupos. O pessoal da colônia anunciou um grande torneio de uma semana inteira entre os dois grupos; o vencedor ganharia um troféu, o que exercia forte apelo sobre os garotos. Cada equipe começou a treinar para as competições.

Em seguida, começaram os jogos. A primeira competição – um jogo de beisebol – foi vencida pelos exultantes Serpentes, que gritaram: "Vocês não são Águias, são pombas!" O segundo jogo, de cabo de guerra, os Serpentes venceram novamente, e os infelizes Águias ficaram no campo, matutando o que fazer.[3] Quando estavam saindo, um dos Águias reparou numa bandeira que os Serpentes orgulhosamente penduraram no campo e disse que deveriam retirá-la. Outro garoto gritou: "Vamos queimá-la!" Os meninos queimaram a bandeira rapidamente e penduraram os restos no mastro.

Quando os Serpentes entraram no campo, na manhã seguinte, ficaram furiosos sobre a bandeira queimada. Um Serpente agarrou a bandeira dos Águias e correu pela estrada com vários Águias em seu encalço. Enquanto isso, outro Serpente agarrou um Águia e o imobilizou numa manobra de submissão, e um terceiro Serpente derrubou um Águia em uma briga de socos. Os adultos tiveram de intervir para parar a luta. O jogo seguinte, de cabo de guerra, durou 48 minutos – ou seja, 22 garotos puxaram as cordas desesperadamente, durante quase uma hora, para derrotar o outro grupo. Os Águias venceram.

Muito mais estava por vir. Naquela noite, os Serpentes pintaram rosto e braços de preto, ao estilo de unidades de assalto, e atacaram de surpresa a cabana dos Águias, que não desconfiavam de nada e dormiam profundamente. Os atacantes viraram as camas e rasgaram as telas das janelas. Na manhã seguinte, enquanto os Serpentes tomavam café no refeitório, os Águias, armados com bastões e tacos, revidaram, atacando a cabana dos Serpentes, virando camas e bagunçando o lugar. Não é preciso dizer que a competição foi acirrada naquele dia, com os Serpentes vencendo dois jogos e os Águias, um.

No último dia do torneio, com os Serpentes perdendo por um ponto e cantando "O inimigo está chegando", os Águias levaram a melhor e ganharam o troféu.[4] Quando saíram correndo para comemorar, os Serpentes atacaram novamente sua cabana, destruindo as camas e fazendo uma pilha enorme com as roupas. Quando os Águias voltaram, houve uma luta de socos e os adultos tiveram de intervir na luta para separá-los novamente.

Na terceira semana, Sherif e seus colegas conspiradores iniciaram a terceira e mais interessante parte da experiência. Agora eles queriam testar se conseguiriam unir os grupos rivais. Mas como? Eles estabeleceram uma sequência de sete metas de união que teriam forte apelo sobre os garotos, mas que só conseguiriam ser alcançadas se eles trabalhassem juntos.

Os professores fecharam uma válvula da caixa d'água e enfiaram um pedaço de pano na torneira, para parecer que a caixa estava quebrada. Quando tiveram sede, à tarde, os meninos perceberam que teriam de consertá-la para conseguir água. Como a caixa era abastecida por um reservatório através de uma longa tubulação, procurar o problema exigiria percorrer uma área extensa, e a busca tinha de ser coordenada. Todos os garotos ofereceram-se voluntariamente; procuraram juntos e acabaram encontrando a válvula e o pano. Quase todos se juntaram ao redor da torneira para ajudar a consertá-la.

Na excursão noturna que se seguiu, um orientador disse que teria de ir de carro até a estrada para comprar comida. "O motorista fez de conta que estava se esforçando", comentou Sherif. "A camionete fazia todo tipo de ruído, mas não pegava."[5] Vendo que, se a camionete não desse partida, não haveria comida, os meninos começaram a ajudar. "Vamos empurrá-la", disse um deles. Mas ela era pesada e exigia esforço de mais de um grupo. Um Serpente disse: "Vinte de nós conseguem empurrar." Os garotos amarraram uma corda na traseira da camionete, e os 20 juntaram-se para puxar com força.[6] Quando os meninos gritaram "Puxem, puxem", a camionete "deu partida novamente" na segunda tentativa. Os garotos conseguiram a comida, seguiram-se uma conversa amigável e tapinhas nas costas, e quatro garotos – dois Águias e dois Serpentes – foram bombear água juntos.

Sherif e seus colegas estabeleceram várias metas de maior união nos dias seguintes, que diminuíram a animosidade tremendamente, transformando hostilidade em amizade. Ao redor da fogueira, na última noite, os garotos se revezaram para divertir uns aos outros com imitações e canções, e a maioria sugeriu que deveriam voltar para casa em um só ônibus (eles haviam chegado em ônibus separados).

Esta experiência surpreendente encerra duas lições profundas para líderes que desejam unir um grupo. A primeira é que líderes conseguem facilmente colocar grupos uns contra os outros e estimular concorrência. O que Sherif fez na realidade foi saudável: ele dividiu os garotos em grupos bem definidos (Serpentes e Águias). À semelhança de muitos executivos que supervisionam unidades organizacionais, ele criou um nível modesto de rivalidade entre os grupos, que, por sua vez, ganhou vida. Líderes podem aprender com isso e ver com que facilidade a rivalidade entre unidades pode se estabelecer e prejudicar a colaboração.

A segunda lição – a principal deste capítulo – é que líderes também têm o poder de unir grupos separados pelas medidas que tomam. Afinal de contas, liderança resume-se, essencialmente, a unir pessoas. Na experiência no Robbers Cave, Sherif fez isso ao criar metas de união – ou seja, metas que os dois grupos achavam atraentes e que, para serem atingidas, exigiam que ambos os grupos cooperassem.

Como um líder consegue unir grupos para que eles colaborem mutuamente? Três *mecanismos de união* essenciais permitem que líderes transformem a elevada aspiração de união em medidas concretas: (1) criar uma meta de união; (2) estimular o valor essencial do trabalho em equipe; e (3) falar a linguagem da colaboração. Esses mecanismos são bons para predispor pessoas a colaborar mais – eles reduzem as barreiras do "não inventado aqui" e de retenção de informações.

Crie uma meta de união

Em 12 de abril de 1961, os americanos estavam em choque. Naquele dia, Yuri Gagarin tornou-se o primeiro homem no espaço, e a vantagem espacial da União Soviética ficou bem clara. Sua nave espacial Sputnik 1 também foi a primeira a circundar a Terra, em 4 de outubro de 1957. Diante disso, o que os Estados Unidos deveriam fazer? O presidente John F. Kennedy procurava um projeto grandioso que conseguisse provar a liderança americana. Em um memorando ao vice-presidente Lyndon B. Johnson, ele perguntou: "Temos chance de superar os soviéticos com um laboratório no espaço, ou uma viagem ao redor da Lua, ou um foguete que pousaria na Lua, ou um foguete que iria até a Lua e voltaria com um homem?"[7] Johnson investigou o assunto, e oito dias depois respondeu que os russos estavam à frente em vários aspectos, mas, quando se tratava de viagens tripuladas ao redor – ou sobre – a Lua, "com grandes esforços, é concebível que os Estados Unidos possam ser os primeiros nessas duas façanhas até 1966 ou 1967."[8]

À medida que a Casa Branca de Kennedy e os dirigentes da NASA discutiam, ficava claro que pousar um homem na Lua era um desafio em que os soviéticos não levavam vantagem. Kennedy rapidamente decidiu-se por esse objetivo. Sete semanas após a órbita de Gagarin ao redor da Terra, em 25 de maio de 1961, Kennedy anunciou: "Acredito que esta nação deve se comprometer em atingir o objetivo, antes que esta década termine, de pousar um homem na Lua e trazê-lo de volta à Terra em segurança."

O "homem na Lua" de Kennedy é um dos mais conhecidos objetivos nos anais de liderança. Mas poucos têm conhecimento dos ardorosos debates que o cercaram e de como ele levou cientistas a tomar decisões penosas em nome da união.

Em 21 de novembro de 1962, em uma importante reunião da Casa Branca, o presidente Kennedy reuniu James Webb, administrador da NASA, e vários conselheiros para examinar projetos de lei de gastos adicionais para o programa lunar Apollo. Para Webb, o objetivo era a supremacia espacial: o programa lunar Apollo obviamente era um objetivo importante, mas não era o único. Para Kennedy, todavia, pousar na Lua era o único objetivo. Durante a reunião, houve um diálogo exaltado entre Kennedy e Webb, conforme documentado em transcrições liberadas 39 anos depois:

Presidente Kennedy: "Tudo o que fizermos tem de estar ligado a chegar à Lua antes dos russos."

James Webb: "Por que não pode estar ligado à supremacia no espaço..."

Presidente Kennedy: "Acho que precisamos entender bem que o programa para pousar na Lua é a principal prioridade da agência e, exceto pela Defesa, é a prioridade número um do governo dos Estados Unidos."

James Webb: "Eu gostaria de ter mais tempo para discutir isso, porque há um forte sentimento público neste país a favor da supremacia no espaço."

Presidente Kennedy: "Se você está tentando demonstrar supremacia, esta é a maneira de fazê-lo... Acho que todos os programas que contribuem para o programa lunar são... justificados. Aqueles que não são essenciais para o programa lunar, que contribuem para a supremacia no espaço num amplo espectro, são secundários."[9]

O discurso foi claro. Pousar um homem na Lua era a meta espacial número um, e tudo o mais relativo ao espaço não era importante. Webb entendeu. A meta clara de pousar um homem na Lua também produziu decisões que, se não tivessem sido tomadas, poderiam ter arruinado o programa. Uma decisão crucial era selecionar o modo de entrar na Lua – como pousar uma nave espacial na Lua sem que houvesse explosão e, em seguida, trazer os astronautas de volta à Terra. Grupos diferentes propuseram modos diferentes: usar um foguete potente para enviar a nave espacial diretamente para a Lua (direto); começar circundando a Terra e depois lançar uma nave de desembarque (órbita terrestre); e circundar a Lua e enviar uma nave de desembarque (órbita lunar).[10] Era uma decisão fundamental, porque envolvia a maneira de chegar à Lua. Alguns até sugeriram enviar astronautas para a Lua com urgência e *depois* descobrir como trazê-los de volta! No início, organizações diferentes promoveram propostas diferentes, cada uma associada a um modo diferente – uma postura que poderia ter resultado em anos de disputa e descarrilado todo o empreendimento.

Estava armado o cenário para atitudes desenfreadas ao estilo "não inventado aqui". O Marshall Space Flight Center, dirigido por Wernher von Braun, figura grandiosa em exploração espacial, investira num modo: o de órbita terrestre. "Nós dedicamos mais tempo e esforço, aqui no Marshall Center, a estudos sobre o Modo de Encontro em Órbita Terrestre (Modos de Abastecimento e Acoplamento) do que a qualquer outro", von Braun comentou.[11] O Marshall Center e outro poderoso centro da NASA, o Manned Spacecraft Center, questionavam a eficácia de ideias alternativas. Na verdade, uma ideia – o modo de encontro em órbita lunar – não fora idealizada nem pelo Marshall Center nem pelo Manned Spacecraft Center, mas por outra agência.

Porém, predominava no cenário o objetivo de Kennedy – ele tinha de ser alcançado até o final da década. Pondo de lado pontos de vista diferentes, os vários grupos trabalharam juntos para chegar a uma decisão. Numa mudança impressionante, von Braun e sua equipe abandonaram o estudo do modo de encontro em órbita terrestre e endossaram a ideia de encontro em órbita lunar. O Manned Spacecraft Center fez o mesmo. Von Braun declarou que, em termos de alinhamento com o objetivo de Kennedy, o modo de encontro em órbita lunar era o mais adequado: "Nós cremos que este programa apresenta o mais alto fator de confiança de sucesso do empreendimento ainda nesta década."

Essa história demonstra o poder da meta de união. Kennedy manteve o foco no objetivo de pousar um homem na Lua, e insistiu na necessidade de mantê-lo e de não assumir uma série de outros projetos. Essa busca fervorosa levou cientistas a pôr de lado seus pontos de vista diferentes e a escolher uma abordagem que pudesse realizar o objetivo a tempo. Em 24 de julho de 1969, oito anos e dois meses após o discurso de Kennedy, Neil Armstrong e o restante da tripulação retornou da Lua e pousou no Oceano Pacífico com segurança. O objetivo foi alcançado.

Por que o objetivo de Kennedy era tão brilhante? Porque ele satisfazia os quatro seguintes critérios de uma meta de união convincente (a Tabela 4.1 mostra exemplos de metas de união).[12]

Critério 1: A meta deve criar um destino comum

Uma meta de união só tem força se todos os grupos envolvidos precisarem colaborar para transformá-la em realidade. Pousar um homem na Lua exigiu a coordenação de cerca de 400.000 pessoas, e isso significava que, se uma das atividades fracassasse, tudo poderia afundar. Algo tão "trivial" como a confecção dos trajes espaciais, por exemplo, envolveu o trabalho de cerca de 500 pessoas, durante vários anos, pois eles teriam de suportar o calor abrasador de 85ºC da Lua ao sol e o frio de −85ºC à sombra.[13] Se o traje espacial não funcionasse, o astronauta Neil Armstrong teria morrido.

Nem todos os objetivos criam um destino comum. Veja a conhecida meta de Jack Welch para a General Electric quando se tornou CEO: "Ser a número 1 ou número 2 no mercado global."[14] É uma meta para cada unidade de negócios, mas não para toda a empresa. Pode ter sido um objetivo notável para cada unidade, mas não é uma meta que acarreta um destino comum.

TABELA 4.1

Exemplos de metas de união

Meta de união	Destino comum?	Simples e concreta?	Desperta entusiasmo?	Concorrência do lado de fora?	Comentários
Nissan: "Nissan 180"* 1 = um milhão a mais de carros vendidos 8 = 8% de margem operacional 0 = anulação da dívida líquida de automóveis	Sim	Sim	Provavelmente	Sim	O CEO Carlos Ghosn lançou estas metas em 2002, para serem alcançadas em três anos.
Scandinavian Airlines: "Tornar-se a melhor empresa aérea do mundo para viajantes frequentes (de negócios)."**	Sim	Sim	Sim	Sim	"Viajantes de negócios" significa a exclusão do segmento de turismo (portanto, a meta não é totalmente unificadora). Porém, foi uma meta que estimulou a empresa.
Morgan Stanley: "Nossa meta é ser o melhor banco de investimentos do mundo e a empresa preferida de nossos clientes, de nossos funcionários e de nossos acionistas."†	Sim, para o banco de investimentos	Simples, mas não muito concreta	Um pouco fria	Sim	A palavra *melhor* não está definida e pode significar coisas diferentes p/ pessoas diferentes (número um em participação de mercado, lucratividade, qualidade de recomendações...?)
SAP: "Estabelecer liderança incontestável no mercado emergente de plataforma de soluções para processos de negócios, acelerar a inovação empresarial suportada por TI, para empresas e setores no mundo todo, contribuindo, assim, para o desenvolvimento econômico em grande escala."	Sim	Não	Não está claro	Sim	Evidentemente, une a empresa; só podem alcançá-la mediante colaboração entre todos os departamentos e áreas. Porém, com 37 palavras, é uma declaração difícil de lembrar.

*Ver David Magee, *Turnaround: How Carlos Ghosn Rescued Nissan* (Nova York: Collins Business, 2003).

**"Jan Carlzon: CEO at SAS(A)", Christopher Bartlett, Kenton Elderkin e Barbara Feinberg, Caso 9-392-149 (Boston: Harvard Business School, 1992).

†M. Diane Burton, Thomas DeLong e Katherine Lawrence, "Morgan Stanley: Becoming a One-Firm Firm," Caso 9-400-043 (Boston: Harvard Business School, 1999).

Durante os anos 1990, a Airbus, fabricante europeia de aeronaves, tinha uma meta informal que acarretava um destino comum: "Superar a Boeing".[15] Isso envolvia um indicador simples: o número total de pedidos de novas aeronaves comerciais recebidos no período de um ano.[16] No início da década de 1990, a Boeing sobrepujara facilmente a Airbus em pedidos (273 contra 101), de modo que a Airbus precisaria evoluir muito.

Então, durante os anos 1990, as divisões da Airbus juntaram forças e começaram a se aproximar. Em 1999, elas ultrapassaram a Boeing pela primeira vez, com 476 pedidos contra 355 da Boeing. Foi uma façanha incrível. E a Airbus manteve a posição de número um de 2001 a 2005. A meta de união manteve a Airbus nitidamente focada. Superar a Boeing tornou-se mais importante do que discutir por metas departamentais, pelo menos por um tempo.[17]

O maior benefício de uma meta que envolve um destino comum é que ela eleva as aspirações das pessoas para algo maior do que objetivos de grupo tacanhos.

Critério 2: A meta deve ser simples e concreta

O presidente Kennedy queria demonstrar a liderança mundial dos Estados Unidos, que poderia ser comprovada pela supremacia espacial. Então por que ele não disse que os Estados Unidos deveriam tornar-se preeminentes no espaço? A preeminência poderia ser demonstrada de várias maneiras – por exemplo, no número de satélites lançados –, mas isso não teria tido a mesma mensagem clara. Kennedy queria um objetivo simples e convincente – que para ele significava pousar um homem na Lua. Como disse a James Webb: "Esta é a prova notável de nossa supremacia no espaço."[18]

A meta de Kennedy em relação à Lua é tão memorável – tão cativante – precisamente porque é simples e concreta: todo cidadão americano podia compreendê-la (Figura 4.1). Ela não precisava de explicações adicionais. "Preeminente no espaço" precisa de mais uma página de explicações. Observe que Kennedy foi do abstrato (supremacia) para o concreto (pousar

FIGURA 4.1

De aspirações grandiosas e uma meta de união concreta

Como o presidente Kennedy foi do abstrato (objetivo principal de demonstrar a liderança mundial dos Estados Unidos) ao concreto (pousar um homem na Lua).

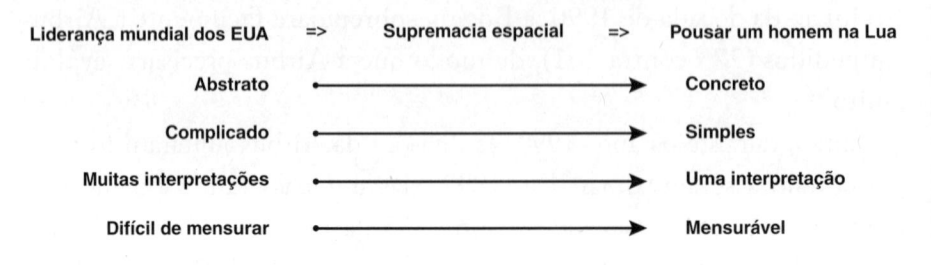

Liderança mundial dos EUA	=>	Supremacia espacial	=>	Pousar um homem na Lua
Abstrato		⟶		Concreto
Complicado		⟶		Simples
Muitas interpretações		⟶		Uma interpretação
Difícil de mensurar		⟶		Mensurável

um homem na Lua), e do complexo (uma variedade de iniciativas espaciais) para algo simples (pousar um homem na Lua e trazê-lo de volta à Terra em segurança). A confusão é usada para esconder e restringir. A simplicidade significa eliminar a confusão. Uma frase simples ("pousar um homem na Lua") supera muitas sentenças longas.

Mas a simplicidade tem um problema: a maioria dos líderes, quando tenta ser simples, produz metas vagas e abstratas, não concretas. Uma vez eu estava conduzindo um seminário com um grupo de altos executivos de uma empresa, cujo objetivo declarado era ser "o principal provedor de serviços do mundo" em seu setor. Contornei a mesa e perguntei: "OK, como vocês definem 'principal'?" A primeira pessoa respondeu: "ser o maior em receitas"; outra disse: "ser o provedor de serviços mais confiável"; e uma terceira declarou: "ter a maior cobertura de mercado". Havia pelo menos três interpretações diferentes no grupo dos 200 principais executivos de uma grande empresa. Agora imagine as interpretações dos próximos mil funcionários mais importantes, sem falar nos 10 mil seguintes.

Líderes que estabelecem uma meta simples e palpável se saem melhor, porque todos sabem o que ela significa. Ela não está aberta a interpretações. E também é mensurável: palavras como *principal*, *supremacia* e *superior* podem ser interpretadas de muitas maneiras e são difíceis de mensurar. Em contraste, "trazê-lo de volta à Terra" é mensurável. Os astronautas retornaram em segurança? Sim, retornaram. Ponto final.

Critério 3: A meta precisa despertar entusiasmo

"Uma das coisas que tínhamos em comum era um objetivo", relatou Charlie Mars, engenheiro de projetos que trabalhava no módulo lunar na NASA. "Nós vamos à Lua! Vamos colocar um homem na Lua! E isso capturava de tal forma nossa imaginação, nossas emoções, que não tínhamos vontade de ir para casa à noite. Nós queríamos continuar, e mal podíamos esperar para voltar na manhã seguinte."[19]

Metas de união poderosas despertam entusiasmo e inspiram. Elas encantam nossos corações, não apenas nossas mentes.

Então, o que inspira pessoas? Uma empreitada de grande mérito, como pousar um homem na Lua, certamente é inspiradora. Mas outros feitos, como adquirir competência ou realizar um bom trabalho, também inspiram pessoas. Em uma pesquisa de opinião com 2.509 gerentes nos Estados Unidos, a grande maioria (45%) escolheu "saber que fez um bom trabalho" como o objetivo que os tirava da cama de manhã.[20] Metas de união não precisam valer-se de um propósito maior (ajudar a humanidade) ou de um empreendimento esplêndido (pousar um homem na Lua) para ser inspiradoras. Líderes que se valem de alto desempenho e excelência também conseguem despertar entusiasmo nas pessoas.

Que tal concorrência? "Concorrência é o que motiva todos a fazer o melhor trabalho possível", observa Steve Ballmer, CEO da Microsoft. "Parto do princípio que afirma que a concorrência é algo muito importante."[21] Não há dúvida de que a empolgação de competir entusiasma. É uma grande inspiração. Mas a questão é: competir contra quem?

Critério 4: A meta deve deixar a concorrência do lado de fora

Poucas coisas unem mais as pessoas do que ter um inimigo em comum. Sobrepujar a Boeing estimulou a Airbus. Um engenheiro da Airbus me disse: "Estávamos tão focados, tão estimulados, que era o principal feito que pretendíamos conseguir." A vantagem da meta é que ela usava a concorrência como fator motivador, e ainda colocava o alvo da concorrência – a Boeing – do lado de fora da empresa.

Este exemplo mostra algo muito importante: o alvo da concorrência deve estar fora da empresa, não dentro.[22] Anne Mulcahy, CEO da Xerox, não ignora esse importante ponto. "Concorrência nos dá foco", diz ela. "Muitas vezes precisamos de uma missão, um alvo que nos mantenha focados, e a concorrência consegue promover isso. O entusiasmo de vencer, quando direcionado a um forte concorrente, dá muito incentivo, paixão e orgulho às pessoas."[23] O alvo é um concorrente do lado de fora, não os colegas de trabalho dentro da empresa. Os líderes têm a ganhar nos dois cenários: os profissionais ficam animados com a ideia de competir, e a empresa enfrenta menos fatores negativos quando os funcionários não competem entre si.

Muitos executivos cometem um erro grave ao atiçar a concorrência entre os funcionários – por exemplo, estimulando a rivalidade entre vendedores. Em uma edição especial dedicada à concorrência, a *Business Week* escreveu: "Todos gostam de vencer. Apesar de toda a conversa sobre trabalho em equipe e equilíbrio, de todos os livros sobre ser gentil e cultivar inteligência emocional, as pessoas ainda almejam ser as melhores."[24] O problema dessa polêmica é que trabalho em equipe e "ser o melhor" são considerados mutuamente exclusivos. Mas não são. Todos podem ambicionar vencer, ser os melhores, mas podem fazer isso como parte de uma equipe que vence um concorrente externo. Todos se unem para concorrer contra uma força externa.

Líderes que praticam a colaboração disciplinada deixam isto claro: colaboração não substitui concorrência. Elas não são forças opostas. A concorrência deve ser direcionada para fora – a colaboração fica do lado de dentro e a concorrência do lado de fora.

Esta separação tornou-se um pouco mais complicada nos últimos anos, porque empresas que são concorrentes ferozes em uma arena podem colaborar em outra. É um pouco difícil incentivar funcionários da Airbus a "superar a Boeing" se alguns deles também forem parceiros da Boeing.

A Microsoft e a SAP, gigantesca empresa alemã de software, estão nessa situação. São competidores ferozes na venda de software para pequenas empresas, no entanto, colaboram no software Duet, produto que desenvolveram em conjunto. O Duet permite que os usuários importem dados do software SAP (que processa informações contábeis em muitas empresas) para as planilhas Excel, da Microsoft. Manter o equilíbrio entre ser inimigo e ser amigo não é fácil. Isso significa que metas grandiosas em relação ao inimigo ("Superar os soviéticos", "Superar a Boeing") não funcionam como metas de união. Da parte da SAP, não existe meta grandiosa de "Superar a Microsoft" para unir todo o pessoal da SAP. Como disse o co-CEO da SAP, Henning Kagermann: "Os nossos maiores clientes não toleram fornecedores que agem como crianças e brigam entre si. Há um ponto em que se desiste de ser muito competitivo."[25]

Crie o valor essencial do trabalho em equipe

Era um dia de outono em Miami, e eu estava prestes a subir no palco para fazer uma apresentação aos 100 principais executivos de um grande banco de investimentos. Estava bastante nervoso, porque temia que o tema de minha palestra fosse explosivo. Eu era professor da Harvard Business School na época, e haviam me pedido para conduzir o grupo na discussão de um caso – eles mesmos. Para isso, os organizadores pediram que o hotel montasse no palco um quadro-negro tamanho grande. Então ali estava eu, em um elegante hotel de Miami, giz na mão, para falar sobre valores essenciais a um grupo de banqueiros que, provavelmente, se interessavam mais por dinheiro do que por coisas abstratas como valores.

Mas eu sabia que o tema chamava a atenção. Não porque os executivos se preocupassem com a redação precisa de uma declaração de valor; eles se preocupavam muito com duas crenças paradoxais sobre sucesso. Para dar início à discussão, perguntei: "Vamos colocar no quadro alguns de seus valores. Quais são eles?" Alguém levantou a mão: "Liberdade".

"O que isso significa?", perguntei.

"Valorizamos a autonomia de criar nosso próprio sucesso, que cada um de nós possa fazer o que for necessário para satisfazer os clientes." "Sim", continuou outro, "liberdade e autonomia, é isso o que defendemos. É por isso que estou aqui". Todos concordaram.

Anotei devidamente as palavras *liberdade* e *autonomia* no canto superior direito do quadro-negro. Em seguida, perguntei: "O que mais?" Um homem de aparência confiante à minha esquerda no salão respondeu de forma estridente, mas desembaraçada: "Vejo o trabalho em equipe e cooperação como a mola mestra de nosso sucesso futuro. Se não nos ajudarmos mutuamente, não conseguiremos negócios."

Os termos *trabalho em equipe* e *cooperação* foram para o quadro-negro. Em seguida, abri o debate do dia perguntando: "Serão estes dois valores básicos conflitantes?"

Eu poderia ter me afastado e deixado que a acalorada discussão se desenvolvesse naturalmente, mas precisei dar um duro danado para apagar o incêndio que eu mesmo provocara. Os argumentos disparavam: "Pode apostar que são conflitantes; temos grandes problemas porque existe uma porção de pessoas egoístas que estão mais preocupadas consigo mesmas do que com a franquia", disse um executivo. "É claro que devemos apoiar o trabalho em equipe", retrucou outro. "Como podemos ser bem-sucedidos se não respondemos as ligações dos colegas?" Outro, ainda, afirmou: "Não quero fazer parte de um grupo." "Liberdade gera empreendedorismo e sucesso."

À medida que a discussão se desenrolava, percebi que havia pessoas muito diferentes na sala; algumas tinham uma crença básica no valor do trabalho em equipe, enquanto outras acreditavam, fundamentalmente, na ideia de liberdade individual e autonomia. Essas crenças antagônicas estavam agora vindo a público e chocando-se fragorosamente.

Um lado estava certo e o outro errado? Acho que não. Empresas podem ser bem-sucedidas promovendo quaisquer desses valores. Mas, para criar colaboração disciplinada, ambos os valores são importantes. É a combinação de trabalho em equipe *e* participação individual que leva à colaboração disciplinada: sem o valor do trabalho em equipe é difícil colaborar; sem o valor da participação individual, as pessoas se esquivam.

O que significa realmente trabalho em equipe? Significa trabalhar com outras pessoas para alcançar um objetivo. Pode-se trabalhar como parte de uma pequena equipe em que a participação seja claramente definida, ou como parte de uma aliança informal de pessoas de diferentes partes da empresa, que se reúnem rapidamente para executar uma tarefa (muitos casos de colaboração são assim). Como valor essencial, trabalho em equipe significa que as pessoas acreditam que trabalhar em conjunto seja importante, e elas se dispõem a integrar equipes e comprometem-se com objetivos comuns.

Líderes precisam mostrar o valor do trabalho em equipe. Eles precisam escrevê-lo numa declaração de valor. Precisam elogiá-lo por escrito em uma lista de competências de liderança (para obter exemplos, ver Tabela 4.2). Mas, quando pregarem liderança, eles precisam se dar conta de três pecados.

Pecado 1: Trabalho em equipe insignificante destrói a colaboração

Quando líderes pregam trabalho em equipe, eles podem obter exatamente o que pedem – o tipo errado de trabalho em equipe. Quando gerentes introduzem trabalho em equipe em suas próprias unidades e não no resto da empresa, isso gera bolsões locais de trabalho em equipe, mas não colaboração em toda a empresa. A empresa torna-se "cheia de equipes", mas não colaborativa. Foi exatamente o que aconteceu na experiência de Sherif: ele infundiu um trabalho em equipe notável *dentro* dos grupos Serpentes e Águias, mas sem colaboração entre eles (até que introduziu metas de união).

Para combater esse perigo, líderes precisam pregar que o trabalho em equipe significa "colaborar em toda a empresa". A SAP tem uma declaração que deixa isso claro. Ela exige que gerentes "assegurem a participação das pessoas certas dentro da SAP (em todas as funções, departamentos e áreas) para atingir objetivos".

TABELA 4.2

Valor do trabalho em equipe

Exemplos de valores do trabalho em equipe, de competências de liderança e de princípios empresariais

Morgan Stanley (declaração de valor)	"Nós nos distinguimos por criar um ambiente que estimula o trabalho em equipe."*
SAP (competências de liderança)	"Assegurar a participação das pessoas certas dentro da SAP (em todas as funções, departamentos e áreas) para atingir objetivos."
Goldman Sachs (princípios empresariais)	"Nós enfatizamos o trabalho em equipe em tudo o que fazemos. Embora a criatividade individual seja sempre incentivada, constatamos que o esforço de equipe não raro produz melhores resultados."**

*M. Diane Burton, Thomas DeLong e Katherine Lawrence, "Morgan Stanley: Becoming a One-Firm Firm", Caso 9-400-043, (Boston; Harvard Business School, 1999).
**Extraído do princípio empresarial n. 8 do Goldman Sachs (http://www2.goldmansachs.com/our-firm/about-us/business-principles.html).

Pecado 2: Agora todos devem trabalhar em equipe (exceto nós da diretoria)

Quando líderes pregam o valor do trabalho em equipe aos grupos, mas eles próprios o ignoram, não estão promovendo colaboração. Em uma grande empresa que era organizada por departamentos, os gerentes precisavam colaborar em desenvolvimento de produtos, vendas, marketing e serviços. Os líderes pregavam devidamente a importância do trabalho em equipe, mas havia muita frustração entre gerentes de escalões inferiores: "Passo horas intermináveis trabalhando no desenvolvimento de produtos, mas sem resultado", queixou-se um gerente de vendas nos Estados Unidos. Constatou-se que grande parte do problema estava na equipe de cúpula; os altos executivos não trabalhavam bem em conjunto. Quando conflitos chegavam à alta direção, eles não eram resolvidos facilmente, e o pessoal de escalões inferiores sabia disso. A equipe de cúpula não demonstrava o valor do trabalho em equipe, deixando que os funcionários se perguntassem se, afinal, ele tinha algum valor.

Para unir uma empresa, a equipe de cúpula também precisa ser unida.[26] Altos executivos precisam praticar o valor do trabalho em equipe que pregam.

Quando assumiu o Morgan Stanley no começo dos anos 1990, John Mack começou a promover o trabalho em equipe na empresa. Para demonstrar que essa iniciativa incluía todos, ele impôs a mesma exigência à equipe de cúpula – o comitê de operações. Tom DeLong, CDO (Chief Development Officer) da empresa na época e atualmente professor da Harvard Business School, observou uma nítida mudança na diretoria: "Os membros do comitê de operações, que normalmente não divulgavam informações importantes de suas divisões, perceberam que iriam se avaliar mutuamente ao final do ano. De repente, começaram a trocar mais informações, cientes das consequências nas avaliações de final de ano caso não o fizessem."[27]

Pecado 3: O trabalho em equipe torna-se a razão de tudo

O trabalho em equipe, quando realizado de forma incorreta, torna-se o único objetivo: "O líder diz que precisamos trabalhar em equipe, então é melhor que façamos isso o tempo todo." O critério das pessoas acerca de quando trabalhar em equipe – e quando não – deturpa-se pela norma que diz: "É preciso trabalhar em equipe." Como resultado, os profissionais trabalham em grupo quando não deveriam, como quando não há uma razão convincente para se agrupar (lembre-se do argumento no Capítulo 2 sobre haver uma justificativa empresarial clara antes de iniciar um projeto de colaboração).

A ideia de que trabalho em equipe significa "trabalhar em equipe o tempo todo" funciona como uma doença lenta. Aos poucos, os profissionais trabalham mais em grupo, a ponto de começarem a subestimar a prática. Entram no escritório pela manhã e, às 9h, caminham automaticamente para a sala de reuniões para uma reunião com a equipe. Quando Steve Bennett assumiu o cargo de CEO da Intuit, em 2000, encontrou uma cultura baseada no consenso de um alto grau de trabalho em equipe. Certo dia, logo no início de sua gestão, ele andava pelos corredores e topou com uma reunião de equipe de quase 30 funcionários. Interrompeu a discussão e perguntou aos participantes qual era o propósito da reunião. Nenhum deles conseguiu lhe dar uma resposta clara. Em seguida, perguntou por que todos estavam participando, e alguém lhe disse: "Posso perder alguma coisa, se não comparecer." Ao que parece, muitos haviam ido à reunião porque estavam na lista de convidados. Vendo uma oportunidade de colocar mais disciplina no trabalho em equipe, Bennett respondeu: "Arrisque-se."[28]

Líderes que praticam colaboração disciplinada estabelecem um elo claro entre trabalho em equipe e desempenho. O mais importante no trabalho em equipe não é o trabalho em si, mas melhores resultados.

Crie uma linguagem de colaboração

Uma vez alunos da Universidade de Stanford realizaram uma experiência que envolvia um jogo chamado *jogo da comunidade*. É simples: na primeira rodada, você escolhe *cooperar* com o outro jogador – vamos chamá-lo de Peter – ou *desertar* (isto é, competir contra ele). Peter também escolhe. Nenhum dos jogadores conhece a decisão do outro antes do resultado da primeira rodada. Se os dois optarem por cooperar, cada um ganha $40, como mostrado na Figura 4.2.

Como se pode ver, seu ganho é maior ($80) se você decidir desertar e Peter decidir cooperar. Mas se você decidir cooperar e Peter decidir desertar, você perde $20.

Vamos jogar sete rodadas consecutivas. O objetivo é ter ganhado a maior quantia de dinheiro depois da sétima rodada. Após a primeira rodada, você saberá o que Peter escolheu, e ele saberá o que você escolheu.

Na *primeira* rodada, qual será a sua escolha – cooperar ou desertar?

Em uma pesquisa que realizou essa experiência com alunos de Stanford, o professor Lee Ross, da mesma universidade, e seus colegas constataram que 70% dos alunos optaram por cooperar e 30%, por desertar.[29] Uau! É muita cooperação!

É possível que você reconheça esse jogo. É uma versão do jogo do dilema do prisioneiro que os economistas usam frequentemente. Mas isso não é o que interessa aqui. Com outro grupo de alunos, Ross e seus colegas jogaram o mesmo jogo, mas dessa vez chamaram-no de jogo de Wall Street. Isso mesmo. A simples mudança de nome fez uma enorme diferença. Neste grupo, apenas 30% dos alunos escolheram cooperar, enquanto a colossal maioria (70%) preferiu desertar. É exatamente o oposto!

Pondere sobre este resultado surpreendente. As pessoas adotaram um comportamento diferente porque o jogo tinha um nome diferente. Quando ele era chamado "jogo da comunidade", dando a impressão de que girava em torno de valores comuns, como cooperação, 70% optaram por cooperar; quando se tornou o "jogo de Wall Street", sugerindo concorrência de mer-

FIGURA 4.2

Escolhas

		Escolha de Peter	
		Cooperar	Desertar
Sua escolha	Cooperar	• Você ganha $40 • Peter ganha $40	• Você paga $20 ao banco • Peter ganha $80
	Desertar	• Você ganha $80 • Peter paga $20	• Você ganha 0 • Peter ganha 0

cado, 70% optaram por competir.³⁰ Conclusão? A linguagem que o líder escolhe é muito importante para determinar o comportamento.

Em um artigo fascinante, dois professores da Universidade de Stanford – Jeffrey Pfeffer e Bob Sutton –, juntamente com o colega Fabrizio Ferraro, demonstraram, de forma convincente, que a linguagem de gestão tem uma tendência ardilosa: ela se torna verdadeira, mesmo que não o seja de início.³¹ Para demonstrar isso, eles selecionaram um princípio básico de economia: que as pessoas agem de acordo com interesses pessoais. É um princípio de economia sobre o comportamento das pessoas. Mas é verdadeiro? Bem, ele *se torna* verdadeiro: se você diz às pessoas que é assim que o mundo funciona e como elas devem se comportar, elas começam a pensar e a agir dessa maneira. Tornam-se autointeressadas.

Em uma pesquisa, universitários foram indagados se achavam adequado indivíduos agirem em interesse próprio.³² Em seguida, esses estudantes fizeram um curso de economia, em que tomaram conhecimento do valor do interesse pessoal. Quando terminaram o curso, a mesma pergunta lhes foi feita novamente. Agora os estudantes achavam que era *mais* conveniente agir em interesse próprio. O curso fizera com que acreditassem mais em interesse próprio. Um princípio – palavras – moldou suas crenças. Milhares e milhares de gerentes fizeram cursos de economia. Podemos imaginar o que eles pensam sobre interesse próprio – e como agem. Palavras, linguagem e teoria da administração moldam comportamentos – e, em consequência, tornam-se "a verdade".

É assustador. Como podemos ser tão crédulos e flexíveis? Mas é uma grande ferramenta para líderes. Eles podem usar a linguagem com uma ferramenta poderosa para promover colaboração – afinal de contas, o que serve para propagar interesse próprio também serve para promover colaboração.

Em 2006, quando Henrik Madsen passou a ser CEO da DNV, a empresa de serviços de gestão de risco descrita no Capítulo 2, ele assumiu uma empresa em que unidades de negócios e escritórios nacionais haviam se espalhado, algo que ele estava determinado a mudar. "Eu gostaria que nos reuníssemos novamente depois de um período de distanciamento. Quero que nossos líderes pensem em toda a DNV e não apenas em suas respectivas áreas", observou ele.³³ Madsen tinha uma ideia clara do que precisava ser feito e usou sua nova tribuna para promover a linguagem de colaboração, viajando para muitos dos trezentos escritórios da DNV em 100 países – do Rio de Janeiro a Caracas, a Houston, a Pequim, a Jidá, a Londres. "Sempre que converso, desafio as pessoas: 'Como você pode ajudar seus colegas?'. Nós queremos pessoas que consigam gerar resultados e colaborar em toda a empresa, quando for necessário; falo sobre isso o tempo todo." Segundo Madsen, ele empregou 20% de seu tempo e esforço promovendo a colaboração. Isso implicava dedicar tempo ao tema em quase toda reunião, inclusive reuniões com clientes. Essa mensagem contínua – repetida centenas de vezes por Madsen e sua equipe de cúpula – começou a ter efeito. Os funcionários entenderam.

Exagere a união

Líderes que criam uma meta de união convincente, que infundem o valor essencial do trabalho em equipe e falam e fazem muito sobre colaboração inspiram união, permitindo que as pessoas vejam o todo e não apenas a sua parte. Elas tornam-se mais propensas a colaborar. As barreiras do "não inventado aqui" e de retenção de informações são eliminadas.

Essa é a boa notícia. Mas há um lado desagradável em tudo isso: a união corre o risco de eximir o indivíduo de responsabilidade. As pessoas podem esconder-se atrás de uma meta de união; podem participar de grupos sem fazer sua parte; e podem interpretar toda a conversa sobre colaboração como desculpa para não fazer o que lhes compete.

Para combater esse perigo, líderes que praticam colaboração disciplinada complementam os mecanismos de união com mecanismos de responsabilidade individual, como mostrado na Tabela 4.3. Eles precisam combinar metas de união com metas individuais; o valor de trabalho em equipe com o valor de responsabilidade individual; e a linguagem de colaboração com a linguagem de responsabilidade (essas questões são analisadas com mais detalhes no Capítulo 7). Isso é colaboração disciplinada.

Líderes não conseguem persuadir pessoas apenas com palavras. Palavras sobre metas, trabalho em equipe e colaboração são cruciais, mas, sozinhas, só podem ir até certo ponto. Elas precisam ser convertidas em ação: ser usadas em regras que governem a forma de recrutar, recompensar, promover e demitir pessoas. Líderes precisam promover a gestão-T, conforme analisamos no Capítulo 5.

TABELA 4.3

Disciplinar a união

A fim de praticar a colaboração disciplinada, líderes precisam equilibrar união com responsabilidade individual

	União	Equilibrada com responsabilidade individual
Metas	Meta de união	Metas individuais
Valores	Trabalho em equipe	Responsabilidade individual
Linguagem	Linguagem de colaboração	Linguagem de responsabilidade

Capítulo 4: Pontos principais

Mecanismo 1: Promover a união de pessoas

- Líderes que praticam a colaboração disciplinada transformam suas aspirações colaborativas em mecanismos de sólida união: meta de união, valor do trabalho em equipe e linguagem de colaboração.

- Líderes devem elaborar metas de união convincentes que façam as pessoas se comprometer com uma causa maior que suas metas individuais. Uma meta comum inteligente deve satisfazer quatro critérios: criar um destino comum; ser simples e concreta; despertar entusiasmo; e colocar a concorrência do lado de fora.

- Concorrência e colaboração não são forças opostas, mas sim se complementam mutuamente. No entanto, líderes devem unir a concorrência externa com a colaboração interna. Todos que se unem para competir contra um inimigo comum animam-se pelo fato de concorrer e de colaborar.

- Para unir pessoas, líderes também precisam criar e demonstrar o valor do trabalho em equipe. Eles precisam expressá-lo e demonstrá-lo, praticando o trabalho em equipe em sua equipe de cúpula. Trabalhar em equipe não significa colaborar apenas com nosso próprio grupo, mas também com todas as unidades da empresa.

- A linguagem de colaboração do líder envia uma mensagem poderosa. Líderes que falam sobre concorrência receberão concorrência (mesmo entre funcionários). Aqueles que falam sobre colaboração obterão mais colaboração. E aqueles que falam sobre "colaborar para obter resultados" obterão mais colaboração que produz resultados.

- Líderes podem exagerar na união. Os funcionários deixam de ser responsáveis. Para mitigar isso, eles precisam equilibrar metas de união com metas individuais; valor do trabalho em equipe com valor da responsabilidade individual; e linguagem de colaboração com linguagem de responsabilidade. Isso é disciplinar a união.

CAPÍTULO 5

Mecanismo 2: Promover a gestão-T

Sem estrelas solitárias, por favor

E IS UMA DIFÍCIL DECISÃO que os líderes enfrentam. Paul Nasr, banqueiro sênior do Morgan Stanley, precisava decidir se indicava seu funcionário de melhor desempenho, Rob Parson, para o cobiçado cargo de diretor-gerente. Era um alto cargo, que vinha acompanhado de muito dinheiro e prestígio – portanto, era algo muito importante para o Morgan Stanley e para Parson. Como descrito em um estudo de caso muito conhecido, da Harvard Business School, de autoria da professora Diane Burton, trata-se realmente de uma decisão muito difícil porque dois critérios entram em conflito.[1]

Por um lado, Rob Parson produzia resultados excelentes; nos últimos dois anos, ele trouxera clientes valiosos e construíra sua linha de produtos: "Antes de Parson, a empresa ocupava o décimo lugar no ranking, com uma participação de mercado de 2%", escreve Burton. "Agora o Morgan Stanley ocupa a terceira posição no ranking com uma participação de mercado de 12,2%."[2]

O próprio Nasr só tinha elogios para Rob Parson: "Seus clientes o adoram. Sempre que vêm a Nova York, de qualquer lugar do mundo, eles querem levá-lo para jantar", observou Nasr. "Ele é único em dinamismo. É único na busca de negócios. É único em ambição. Seu conhecimento dos mercados é excelente e ele se relaciona bem com os clientes."[3]

A avaliação anual de desempenho, que requeria comentários de chefes e colegas, ficou repleta de elogios: "Rob é um empreendedor excepcionalmente agressivo na busca de negócios", dizia um comentário. "Ele fez uma grande diferença com vários clientes."[4]

Deveria ser uma decisão fácil: promover. O problema era que Parson não trabalhava bem em equipe. "Rob vai do ponto A ao ponto B no período de tempo fixado pelo cliente, satisfaz as exigências do cliente, mas, nesse meio-tempo, quebrou todas as regras do Morgan Stanley para chegar lá", explicou Nasr. "Então o pessoal diz: 'Caramba, esse sujeito não está seguindo as normas. Nós trabalhamos como uma comunidade, não individualmente.'"

"Ele criou um ambiente hostil ao seu redor", Nasr continuou. A panelinha dos chefes não está nem um pouco satisfeita com Parson porque ele questiona seus preços. Os *traders* não estão satisfeitos porque ele põe em dúvida seus conhecimentos dos mercados."[5]

Comentários de chefes e funcionários na avaliação de desempenho refletiam este outro lado da avaliação, que era tão duro quanto os elogios eram grandes:

"Falta de habilidade para trabalhar em equipe."
"É muito difícil trabalhar para ou com ele."
"Ele terá de aprender a desenvolver habilidade para trabalhar em equipe."
"As vezes, é difícil conseguir uma resposta."[6]

Havia declarações pavorosas, embora Parson não fosse tão ruim no trabalho com outras pessoas – por exemplo, ele ajudara na venda cruzada ao apresentar novos produtos para seus clientes.

A professora Burton comenta: "Ele deixa a impressão de ser alguém que queria tentar se encaixar na cultura, mas não sabia como. Intolerante e impaciente, tinha dificuldade em delegar e colaborar, duas habilidades cada vez mais importantes para ser bem-sucedido no Morgan Stanley, mas muito difíceis de aprender no vazio."[7]

Porém o incrível desempenho financeiro individual não deveria sobrepujar as preocupações com o trabalho em equipe? Não no Morgan Stanley, que tinha feito do trabalho em equipe algo muito importante. Dois anos antes, o chefe do Morgan Stanley, John Mack, ficara preocupado que os feudos impedissem a empresa de ter sucesso. Por isso, ele lançara uma iniciativa geral para assegurar que a colaboração se entranhasse na empresa. Seu objetivo era criar uma "empresa com espírito de equipe".[8] Para atingir o objetivo, Mack enunciara o valor do trabalho em equipe: "Nós nos distinguimos por criar um ambiente que estimula o trabalho em equipe." Percebendo que apenas expressar o valor não era suficiente, Mack aumentou sua eficácia e implementou uma avaliação de desempenho 360 graus, em que a "habilidade de trabalhar bem em equipe" e as "contribuições ao MS {Morgan Stanley}" tornaram-se novos critérios de desempenho. Foi neste contexto que o caso de Parsons foi apresentado para discussão.

Se você fosse Nasr, indicaria Parson para promoção?

Estrelas solitárias e borboletas

Quando faço esta pergunta em meus seminários de formação de executivos, muitos gerentes dizem: "De maneira nenhuma. Ele está destruindo a cultura do trabalho em equipe." Outros contestam: "Ele é necessário, está trazendo negócios", argumentam. "Não se pode abrir mão dele, e ele irá embora se não for promovido." Então faço a pergunta: "Ele seria promovido em *sua* empresa? Mesmo entre aqueles que o criticam severamente, a resposta não raro é: "Sim, ele seria promovido. Nós precisamos das receitas, e os dirigentes fazem vista grossa contanto que haja resultados financeiros."

O problema de Rob Parson é que ele é uma *estrela solitária*. Ele apresenta excelentes resultados financeiros, mas seu comportamento opõe-se ao trabalho em equipe que a empresa está tentando implementar.[9]

Líderes não conseguem construir uma empresa colaborativa com estrelas solitárias. Não há dúvida de que em empresas em que predomina o desempenho individual e em que seu desempenho é apenas a soma de desempenhos individuais, líderes beneficiam-se por ter muitas estrelas solitárias. Isso se aplica a organizações de vendas onde vender é uma atividade individual. Mas se os executivos quiserem realizadores que trabalham em toda a organização, estrelas solitárias não são o tipo certo de estrela.

Empresas ficam mais seguras ao cultivar outra espécie de estrela, aquelas que se destacam na gestão-T: profissionais que, simultaneamente, apresentam bons resultados em sua função (parte vertical do "T") *e* ao colaborar livremente com toda a empresa (parte horizontal do "T").[10] Eles se distinguem das estrelas solitárias porque conseguem executar bem duas coisas, não apenas uma.

Os gerentes-T também diferem das *borboletas:* profissionais que trabalham bem em todas as áreas da empresa, mas não conseguem se sair bem nas próprias funções. Borboletas são os profissionais que trabalham bem em equipe, "esvoaçam" de um lugar a outro e, de bom grado, viajam pelo mundo para participar de comitês, seminários e forças-tarefas. Eles estão presentes em todo lugar, enquanto seu próprio trabalho é prejudicado. Os resultados de seu desempenho individual acabam parecendo insatisfatórios, o oposto dos de Parson. À semelhança das estrelas solitárias, eles conseguem fazer bem apenas uma única coisa (Figura 5.1).

Líderes que praticam a colaboração disciplinada livram-se de estrelas solitárias e de borboletas, dispensando-as ou transformando-as em gerentes-T. Em 2000, Steve Bennett assumiu o cargo de CEO da Intuit, empresa com cinco mil funcionários, sediada na Califórnia, na época um fabricante de software para as áreas fiscal e de contabilidade. Ele iniciou

FIGURA 5.1

Promover a gestão-T

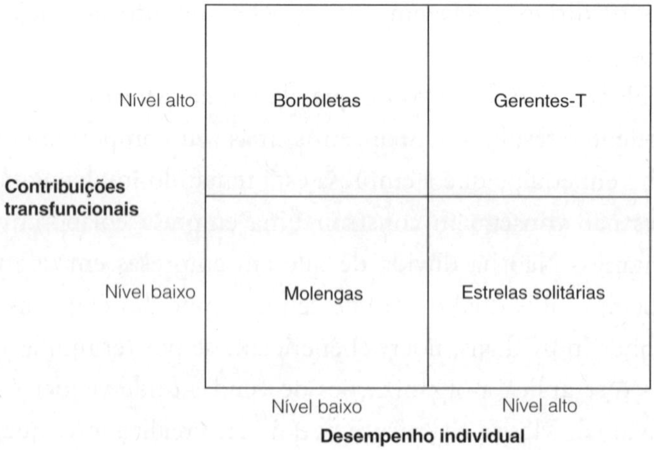

Contribuições transfuncionais		
Nível alto	Borboletas	Gerentes-T
Nível baixo	Molengas	Estrelas solitárias
	Nível baixo	Nível alto

Desempenho individual

um processo para transformar a empresa de uma cultura altamente feudal e empreendedora em uma organização mais colaborativa.[11]

Para implementar seu plano, Bennett seguiu um programa de mudança com duas vertentes: por um lado concentrando-se na fixação de metas individuais e cobrando resultados dos profissionais; por outro, incentivando a colaboração entre linhas de produtos e departamentos. Bennett procurou promover a gestão-T e rejeitava profissionais que trabalhavam apenas em suas unidades e aqueles que só colaboravam sem focar no desempenho: "Na antiga Intuit, tínhamos algumas estrelas solitárias e alguns profissionais que colaboravam demais", observou ele. "Precisamos ficar no meio."[12] Durante esse processo, muitos funcionários saíram ou foram demitidos, deixando menos estrelas solitárias e borboletas e mais gerentes-T.

A ideia de promover a gestão-T põe toda a questão de "guerra por talentos" sob uma nova luz.[13] A ideia não é atrair ou desenvolver estrelas. Esse é um enfoque inapropriado. A guerra por talentos não deve girar em torno de estrelas de todos os tipos, mas sim de estrelas-T.

Gestão-T: A força de dois desempenhos

Para ter uma ideia do que compreende a gestão-T, vamos dar uma olhada no caso de um executivo que a praticou satisfatoriamente.[14] Logo após a fusão da BP com a Amoco, David Nagel foi nomeado gerente-geral da unidade de negócios de petróleo no Egito. Como todos os gerentes de unidades de negócios da BP, Nagel tem uma descrição de cargo dupla. Ele é efetivamente o CEO de sua unidade de negócios, com responsabilidade sobre lucratividade, vendas, custos e despesas de capital. Não há dúvidas neste caso; ele foi contratado para apresentar bons resultados financeiros – e é melhor que o faça. Essa é a parte vertical do T – administrar a unidade de negócios individual e reportar-se aos superiores hierárquicos.

Ao mesmo tempo, espera-se que Nagel se dedique a várias atividades de colaboração transfuncional, que absorvem de 15% a 20% de seu tempo. Essa é a parte horizontal do T.

Nagel dedica-se a quatro atividades transfuncionais. Primeiro, colabora em um grupo transfuncional que compreende sua unidade de negócios e sete outras espalhadas pelas regiões do Atlântico e do Mediterrâneo; assim como a dele, essas unidades priorizam o aumento da produção de petróleo. O grupo não tem um chefe, mas é controlado pelos gerentes-gerais das unidades. Eles reúnem-se para coordenar o trabalho e resolver questões decisivas comuns a todos. Em uma ocasião, o grupo previu que tenderia a ficar cerca de 3% abaixo da meta anual. Através de intensas discussões durante as duas reuniões seguintes, o grupo determinou que unidades de negócios estavam em melhor posição para superar a diferença.

Segundo, Nagel faz a conexão de pessoas de partes diferentes da empresa. Por exemplo, ele pode receber um telefonema de um engenheiro da BP, buscando o nome de um engenheiro da Amoco que possa fornecer assistência técnica em uma área em que a Amoco é particularmente forte.

Terceiro, quando solicitado, Nagel dá orientação a outras unidades de negócios. Em um ano, por exemplo, ele e seus gerentes estavam envolvidos em cerca de 20 casos de assistência aos pares, nos quais sua unidade de negócios disponibilizava funcionários para trabalharem em projetos e questões afetos a outras unidades. Nagel estava pessoalmente envolvido em três deles.

Quarto, ele recebe orientação de outras unidades. Em certo ano, sua unidade de negócios se beneficiou da ajuda dos pares em 10 ocasiões, nas quais pessoas de várias partes do mundo vieram oferecer ideias específicas em questões como o plano de marketing de sua unidade. Algumas vezes, a ajuda é dada de forma mais informal. Por exemplo, logo depois da fusão com a Amoco, um engenheiro da unidade de Nagel utilizou sua rede de contatos na BP e descobriu, no prazo de alguns dias, que a produtividade de um tipo especial de poço que estava em perfuração no Egito poderia ser determinada sem o uso do *flare*, ou seja, sem a necessidade de abri-lo e de queimar o gás. Essa técnica permitia a avaliação rápida do poço.

Para assegurar que a colaboração não prejudique a meta de desempenho excelente da unidade, Nagel precisa gerenciar seu tempo cuidadosamente (Figura 5.2). Isso significa que ele examina cada atividade atentamente para ter certeza de que ela contribuirá para melhorar o desempenho. "Nós tentamos eliminar as reuniões com grupos de pares realizadas sem razão específica", conta Nagel. A duplicidade de exigências da gestão-T também exigiu que ele delegasse algumas responsabilidades da unidade de negócios, principalmente produção e exploração de gás, para dois assistentes de confiança. Isso o libera para tarefas que se estendem além de sua unidade.

Nagel consegue desempenhar bem em ambas as dimensões: apresentar bons resultados financeiros na unidade de gás do Egito e contribuir com as outras unidades da empresa. Ou seja, ele fornece dois desempenhos.

A gestão-T praticada por Nagel é especialmente eficaz em eliminar duas barreiras à colaboração. Gerentes-T são propensos a solicitar cola-

FIGURA 5.2

Semana de trabalho do gerente-T

A semana de trabalho típica de David Nagel, diretor da unidade de negócios de gás da BP no Egito, mostra como ele equilibra suas responsabilidades verticais (unidade de negócios) e horizontais (compartilhamento de conhecimento). (A semana de trabalho no Cairo vai de domingo a quinta-feira.)

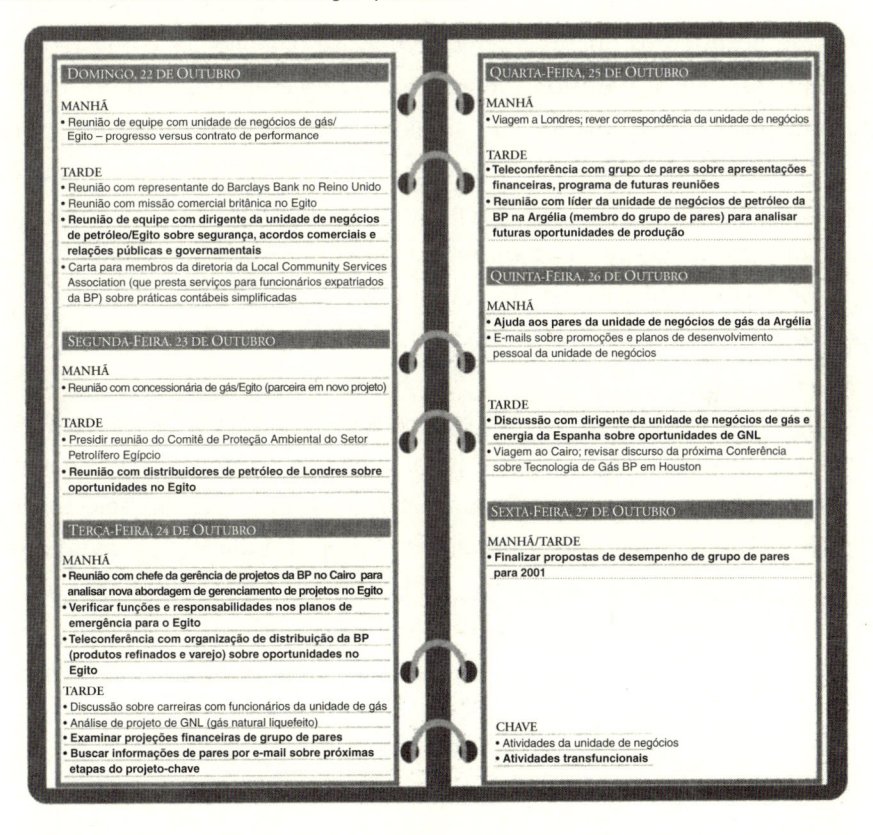

DOMINGO, 22 DE OUTUBRO

MANHÃ
- Reunião de equipe com unidade de negócios de gás/Egito – progresso versus contrato de performance

TARDE
- Reunião com representante do Barclays Bank no Reino Unido
- Reunião com missão comercial britânica no Egito
- **Reunião de equipe com dirigente da unidade de negócios de petróleo/Egito sobre segurança, acordos comerciais e relações públicas e governamentais**
- Carta para membros da diretoria da Local Community Services Association (que presta serviços para funcionários expatriados da BP) sobre práticas contábeis simplificadas

SEGUNDA-FEIRA, 23 DE OUTUBRO

MANHÃ
- Reunião com concessionária de gás/Egito (parceira em novo projeto)

TARDE
- Presidir reunião do Comitê de Proteção Ambiental do Setor Petrolífero Egípcio
- **Reunião com distribuidores de petróleo de Londres sobre oportunidades no Egito**

TERÇA-FEIRA, 24 DE OUTUBRO

MANHÃ
- Reunião com chefe da gerência de projetos da BP no Cairo para analisar nova abordagem de gerenciamento de projetos no Egito
- **Verificar funções e responsabilidades nos planos de emergência para o Egito**
- **Teleconferência com organização de distribuição da BP (produtos refinados e varejo) sobre oportunidades no Egito**

TARDE
- Discussão sobre carreiras com funcionários da unidade de gás
- Análise de projeto de GNL (gás natural liquefeito)
- **Examinar projeções financeiras de grupo de pares**
- **Buscar informações de pares por e-mail sobre próximas etapas do projeto-chave**

QUARTA-FEIRA, 25 DE OUTUBRO

MANHÃ
- Viagem a Londres; rever correspondência da unidade de negócios

TARDE
- **Teleconferência com grupo de pares sobre apresentações financeiras, programa de futuras reuniões**
- **Reunião com líder da unidade de negócios de petróleo da BP na Argélia (membro do grupo de pares) para analisar futuras oportunidades de produção**

QUINTA-FEIRA, 26 DE OUTUBRO

MANHÃ
- **Ajuda aos pares da unidade de negócios de gás da Argélia**
- E-mails sobre promoções e planos de desenvolvimento pessoal da unidade de negócios

TARDE
- **Discussão com dirigente da unidade de negócios de gás e energia da Espanha sobre oportunidades de GNL**
- Viagem ao Cairo; revisar discurso da próxima Conferência sobre Tecnologia de Gás BP em Houston

SEXTA-FEIRA, 27 DE OUTUBRO

MANHÃ/TARDE
- **Finalizar propostas de desempenho de grupo de pares para 2001**

CHAVE
- Atividades da unidade de negócios
- **Atividades transfuncionais**

Fonte: Reproduzido de Morten T. Hansen e Belko von Oetinger, "Introducing T-shaped Managers: Knowledge Management's Next Generation", *Harvard Business Review* (março-abril de 2001).
As tarefas de Nagel que podem ser delegadas são apresentadas em negrito.

boração quando necessário (a unidade de Nagel pediu a ajuda de outras unidades 10 vezes). Ao fazê-lo, eles superam a barreira do "não inventado aqui". E os gerentes-T também são inclinados a ajudar os demais (a unidade de Nagel teve vinte casos de ajuda aos pares, e Nagel foi responsável por três deles). Desta forma, os gerentes-T eliminam a barreira de retenção de informações.

Como ampliar a gestão-T em sua empresa

Steven Kerr, ex-gestor de aprendizagem da General Electric, escreveu um famoso artigo sob o título "On the Folly of Rewarding A, While Hoping for B."[15] Ele observou que, em muitos casos, havia contradição entre os comportamentos que os líderes desejavam nas pessoas e o sistema de recompensa que os mesmos líderes haviam implementado – por exemplo, recompensar o desempenho individual ao mesmo tempo em que espera obter trabalho em equipe. Da mesma forma, os líderes não conseguem resultados ao recompensar o desempenho individual esperando obter um desempenho de gestão-T. Para promover comportamentos de gestão-T, eles precisam implementar uma gestão de desempenho bilateral: recompensar pessoas pelo desempenho individual *e* por contribuições a outras unidades.

Existem duas formas essenciais de aumentar o número de gerentes-T: *seleção e mudança* (Tabela 5.1). Alguns líderes acham que as pessoas não conseguem realmente mudar, então eles se concentram em selecionar o tipo certo de pessoas – recrutando-as e promovendo-as – e livrando-se do tipo errado. Em contrapartida, há líderes que tentam mudar a atitude e o comportamento de funcionários, transformando-os de acordo com o comportamento de gestão-T. Eles adotam a visão otimista de que as pessoas conseguem mudar.

Qual abordagem é a melhor? Na realidade, uma grande empresa tem uma mescla de pessoas – algumas que resistem à mudança pessoal, e outras que a aceitam. Por essa razão, é importante elaborar um novo plano de recursos humanos que selecione *e* desenvolva comportamentos de gestão-T.

TABELA 5-1

Duas maneiras de aumentar o conjunto de gerentes-T

	Selecionar pessoas	Mudar pessoas
Crença	As pessoas não mudam facilmente, se é que mudam, então o melhor é escolher aquelas que já exibem comportamentos de gestão-T.	As pessoas *conseguem* mudar para comportamentos de gestão-T se forem devidamente estimuladas e auxiliadas.
Promoção e (demissão)	Grande efeito: promova gerentes-T, não outros. Demita estrelas solitárias e borboletas.	Grande efeito: use o critério de gestão-T para promoção como incentivo para as pessoas mudarem de comportamento e serem promovidas.
Remuneração e bônus	Pequeno efeito: pague mais para gerentes-T, na esperança de que alguns bons funcionários se sintam atraídos.	Grande efeito: use o critério de recompensa de gestão-T como incentivo para as pessoas mudarem de comportamento e receberem maior remuneração.
Contratação	Grande efeito: recrute apenas gerentes-T.	Não se aplica (contratação é selecionar, não mudar pessoas).
Aconselhamento	Não se aplica (aconselhamento é mudança, não seleção).	Grande efeito: dê apoio para ajudar pessoas a mudar para comportamentos de gestão-T.

Promova apenas pessoas com comportamento de gestão-T

A colaboração disciplinada exige que as empresas promovam apenas pessoas que praticam a gestão-T. Mas os líderes que se propõem a fazer isso não raro ficam frustrados, porque é difícil conseguir dados sobre contribuições transfuncionais. Executivos devem criar um novo mecanismo que estabeleça novos critérios, colete dados, avalie desempenhos e recompense a gestão-T com promoções (Figura 5.3).

A colaboração precisa ser medida

Para que haja progresso, líderes precisam estabelecer critérios e indicadores de contribuição transfuncional. Conceitos abrangentes – como "trabalho em equipe" – precisam ser convertidos em comportamentos concretos que são classificados do menor ao mais desejável. Lembre-se de que, no Capí-

FIGURA 5.3

Como avaliar contribuições transfuncionais

Desempenho individual e valiosas contribuições transfuncionais.

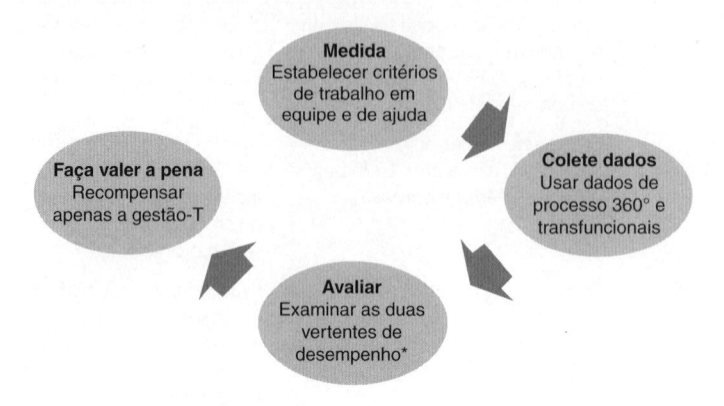

- **Medida**: Estabelecer critérios de trabalho em equipe e de ajuda
- **Colete dados**: Usar dados de processo 360° e transfuncionais
- **Avaliar**: Examinar as duas vertentes de desempenho*
- **Faça valer a pena**: Recompensar apenas a gestão-T

*Desempenho individual e valiosas contribuições transfuncionais.

---

tulo 4, a SAP, gigantesca empresa alemã de software, queria que seus gerentes colaborassem mais em todas as áreas. A liderança da empresa exigia que os gerentes "assegurassem a participação das pessoas certas dentro da SAP (em todas as funções, departamentos e áreas) para atingir objetivos". Assim, os gerentes definiram três graus de comportamento visível que pudessem ser usados para avaliar desempenho.

1. *Precisa melhorar:* perde oportunidades de envolver pessoas de outras unidades, departamentos e áreas da SAP.
2. *Satisfatório:* envolve alguns profissionais de outras unidades, departamentos e áreas da SAP para alcançar objetivos.
3. *Altamente eficaz:* assegura a participação das pessoas certas de outras unidades, departamentos e funções de toda a SAP para atingir objetivos.

Na empresa de software Intuit, gerentes também criaram indicadores concretos. Jennifer Hall, executiva que chefiava a loja virtual da empresa, tinha de satisfazer um critério básico transfuncional: campanhas pontuais de marketing para a loja virtual.[16] A campanha iniciou no dia previsto?

Caso contrário, atrasou quantos dias? Era um indicador transfuncional porque ela precisava de informações em tempo hábil de várias unidades de negócios (sobre marketing de produtos), marketing (fluxo de pedidos), operações (fabricação) e recursos de design (textos publicitários, gráficos etc.). O indicador era uma boa medida de sua habilidade em colaborar eficazmente com os outros. Como ela observou: "Embora eu dependesse de muitos grupos, como chefe da loja virtual, eu me sentia responsável por garantir que todas as áreas juntassem esforços."[17]

Os dados precisam ser coletados

A difundida ferramenta de avaliação 360 graus é muito útil aqui, contanto que seja usada corretamente.[18] Com essa ferramenta, superiores, subordinados e pares têm a oportunidade de preencher formulários de avaliação – anonimamente – para avaliar pessoas. É chamada de "360 graus" porque é uma avaliação feita para cima (chefe), para baixo (subordinados) e para os lados (pares). A força da ferramenta está no fator pares. Profissionais que não trabalham diretamente com uma pessoa têm oportunidade de avaliar sua contribuição com todas as unidades. Para que isso seja feito de forma correta, os pares precisam pertencer a outras unidades.

Eis uma ótima demonstração de como fazer isso bem: um grande banco de investimento global implementou uma versão on-line da ferramenta 360 graus.[19] Uma vez por ano, 2.200 funcionários eram solicitados a participar de uma avaliação on-line (impressionantes 93% participaram). De uma lista de nomes, eles deveriam identificar e avaliar colegas que haviam fornecido ajuda. As instruções diziam: "Quando avaliar seus colegas, é importante atribuir notas em termos da *utilidade da contribuição deles para você* e não de sua percepção da contribuição deles para o banco em geral." Para evitar notas inflacionadas e impedir que os funcionários classificassem todos como "muito úteis", o sistema os obrigava a distribuir suas escolhas em quatro categorias com base no quanto eles haviam sido úteis.

Em média, os funcionários indicaram 78 colegas que contribuíram para seu trabalho. Munidos desses dados, os altos executivos podiam determinar o grau de utilidade da pessoa para outras unidades do banco. Suponha que 50 pessoas incluíram "Robert" em sua avaliação e classificaram sua utilidade para elas; o sistema produzia automaticamente as notas que ele recebera, e os altos executivos então usavam a nota média de Robert para determinar seu bônus para o ano.

Eles precisam ser avaliados

Não adianta estabelecer indicadores e coletar dados sobre contribuições transfuncionais se isso não for levado em conta. Na BP, a avaliação anual de David Nagel resultou em duas discussões igualmente importantes: uma sobre seu desempenho na unidade egípcia de produção de gás que ele dirigia, e a outra sobre as atividades transfuncionais em que estava envolvido. "Podemos ter um desempenho individual espetacular na unidade de negócios", comentou Nagel. "Mas se não estivermos contribuindo além de nossas próprias unidades, não seremos vistos de forma favorável."[20]

Deve haver consequências

Líderes que adotam a colaboração disciplinada praticam gestão das consequências: se profissionais desempenharem bem dentro de sua unidade e entre as demais unidades da empresa, eles serão promovidos; se ficarem aquém das expectativas em qualquer das dimensões, enfrentarão as consequências. Líderes que adotam essa abordagem são rigorosos com estrelas solitárias e borboletas, que têm má vontade ou são incapazes de mudar, especialmente após várias avaliações anuais. Eles as demitem ou provocam consequências menos draconianas, como adiar promoções e reduzir bônus.

Remuneração por desempenho, mas por qual desempenho?

Remuneração por desempenho é um mecanismo de grande eficácia, seja na forma de aumentos salariais, bônus ou opções de compra de ações. Porém, é um mecanismo acossado por problemas.[21] Parece fácil: se os líderes remunerarem pelo comportamento que desejam, os profissionais se comportarão de maneira apropriada. Mas não é tão simples assim. Quando se trata de colaboração, sistemas de incentivo não raro atrapalham. Dois métodos conhecidos quase sempre prejudicam a colaboração transfuncional.

Incentivo prejudicial 1: Apenas desempenho da unidade

Incentivos que recompensam apenas o desempenho da unidade prejudicam a colaboração. Imagine que você dirige a divisão londrina de uma empresa de aparelhos eletrônicos global e descentralizada, e sua única responsabilidade é maximizar o desempenho de sua divisão. Sua compensação e desempenho no cargo baseiam-se 100% no desempenho de sua divisão. Em uma reunião orçamentária, você precisa escolher entre dois projetos; você não pode realizar ambos. Exodus é um projeto independente, e Yamba é um projeto conjunto com a divisão de Boston. Eis as projeções de lucro líquido para a divisão de Londres:

Divisão de Londres

Projeto Exodus independente: lucro de $70 milhões

Projeto Yamba com Boston: lucro de $60 milhões (metade de um total de $120 milhões)

Você deveria escolher o Exodus, porque ele rende US$10 milhões a mais em lucro para a divisão de Londres, pela qual você é responsável. Agora imagine que você dirige a divisão de Boston. O esquema é o mesmo: você é responsável pela divisão de Boston, e isso determina seu desempenho no cargo e bônus. Sua equipe também deve escolher entre os dois projetos. Eis as estimativas de lucro:

Divisão de Boston

Projeto Stealth independente: lucro de $40 milhões

Projeto Yamba com Londres: $60 milhões de lucro (metade de um total de US$120 milhões)

Você deveria escolher o Yamba, porque ele gera $20 milhões a mais de lucro líquido para a divisão de Boston (e seu desempenho está atrelado à divisão de Boston). Mas Londres não quer fazer o Yamba, portanto ele não será realizado. Você terá de se conformar com o projeto Stealth.

Agora imagine que você é CEO de uma empresa, encarregado de julgar o que é melhor para a empresa como um todo. Yamba é melhor: ele rende um total de $120 milhões de lucro, em comparação com $110 milhões dos outros dois. O que é melhor para a empresa como um todo não é melhor para a divisão de Londres. Londres tomará uma decisão que é ótima para si e subótima para a empresa como um todo. Isso ocorre porque foi criado um sistema de incentivos que estimula cada divisão a maximizar apenas seus lucros individuais.

Incentivo prejudicial 2: Incentivos em toda a empresa

Muitos líderes acreditam erroneamente que irão incentivar a colaboração ao atrelar bônus ao desempenho geral da empresa. Imagine uma empresa de bens de consumo com 30.000 funcionários, em que os bônus podem ser de até 50% do salário. A empresa usa a seguinte fórmula:

- 50% de bônus baseados no desempenho individual
- 50% de bônus baseados no desempenho total da empresa

Será que os gerentes se tornarão mais colaborativos em consequência deste esquema? Parece que a resposta é "sim". A remuneração – até 25% do salário anual (o desempenho da empresa equivale a 50% de bônus, e o bônus pode equivaler a 50% do salário) – é determinada pelo grau de desempenho da empresa como um todo. É razoável presumir que todos trabalharão com afinco para maximizar o desempenho de toda a empresa, porque todos se beneficiarão. Mas essa lógica fundamenta-se em duas suposições duvidosas.

Primeira, ela pressupõe que os funcionários acreditam que sua contribuição é importante e que, por isso, envidarão esforços. Eles teriam de acordar de manhã, dizendo a si mesmos: "O que eu fizer hoje afetará o desempenho de toda a empresa, então vou trabalhar duro e colaborar!" A maioria das pessoas não age assim. Não é que as contribuições individuais – mesmo que pequenas – não sejam importantes; muitas contribuições pequenas *realmente* fazem uma grande. O problema é que cada funcionário precisa acreditar que os outros funcionários também se empenharão – se não acreditarem nisso, eles não farão seu pequeno esforço, presumindo que só o esforço deles é insignificante.

Segunda, ela pressupõe que os funcionários não se envolverão em uma situação chamada *free-riding*.* As pessoas podem acreditar que todo mundo está se esforçando para colaborar, mas também é possível que pensem: "Todos estão se esforçando, então eu não preciso me esforçar, porque, afinal de contas, minha contribuição é pequena demais para ser notada." A tentação do *free-riding* em grandes empresas é enorme.

Dados esses problemas, fico perplexo sempre que ouço um alto executivo enaltecer as virtudes desse esquema. "A remuneração baseia-se em parte no desempenho da empresa", dizem, argumentando que por esse motivo "nossos funcionários tomam posições alinhadas com as da empresa". É um argumento fundamentado em suposições frágeis.[22]

Mas há um meio muito melhor.

Bom incentivo: Vincular o dinheiro diretamente à colaboração

Líderes terão resultados melhores se vincularem a remuneração dos profissionais (salário, bônus, opções de compra de ações) às suas contribuições colaborativas comprovadas durante o ano. Uma mudança na fórmula resolve o problema. O bônus pode ser de até 50% do salário e tem os seguintes componentes:

- 50% do bônus baseados em desempenho individual
- 50% do bônus baseados em contribuições colaborativas individuais comprovadas (e não no desempenho da empresa como um todo)

---

*Nota da Tradutora: Situação em que cada um dos indivíduos melhora sua situação pessoal, com a suposição errada de que a situação geral não ficará pior por causa disso.

Isso significa que 25% do salário de um profissional estão diretamente vinculados ao seu grau de colaboração. Se ele colaborar bem, mesmo que seja uma pequena contribuição num universo mais amplo, ele é recompensado. Esse sistema exige que sejam coletados dados de colaboração, assim como para promoções. A empresa de consultoria empresarial Bain & Company usa esse esquema;[23] os sócios são avaliados anualmente em várias dimensões, incluindo quanta ajuda eles deram aos colegas (informações sobre essas contribuições são coletadas todos os anos). O grau de colaboração de alta qualidade de um sócio pode ser responsável por até um quarto de sua remuneração anual. Isso é algo impressionante – 25% da remuneração anual total de um sócio.

Esse sistema de incentivos é a forma correta de estimular colaboração,[24] pois possibilita a ligação direta entre um comportamento desejado – atividades colaborativas eficazes – e a compensação financeira do profissional.

Recrute gerentes-T, não estrelas e borboletas

É evidente que os dirigentes precisam insistir no recrutamento de pessoas com comportamentos de gerentes-T. De nada adianta instalar toda espécie de mecanismos para tentar mudar os atuais funcionários se há uma afluência de novas pessoas que não dão a mínima para comportamentos de gerentes-T.

Se você fizer uma entrevista para garçom em um dos restaurantes Roy's, um grupo de restaurantes encantadores na Califórnia e no Havaí, é possível que o entrevistador lhe faça esta pergunta: "Quais obstáculos você enfrentou no emprego anterior que o impediram de fazer um trabalho de qualidade? Como conseguiu superá-los?"[25] Muitos dos entrevistados contarão uma história heroica sobre como procederam e resolveram o problema sozinhos. Sem conhecimento do candidato, o entrevistador busca sinais de comportamento oposto com essa pergunta enganosa: a resposta correta deve indicar que o candidato não tentou resolver o problema sozinho, mas que pediu ajuda e relatou a situação aos outros. Isso indica uma postura colaborativa, exatamente o que busca o grupo de restaurantes.

A Southwest Airlines, empresa aérea americana muito bem-sucedida, há anos recruta, precavidamente, pessoas com espírito de equipe e evita estrelas solitárias. A empresa criou técnicas para verificar se os candidatos de fato têm atitudes de quem trabalha em equipe. Em uma técnica, os recrutadores pedem a um grupo de candidatos ao emprego para preparar uma breve declaração sobre si mesmos, levantar e lê-la em voz alta diante do grupo.[26] Os candidatos podem pensar que os entrevistadores estão testando sua confiança e clareza para falar em público, mas não. Em vez disso, os recrutadores da Southwest estão observando como eles ouvem, encorajam e aplaudem os *demais* candidatos – eles prestam atenção aos outros candidatos e os apoiam ou enterram a cabeça em suas anotações para preparar o próprio discurso? Os candidatos voltados para as outras pessoas passam para a rodada seguinte, e o resto é dispensado. Segundo o CEO Herb Kelleher: "Nós selecionamos ótimas atitudes. Se você não tiver boas atitudes, nós não o queremos, não importa quão competente você seja. Nós conseguimos mudar os níveis de competência através de treinamento, mas não podemos mudar atitudes."[27]

Ensine comportamentos de gestão-T

"Você acha que ele realmente consegue mudar?", perguntei ao meu colega Roger Lehman, professor de liderança do INSEAD e requisitado orientador de executivos na Europa. "Não tenho certeza – talvez", ele respondeu.

Estávamos falando sobre um de seus clientes, "Anthony", executivo ambicioso de 45 anos que trabalhava em uma grande empresa varejista europeia. Seu chefe o havia encaminhado para sessões de coaching com a instrução de que ele se tornasse um executivo mais colaborativo e menos voltado para si mesmo, senão ele não seria promovido para o nível mais alto da hierarquia. Portanto, havia muito em risco. Coubera a Roger trabalhar com Anthony.

Eu queria saber mais. "Por que ele se recusaria a mudar?", perguntei. "A promoção de seus sonhos está acenando bem à sua frente."

"É o seu comportamento arraigado", explicou Roger. "Ele passou toda a carreira cuidando de si e da equipe que trabalhava para ele e, pela primeira vez na vida, solicitaram-lhe que ampliasse sua visão. É um sujeito que não consegue deixar de dizer 'Eu', em vez de dizer 'Nós'. Ele é incrivelmente dinâmico e ambicioso e está sempre querendo demonstrar suas habilidades."

Enquanto conversávamos, Roger explicou que planejara uma estratégia em duas partes para ajudar Anthony a mudar: mudanças comportamentais e mudanças sistêmicas. A primeira parte destinava-se a conseguir que Anthony mudasse seu *comportamento*, e não suas atitudes (especialmente no início). Essa estratégia seguia a lógica de que mudar comportamentos é mais fácil do que mudar atitudes entranhadas, e que uma mudança de comportamento consegue mudar atitudes com o passar do tempo. (Para saber mais sobre essa surpreendente ideia, ver boxe "Será que líderes devem mudar a atitude das pessoas, ou seu comportamento?")

Por exemplo, em um nível mais trivial, Roger trabalhava para que Anthony percebesse seu comportamento autocentrado e suas afirmações na primeira pessoa – "Eu". Treinando-o para dizer "Nós", mudou um pouco

Será que líderes devem mudar a atitude das pessoas, ou seu comportamento?

Líderes não raro pensam que precisam mudar a atitude das pessoas – convencê-las de que precisam mudar. Então têm conversas animadoras para persuadi-las a mudar de atitude. Mas as pesquisas apontam para uma alternativa: concentrar-se em mudar comportamentos, não atitudes.

Em uma experiência emocionante realizada na Universidade de Yale, nos anos 1960, pesquisadores mostraram aos alunos fotos de pacientes com tétano – doença que causa espasmos musculares graves, rigidez da mandíbula, convulsões e, possivelmente, morte (muitas pessoas não foram vacinadas contra a doença na década de 1960).[28] Com o intuito de manipular as atitudes dos alunos, os pesquisadores mostraram a alguns deles poucas informações. Todavia, outros alunos puderam ver fotos horríveis de um paciente com convulsões – "arqueamento do corpo com a cabeça curvada para trás e mandíbula travada". Na sequência, todos os alunos responderam uma pergunta sobre sua atitude: "Você acha que é importante tomar a vacina contra o tétano?" Naturalmente, aqueles que viram as fotos horríveis conseguiram a pontuação mais alta.

Em seguida, os pesquisadores avaliaram quais estudantes realmente foram tomar a vacina contra o tétano na clínica médica da universidade. Espantosamente, os alunos que conseguiram alta pontuação na pergunta sobre atitude não eram mais propensos do que os outros a tomar a vacina. Atitudes diferentes não justificaram quem foi tomar a vacina. E eis algo chocante: uma o foco. Em seguida, Roger encorajou Anthony a elaborar uma pequena lista de coisas que ele poderia fazer para colaborar com outras unidades da empresa, como, por exemplo, ajudar, por iniciativa própria, a elaborar uma proposta de vendas para um cliente – tarefas que Anthony sempre tentara evitar. Pouco a pouco, Anthony começou a adotar comportamentos colaborativos mais importantes. Os dois se reuniam uma vez por mês para analisar o progresso e novas técnicas. Anthony continuou trabalhando para mudar de comportamento, reunindo-se alternadamente com Roger e com seu mentor no trabalho (um executivo sênior). As coisas continuaram assim durante nove meses.

O aconselhamento de executivos não raro funciona dessa forma. Mas, como Roger ressalta, isso não é suficiente: "Muito frequentemente, executivos voltam ao trabalho e tentam mudar de comportamento, mas, ao redor deles, nada mudou. O trabalho é o mesmo, as exigências são as mesmas e os colegas

---

parte dos alunos recebeu um plano detalhado para ir à clínica médica; foram informados sobre os horários de aplicação da vacina; receberam um mapa indicando claramente o local da clínica; e foram solicitados a examinar sua agenda para encontrar um horário. Dos alunos que receberam o plano detalhado, 28% foram tomar a vacina, comparados com os 3% de alunos sem o plano. Pense nisso: a mudança de atitude não teve impacto sobre o comportamento, mas um simples plano de ação apresentou um efeito maciço. Conclusão: trabalhe para mudar comportamentos específicos, não apenas para mudar atitudes. Posteriormente, pesquisas confirmaram essa constatação.[29]

Alguns líderes praticam essa abordagem. Harvey Golub, o notável CEO que salvou a American Express, acredita em comportamentos que levam à mudança de atitude. Em 2003, quando visitou a aula de MBA que eu lecionava na Harvard Business School, salientou que tentara fazer seus relutantes gerentes mudarem de comportamento, e não apenas de atitude – a qual ele achava que também mudaria em consequência da mudança de comportamento. Trabalhou com afinco para transformar um ambiente repleto de política interna em comportamentos mais objetivos e analíticos, como, por exemplo, "defender posições de forma correta e imparcial" (uma mudança quanto a pensar primeiro em políticas); "apoiar decisões consensuais" (uma mudança quanto a minar esforços); e "admitir erros prontamente" (uma mudança quanto a culpar os outros".[30] Foi como se ele tivesse lido a experiência sobre o tétano. Conclusão: líderes não devem trabalhar para mudar apenas atitudes de colaboração (e depois esperar que comportamentos também mudem), mas devem também trabalhar para incutir comportamentos colaborativos, sejam quais forem as atitudes. As duas estratégias são importantes.

esperam o mesmo comportamento antigo. O contexto não mudou. Por isso é importante associar aconselhamento individual e mudança sistêmica."

Quando Anthony passou a dizer "Nós", todos no trabalho esperavam que ele dissesse "Eu", e ninguém percebeu a diferença quando ele voltou a dizer "Eu". Isso era previsível, porque nada mudara no escritório. É difícil fazer mudanças pessoais quando colegas de trabalho esperam velhos comportamentos. O mentor de Anthony então sugeriu uma intervenção no escritório. As pessoas que trabalhavam diretamente com Anthony e seus pares foram informados sobre sua tentativa de mudança; agora elas esperavam que ele dissesse "Nós" e colaborasse com mais frequência. Quando ele recorria ao "Eu" e não se dedicava a ajudar os outros, seus colegas, incluindo seu mentor, mostravam isso a ele.

Essa estratégia de aconselhamento individual e mudança sistêmica é de grande eficácia – ela leva a crer que apenas o aconselhamento pode não ser suficiente para mudar a forma como o profissional se comporta no trabalho. A situação também precisa mudar.

No caso de Anthony, seu superior lhe forneceu três instrumentos para torná-lo colaborativo:

- Aconselhamento para executivos: Anthony teve sessões individuais de aconselhamento, focadas em comportamentos colaborativos.
- Pressão e apoio de seus pares: Havia uma expectativa em seu ambiente de trabalho imediato de que ele mudaria para "Nós" e colaboraria mais.
- Critérios para avaliação de desempenho: Sua empresa fez tudo o que está descrito neste capítulo: os critérios de bônus e promoções estavam atrelados a comportamentos de gestão-T (foi isso o que provocou o aconselhamento, porque Anthony não mudou de patamar.

De forma significativa, o aconselhamento executivo acrescenta uma dimensão que falta aos outros instrumentos. Mudar critérios de promoção, remuneração e recrutamento exige comportamentos de gestão-T ("mude, senão"), mas não oferece qualquer ajuda para mudar. Em contraste, o aconselhamento ajuda pessoas a desenvolver habilidades e comportamentos para que elas colaborem com melhores resultados. Isso é crucial, porque às vezes os gerentes desejam sinceramente mudar – só não sabem como.

Como mudar a equipe existente?

A maioria dos líderes herda uma equipe quando assume um novo cargo, e normalmente não há muitos membros de equipe que praticam a gestão-T. Se você pertence a esse grupo, seu desafio é mudar a equipe. Para ver como isso funciona, vamos pegar um grupo de 100 altos executivos de uma grande empresa e transformá-lo em uma equipe em que predominem comportamentos de gestão-T.

O primeiro passo é coletar informações para avaliar o grau de colaboração na empresa. Se você não souber se os profissionais têm comportamentos de gestão-T ou agem como estrelas solitárias ou borboletas, é difícil iniciar um programa de mudança. Vamos supor que você coletou as informações e pode classificar o principal grupo de 100 pessoas como mostrado na parte superior da Figura 5.4. Neste caso, você tem apenas 20 pessoas com comportamentos de gestão-T em um grupo de 100, então é necessária uma verdadeira mudança.

Você precisará usar todos os mecanismos descritos neste capítulo e tomar quatro medidas.

1. *Demita os molengas:* Para criar vagas, que lhe permitirão acrescentar novos colaboradores, você pode demitir alguns molengas. Além disso, incentive a rotatividade natural entre os molengas.
2. *Promova e recrute profissionais com comportamento de gestão-T:* Você poderá então começar a preencher as vagas ao promover gerentes do escalão hierárquico da empresa. E também poderá recrutar gerentes de fora da empresa. Obviamente, será necessário tomar muito cuidado para promover gerentes que apresentam comportamentos de gestão-T, e não outros.
3. *Remunere por comportamento de gestão-T:* Em seguida, você poderá trabalhar na mudança de comportamento dos molengas, borboletas e estrelas solitárias existentes. Você poderá implementar um sistema de remuneração por desempenho com base em desempenho bilateral. Isso deverá tornar algumas estrelas solitárias mais colaborativas, e algumas borboletas melhorem o desempenho individual.

FIGURA 5-4

Fazer a equipe adotar comportamentos de gestão-T

Um cenário: usar mecanismos de RH para mudar um grupo de 100 gerentes

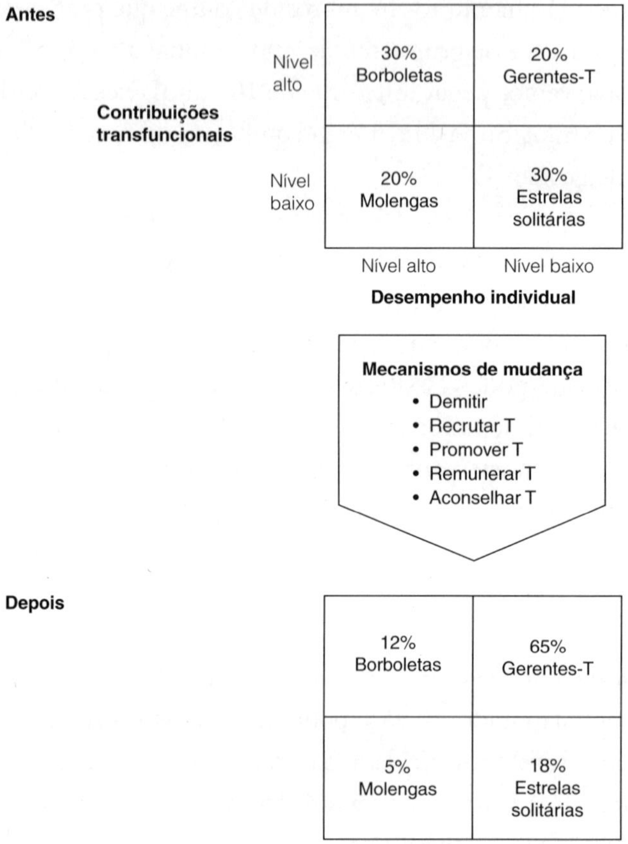

Antes

Contribuições transfuncionais

	Nível alto	Nível baixo
Nível alto	30% Borboletas	20% Gerentes-T
Nível baixo	20% Molengas	30% Estrelas solitárias

Desempenho individual

Mecanismos de mudança
- Demitir
- Recrutar T
- Promover T
- Remunerar T
- Aconselhar T

Depois

12% Borboletas	65% Gerentes-T
5% Molengas	18% Estrelas solitárias

4. *Ensine comportamentos de gestão-T:* Você também poderá instituir iniciativas para desenvolvimento de lideranças, destinadas a mudar o comportamento colaborativo de gerentes. Será preciso selecionar aquelas estrelas solitárias e borboletas que você julga mais dispostas e capazes de mudar.

Os resultados de efeito combinado podem ser impressionantes. Fiz uma simulação realista com base na posição inicial da Figura 5.4. (Ela pressupõe que você demita 10% dos molengas por ano, durante três anos; que haja uma rotatividade natural de 10% no grupo; e que você seja capaz de cultivar a gestão-T em 10% das pessoas restantes a cada ano – para obter detalhes, ver nota de rodapé.[31]) O resultado é o novo mix mostrado na parte inferior da Figura 5.4. De apenas 20%, a equipe passa a ter 65% de gerentes com comportamento de gestão-T. É uma grande mudança.

O grupo alcançará o ponto de virada quando deixar de ser dominado por estrelas solitárias e borboletas e passar a ser dominado por profissionais com comportamento de gestão-T. Quando você tiver um grupo principal de 100 pessoas em que 65% delas pratiquem comportamentos T, então a balança pendeu para a gestão-T, que se torna o modo de operação predominante. São muitos gerentes de duplo desempenho – e isso é colaboração disciplinada em sua melhor forma.

Capítulo 5: Pontos principais

Mecanismo 2: Promover a gestão-T

- Gerentes que praticam a gestão-T têm duplo desempenho: obtêm resultados em sua própria função (a parte vertical do T) e obtêm resultados ao colaborar em toda a empresa (a parte horizontal do T). Dispõem-se a fazer contato, a pedir ajuda e também a ajudar os demais quando solicitados. Porém, são disciplinados o bastante para dizer "não" à colaboração quando ela não agrega valor.

- Líderes que praticam a colaboração disciplinada não toleram estrelas solitárias – profissionais que apresentam resultados individuais excelentes, mas que não ajudam outras pessoas fora de suas unidades. Esses líderes também desaprovam borboletas – profissionais que são figuras institucionais notáveis, mas que não desempenham bem suas próprias funções (o oposto das estrelas solitárias).

- A fim de desenvolver a gestão-T em suas empresas, líderes podem usar dois mecanismos de mudança: selecionar profissionais com comportamento de gestão-T (através de promoção e contratação) e mudar comportamentos (através de remuneração, aconselhamento e promoção). Os dois mecanismos dão certo.

- Para cultivar a gestão-T, líderes precisam implantar a gestão de desempenho bilateral: os funcionários precisam ser recompensados pelo desempenho individual e por contribuições a outros profissionais fora de seu grupo imediato. Essa norma precisa ser introduzida em todas as atividades essenciais de recursos humanos: promoção, demissão, salário, bônus, contratação e aconselhamento. É uma agenda de RH radicalmente diferente das que existem na maior parte das empresas.

- Os populares sistemas de remuneração por desempenho não raro prejudicam a colaboração. Líderes precisam evitar os sistemas baseados apenas em desempenho individual e os que são baseados no desempenho global da empresa. Os melhores incentivos baseiam-se na combinação de desempenho individual e remuneração por colaboração: eles associam dinheiro (salário, bônus, opções de compra de ações) diretamente aos resultados colaborativos do profissional durante um ano.

CAPÍTULO 6

Mecanismo 3: Criar redes de contatos ágeis

Não Rolodexes abarrotados

À S 16H30, Les Owen sentou-se diante do computador para verificar sua lista diária de 100 e-mails.[1] Owen, engenheiro da divisão de oleodutos da BP em Anchorage, no Alasca, estava habituado a receber e responder perguntas de colegas em um sem-número de locais distantes – resultado de seus 26 anos de trabalho em todas as partes do mundo. Ele imaginava ser uma fonte natural de ajuda para os colegas. Do lado de fora de seu escritório despretensioso, o céu do Norte escurecia enquanto ele verificava cada mensagem. Uma delas, sobre raios, atraiu sua atenção. Grandes tempestades, com trovões e raios, não eram amigas de oleodutos. Numa ocasião, quando um raio atingiu as instalações da Koch Industries, no Texas, um oleoduto explodiu, derramando 90 mil galões de óleo na Costa do Golfo durante 10 dias.[2]

O e-mail que chamou a atenção de Owen veio de um colega de Saratov, Sibéria, cerca de 7.200km de distância.

De: Larry Watson, BP Sibéria
Para: Les Owen, BP Alasca
Assunto: Proteção contra raios

Les,
Faz tempo que não conversamos. Você conhece alguém perito em equipamentos e práticas de proteção contra raios? Ultimamente temos tido muitos problemas com a queda de raios, que causam danos às nossas instalações de extração.

Owen não era perito em proteção contra raios, mas sabia a quem recorrer – a Ian French, um colega de Houston.

> **De:** Les Owen, BP Alasca
> **Para:** Ian French, BP Houston
> **Assunto:** FW:Proteção contra raios

Como estão as coisas aí em Houston? Dada sua experiência anterior na região de Larry e com problemas relacionados a raios, achei que você poderia ajudar com o pedido de informações anexo.

French enviou a consulta para Nigel Wallace, que também trabalhava na BP Houston.

> **De:** Ian French, BP Houston
> **Para:** Nigel Wallace, BP Houston
> **Cc:** Les Owen, BP Alasca
> **Assunto:** FW:Proteção contra raios

Les Owen, que trabalha na divisão de oleodutos da BP no Alasca, recebeu uma consulta de Larry Watson, engenheiro da divisão de oleodutos na Sibéria, sobre práticas recomendadas de proteção contra raios. Antes que eu investigue o assunto, você poderia dar algumas ideias?

Wallace respondeu a mensagem prontamente.

> **De:** Nigel Wallace, BP Houston
> **Para:** Ian French, BP Houston
> **Cc:** Les Owen, BP Alasca
> **Assunto:** FW:Proteção contra raios

Há muitas propostas de sistemas exóticos de proteção contra raios. Eu prefiro resolver o problema com uma boa prática de aterramento, e proteger componentes especialmente vulneráveis com para-raios. Anexo cópia de alguns slides úteis. Ligue se tiver dúvidas. Fico sempre feliz em ajudar na área de proteção contra raios – que não raro é considerada magia negra, mas não deveria!

Na manhã seguinte, Les Owen fechou o círculo, colocando Nigel Wallace, o perito de Houston, em contato com Larry Watson.

> **De: Les Owen, BP Alasca**
> Para: Larry Watson, BP Sibéria
> Assunto: FW:Proteção contra raios

Recebi a seguinte resposta sobre raios. Recomendo que você contate Nigel e Ian diretamente, ambos estão em Houston, se tiver dúvidas.

Uma solicitação que partiu de um escritório da BP, na Sibéria, disparou para Les Owen no Alasca e, depois, para o Texas, para fazer conexão com um mestre na área de raios. Em seguida, foi despachada rapidamente para Owen, que a devolveu à Sibéria. Cerca de 25.000km de mensagens por e-mail. O que é notável neste caso não é o extraordinário, mas o ordinário – que uma questão rotineira sobre um assunto trivial foi encaminhada através de Les Owen para outra pessoa da BP, de outro lugar. O sucesso da rede de contatos na BP foi resultado direto do trabalho de uma pessoa: Les Owen.

Owen é uma *ponte* – alguém que, em virtude de sua rede de relacionamentos, consegue se conectar com as muitas unidades isoladas de uma empresa, colocando pessoas em contato umas com as outras. Sua chefe na época, Ann Drinkwater, compreendia a função inestimável de Owen: "Les é melhor do que um *site* da Web. Ele está sempre ajudando outras pessoas a se conectarem. Ele sabe tudo o que acontece."

Empresas colaborativas funcionam em *redes*, aqueles relacionamentos de trabalho informais entre pessoas que ultrapassam as linhas formais de divulgação de informações. Se o organograma formal da empresa mostra como o trabalho é dividido em partes, as redes de contatos revelam a organização informal – como as pessoas realmente trabalham juntas. Boas pontes como Owen são a essência de redes excelentes. E redes excelentes são, por sua vez, uma característica inconfundível da colaboração disciplinada.

Mitos sobre redes de contatos

No entanto, as redes de contatos – ou ideias erradas sobre elas – não raro atrapalham a colaboração disciplinada. Para entender melhor como as redes podem ajudar a colaboração, precisamos primeiro prescindir desses mitos.

É sempre bom fazer networking

Poucas pessoas discordam que o *networking* é benéfico. Poucas dizem: "Puxa, preciso fazer menos *networking*." Mas a ideia de que *networking* é necessariamente uma coisa boa pode nos induzir a ignorar o fato de que as redes de contatos podem às vezes prejudicar o desempenho. Na pesquisa com as equipes de vendas da Sterling, empresa de consultoria mencionada no Capítulo 2, equipes experientes que usavam muitos contatos das redes de relacionamento perderam mais cotações de vendas do que outras.[3] Elas não precisavam dessas interações, porque sua própria experiência era suficiente. Assim, manter e usar essas relações representava uma distração do trabalho de preparação das propostas.

Quanto mais, melhor

Muitas pessoas pensam que quanto mais contatos tiverem, melhor. Elas consideram como *networker* dos sonhos aquele usuário que conhece muita gente. Essa crença tem raízes profundas.[4] Em seu livro influente, *O ponto da virada*, Malcolm Gladwell identifica Roger Horchow, homem de negócios e produtor musical de Dallas, um *networker* extraordinário: "Ele mantém no computador uma lista de 1.600 nomes e endereços e, em cada verbete, há uma nota descrevendo as circunstâncias em que ele conheceu a pessoa."[5] Gladwell baseia-se nisso para afirmar que "a primeira – e mais evidente –" razão pela qual pessoas como Horchow são especialistas em se relacionar é que elas "conhecem muita gente".[6]

Com o devido respeito a Gladwell, crenças como essa são equivocadas. Pesquisas revelam que "quanto mais, melhor" não produz, necessariamente, os melhores resultados, pelo menos não quando se trata de fazer *networking* nos negócios. Por quê? Porque *networking* é caro. É preciso tempo e trabalho para cultivar relacionamentos. Em minha pesquisa na Hewlett-Packard nos anos 1990 (mencionada no Capítulo 3), equipes de desenvolvimento de produtos que tinham muitos contatos demoravam 20% mais para concluir projetos do que aquelas que tinham poucos. Os membros da equipe gastavam tempo interagindo com outras pessoas, prejudicando a conclusão do próprio trabalho.[7] Para que as redes de contatos sejam valiosas, os benefícios precisam ser maiores do que os custos. Montar um Rolodex abarrotado realmente prejudica o desempenho.

O sucesso pertence aos que têm talento social

O pensamento convencional afirma que *networkers* notáveis têm talento social. Eles são charmosos, extrovertidos, têm boa aparência, carisma e habilidades sociais. Contam boas piadas, deixam as pessoas à vontade e são o centro das atenções nos jantares. Eles estão mais para Bill Clinton do que para Al Gore; mais para Tony Blair do que para Gordon Brown; mais para Ronald Reagan do que para Bob Dole; mais para Andre Agassi do que para Roger Federer.

Vivi Nevo é um homem desse tipo. De acordo com um artigo do *New York Times,* apropriadamente chamado "A Media Powerhouse Everyone and Nobody Knows", Nevo, de 43 anos, é um *networker* extraordinário no mundo de investimentos nos meios de comunicação.[8] Tendo nascido em Israel e herdado algum dinheiro de família, Nevo fixou-se em Nova York e transformou sua modesta herança em uma fortuna considerável, através de investimentos inteligentes em empresas de mídia e internet durante a década de 1990. Sua habilidade e charme espantosos em fazer *networking* o ajudaram a criar relacionamentos com pessoas importantes e a obter ideias sobre oportunidades de investimento. Noivo de Zhang Ziyi, celebridade do cinema chinês, mais conhecida por seu papel em *O Tigre e o Dragão,* Nevo circula com milionários e artistas nos Hamptons, passa férias no veleiro de Rupert Murdoch, compareceu ao casamento de Madonna e frequenta o refúgio de Bob Allen, em Sun Valley – o quem é quem do mundo das comunicações. Lá, seu charme conquista a todos. Bob Packer, banqueiro de investimento do Goldman Sachs, qualifica Nevo como "um homem amável, formidável e leal". Richard Parsons, chairman e ex-CEO da Time Warner, recorda-se de ter conhecido Nevo na lagoa de patos, em Sun Valley. "Bem ao estilo Vivi Nevo", Parsons relata, "nós logo ficamos ótimos amigos". Quando John Thornton, presidente do Goldman Sachs, terminou sua apresentação da oferta pública de ações do banco em 1999, em Los Angeles, ele se sentou, por acaso, ao lado de Nevo. "Começamos a conversar e desenvolvemos um bom relacionamento naquela hora", relata ele.

Quantas pessoas conseguem comparecer a uma lagoa de patos em Sun Valley, ou a uma apresentação em Los Angeles, e estabelecer duradouras ligações com o chairman da Time Warner e o presidente do Goldman Sachs? Não muitas. A maioria de nós não é como Nevo, e presumimos que fazer um *networking* notável é para quem tem talento social.

Mas eis a realidade: para cada Vivi Nevo, há dezenas de *networkers* incríveis que não têm nada do seu charme ou de seu estilo de vida glamouroso. Pesquisas revelam que traços de personalidade relacionados a ter talento social, como, por exemplo, ser extrovertido, não determinam se as pessoas são *networkers* eficazes.[9] Pessoas que formam uma boa rede de contatos podem ser encontradas em todo lugar – elas podem ser introvertidas ou extrovertidas, tímidas ou comunicativas, inseguras ou metidas.

Networking *é uma arte*

O último mito é que *networking* é uma arte, não uma ciência. Esse mito reflete a crença de que as redes de contatos são ocultas e se expandem à medida que os funcionários trabalham juntos, em vez de serem resultado de planejamento. Em consequência, as pessoas creem que as redes de contatos pertencem ao âmbito de vida da empresa, que não podem ser definidas, medidas em números e modificadas.

Avanços recentes na ciência social das redes de contatos mudaram essa premissa. Pesquisadores começaram a mensurar e analisar redes em empresas tanto quanto médicos usam raios X para ver fraturas. Novos mapas de redes de contatos mostram elos fortes e lacunas. Isso significa que podemos determinar com alguma precisão o aspecto das redes e como melhorá-las. Com auxílio da ciência social, as redes de contatos podem não apenas ser mensuradas, mas também ser mais bem gerenciadas.[10]

Agora que temos sólido embasamento acadêmico, esses mitos sobre *networking* precisam dar lugar à realidade. Muito pouco *networking* condena as empresas, mas o excesso também – as pessoas ficam sufocadas, porque gastam muito tempo e se distraem. Assim, precisamos de um conjunto de regras baseado no princípio de que profissionais precisam limitar o *networking* indiscriminado e formar redes ágeis, baseadas em resultados. Aliás, os princípios das redes seguem os princípios da colaboração disciplinada: o objetivo do *networking* não é fazer *networking*, mas alcançar melhores resultados.

Identifique as oportunidades, depois agarre-as

Para líderes que exigem colaboração disciplinada, a primeira pergunta é: "Para que servem as redes de contatos?" Pesquisas revelam que as redes de contatos propiciam dois benefícios fundamentais. Primeiro, elas ajudam a identificar oportunidades; as pessoas utilizam relações profissionais existentes para encontrar recursos – uma tecnologia, uma ideia, um especialista, um parceiro de colaboração. Segundo, as redes de contatos ajudam a captar valor; as pessoas compreendem os benefícios dos recursos que identificaram.

Esse desafio de identificação e captação está em todo lugar na sociedade: um adolescente precisa primeiro identificar a parceira desejada, depois convencê-la a sair; um bacharel precisa primeiro tomar conhecimento de uma oportunidade de trabalho, depois conseguir o emprego; um empreendedor precisa primeiro encontrar investidores potenciais, depois convencê-los a abrir mão do dinheiro; um engenheiro precisa primeiro identificar quem pode ajudá-lo com um problema técnico, depois trabalhar com esse especialista para transferir o conhecimento; um gerente precisa primeiro encontrar um especialista em marketing, depois convencê-lo a compartilhar seu conhecimento.

Os benefícios das redes de contatos reduzem as barreiras à colaboração. As redes reduzem as quatro barreiras descritas no Capítulo 3, embora em graus diferentes.

- ***Barreira do "não inventado aqui":*** identificar oportunidades exige que as pessoas estejam dispostas a procurá-las. Se elas passarem a maior parte do tempo conversando com colegas dentro de suas próprias unidades, não descobrirão muitas oportunidades em outro lugar. As redes de contatos podem reduzir um pouco essa relutância, porque quem interage com outras pessoas tende a ser mais aberto a informações do mundo externo.
- ***Barreira de busca:*** quando as pessoas se dispuserem a procurar oportunidades, elas precisam estar aptas a fazer a busca com eficiência. As redes de contatos podem ser muito valiosas para ajudar profissionais a realizar melhor uma busca.
- ***Barreira de retenção de informações:*** redes de contatos podem ajudar a superar, de certa forma, a barreira de retenção de informações, porque as pessoas são mais propensas a ajudar quem conhecem.
- ***Barreira de transferência:*** boas redes podem minimizar os problemas de transferência de conhecimento. Bons relacionamentos entre colegas superam a dificuldade de passar adiante conhecimento complexo que outros profissionais precisam para a realização do trabalho.

TABELA 6.1

Seis regras de redes de contatos ajudam a identificar oportunidades e a captar valor

Atividade-chave	Barreira reduzida	Regras de redes de contatos	Efeito
Identificar oportunidades	Não inventado aqui	Regra 1: Crie redes voltadas para fora, não para dentro.	+
	Busca	Regra 2: Crie diversidade, não quantidade. Regra 3: Crie laços frágeis, não fortes. Regra 4: Construa pontes; não use rostos conhecidos.	+++
Captar valor	Retenção de informações	Regra 5: Junte forças para atingir o alvo; não aja sozinho.	+
	Transferência	Regra 6: Crie laços fortes; não confie nos frágeis.	+++

+ + + Efeito excelente   + Efeito bom

Seis regras de redes de contatos

Seis regras de redes de contatos ajudam os usuários a identificar oportunidades e a captar valor (Tabela 6.1). As quatro primeiras ajudam os usuários a identificar oportunidades, e as duas últimas os ajudam a captar valor. As regras ajudam a estabelecer uma rede "apenas suficiente", ao contrário do *networking* indiscriminado.

Regras para identificar oportunidades

Regra 1: Crie redes voltadas para fora, não para dentro

Como vimos no Capítulo 3, algumas pessoas misturam-se principalmente com colegas de suas próprias unidades.[11] Empresas cujos funcionários criam redes de contatos restritas às suas unidades tornam-se repletas de redes insulares; unidades de negócios e operações nacionais tornam-se ilhas, com poucas pontes unindo-as. Para diminuir essa tendência, a primeira regra das redes de contatos – quase uma regra fundamental – é criar conexões com outras partes da empresa.

Veja a empresa europeia de mídia mencionada no Capítulo 2. Sediada em Londres, a empresa publica jornais, revistas, vídeos e livros em oito países, do Reino Unido à Suécia e à Rússia.[12] Quando 200 altos executivos preencheram um questionário de pesquisa, informando com quais operações nacionais e unidades de negócios se comunicavam, revelaram que se comunicavam muito dentro das operações em seus respectivos países, mas raramente entre países (exceto por contatos regulares com a matriz no Reino Unido). A Tabela 6.2 revela que a frequência de comunicação *dentro* do país (mostrada nas células sombreadas) excede em muito àquela com outros países. Por exemplo, a subsidiária francesa não se comunicava com quase ninguém mais. Sua frequência de comunicação variava da baixa pontuação de 0,2 com a região báltica (basicamente sem interação) à modesta pontuação de 1,0 com a matriz no Reino Unido ("uma vez por mês ou menos"). Evidentemente, os altos executivos da empresa precisam

TABELA 6.2

Redes de contatos entre países

Padrões de comunicação transnacional entre executivos de uma empresa europeia de mídia. Os números indicam a frequência de comunicação entre unidades de negócios em uma escala de 0 (nenhuma interação) a 5 (interação diária).

	Áustria	Países Bálticos	França	Reino Unido*	Rússia	Espanha	Suécia	Itália
Áustria	5,0							
Países Bálticos	0,2	3,9						
França	0,6	0,2	2,8					
Reino Unido*	1,9	1,0	1,0	4,1				
Rússia	0,5	0,4	0,5	2,5	5,0			
Espanha	0,4	0,2	0,5	1,5	0,5	4,3		
Suécia	0,4	0,4	0,4	2,2	1,3	0,4	3,9	
Itália	0,4	0,2	0,7	1,7	0,1	0,6	0,5	5,0

*Matriz
Pergunta: Nos últimos 6 meses, com que frequência você interagiu com funcionários em [país]? Escala: 0 = nenhuma interação; 1 = uma vez por mês ou menos; 2 = mais ou menos a cada duas semanas; 3 = cerca de uma vez por semana; 4 = cerca de duas vezes por semana; 5 = interação diária. 150 dos 200 altos executivos responderam a pesquisa. Os números representam a média de respostas e são mostrados simetricamente (isto é, a média de respostas sobre a frequência com que os executivos franceses disseram que se comunicavam com os austríacos é a mesma da frequência com que os austríacos disseram que se comunicavam com os franceses).

promover maior comunicação dos funcionários entre as subsidiárias dos outros países, se quiserem melhor colaboração entre as áreas geográficas (o que era o objetivo).

Porém, quando examinamos a comunicação através de redes de contatos entre as unidades de negócios nesta empresa de mídia, vemos uma história diferente. As redes de contatos são mais voltadas para fora. Como mostra a Tabela 6.3, os funcionários de cada unidade se comunicavam muito entre si (naturalmente), mas funcionários de algumas unidades permaneciam em contato constante com colegas de outras unidades de negócios. Por exemplo, o pessoal de jornais on-line comunicava-se com muita frequência – cerca de uma vez por semana – com o pessoal de televisão e filmes.

Munidos destes dados, os altos executivos podem identificar claramente as lacunas (onde deveriam ser criadas redes voltadas para fora) e onde as lacunas não representam problema (onde não há necessidade de mais interação). Em seguida, eles podem estabelecer maior comunicação onde necessário, tornando as redes mais voltadas para fora.

TABELA 6-3

Redes de contatos transfuncionais

Contatos via rede entre unidades de negócios de uma empresa europeia de mídia. Os números indicam a frequência de comunicação entre as unidades de negócios em uma escala de 0 (nenhuma interação) a 5 (interação diária).

	Jornais impressos	Jornais comerciais	Classificados	Jornais on-line	Editora	Televisão e Filmes
Jornais impressos	3,8					
Jornais comerciais	3,1	3,7				
Classificados	2,0	2,3	3,1			
Jornais on-line	3,2	3,1	2,4	4,0		
Editora	2,1	2,5	2,0	2,8	4,2	
Televisão e filmes	2,6	2,7	1,5	3,0	1,9	3,8

Pergunta: Nos últimos 6 meses, com que frequência você interagiu com funcionários de [unidade de negócios]? Escala: 0 = nenhuma interação; 1 = uma vez por mês ou menos; 2 = mais ou menos a cada duas semanas; 3 = cerca de uma vez por semana; 4 = cerca de duas vezes por semana; 5 = interação diária.

Os dados também mostram onde as pessoas praticam colaboração indisciplinada – onde se intercomunicam em excesso. Se fizerem muitos contatos fora de suas unidades e muito poucos dentro delas, os profissionais tendem a tornar-se borboletas, saindo constantemente e participando de reuniões com pessoas em outras partes da empresa. Alguns se dão muito bem nessa situação. Mas, em algum momento, a situação muda, e eles perdem as relações e a comunicação dentro de sua unidade, prejudicando o próprio trabalho. *Networkers* excelentes – aqueles que praticam a gestão-T – buscam o equilíbrio.

Regra 2: Crie diversidade, não quantidade

Pesquisas revelam que não é a quantidade – o número de contatos mantidos por uma pessoa – o que importa; ao contrário, é a *diversidade de relações* – o número de diferentes tipos de pessoas, unidades, experiência, tecnologia e pontos de vista – que os usuários podem acessar através de suas redes.[13]

Veja como isso funcionava na Hewlett-Packard nos anos 1990. Desde que a HP criou um oscilador que foi usado no filme *Fantasia*, de Walt

Disney, a empresa desenvolveu muitos instrumentos de medição ao longo dos anos (essa linha de negócios foi posteriormente transformada em uma empresa independente – Agilent – em 1999). Em meados da década de 1990, cerca de 41 unidades já haviam surgido em lugares como Califórnia, Colorado, New Jersey, Alemanha, França e Japão). As unidades abrigavam peritos em diferentes tecnologias de medição, como processamento de sinais digitais, ressonância do cristal de quartzo e conversão analógico-digital. Ao todo, 22 tecnologias estavam distribuídas entre as 41 unidades de negócios.[14]

Este cenário oferecia algumas ótimas oportunidades de colaboração: engenheiros podiam desenvolver novos produtos ao combinar tecnologias diferentes de unidades de negócios diferentes. Por exemplo, na unidade de instrumentos de micro-ondas, em Santa Rosa, Califórnia, uma equipe de projeto conseguiu usar relacionamentos da unidade de analisadores vetoriais de sinais, em Lake Stevens, Washington, para ter acesso à competência técnica em design digital de alta velocidade. Essa cadeia contribuiu com 50% do software necessário e salvou o projeto de anos de trabalho de oito pessoas.

Quando analisei a rede de contatos entre as 41 unidades de negócios, como parte de minha tese de doutoramento na Universidade de Stanford, meu primeiro pensamento foi: as unidades com maior número de relacionamentos criariam recombinações melhores, porque conheciam mais gente. Então inseri os dados em meu computador e procurei prova estatística, mas não apareceu nada. A hipótese estava errada. O que importava era a diversidade: as unidades de negócios que exploravam muitas tecnologias *diferentes*, através de suas redes, saíram-se melhor. O segredo não é ter muitas ligações, mas ter as ligações certas, que tenham acesso a diversas tecnologias. Essa diversidade de redes de contatos levou à inovação de produtos mais rápida e criativa.[15]

A diferença entre as unidades de negócios de Edmonton e Melbourne ilustra essa afirmação (Tabela 6.4). Cada unidade tinha contatos com apenas três outras unidades de negócios. No caso de Edmonton, esses três contatos possibilitavam acesso a 11 tecnologias diferentes. Em contraposição, Melbourne tinha acesso a apenas cinco tecnologias diferentes através de seus três contatos. Edmonton e Melbourne tinham uma rede do mesmo

TABELA 6.4

Tamanho e diversidade de redes de contatos em duas unidades de negócios da Hewlett-Packard

Unidade de negócios	Tamanho da rede Número de contatos com outras unidades (Max = 40)	Diversidade da rede Número de tecnologias *diferentes* acessadas por esses contatos (Max = 22)	Quociente Número de contatos (quanto mais alto, melhor)
Edmonton, Canadá	3	11	3,7
Melbourne, Austrália	3	5	1,7

Dados baseados em minha tese de doutoramento, na Universidade de Stanford, e coletados em 1995, quando o setor de instrumentação eletrônica ainda fazia parte da Hewlett-Packard (hoje faz parte da Agilent). Ver "Knowledge Integration in Organizations", de Morten Hansen, tese de doutoramento não publicada, Graduate School of Business, Universidade de Stanford, 1996.

tamanho (três contatos) e, no entanto, a diversidade de tecnologias que cada uma podia acessar diferia muito (11 contra 5).

Para criar diversidade nas redes, os gerentes primeiro precisam decidir quais fatores são importantes. Para os engenheiros do setor de equipamentos eletrônicos de medição da HP, ter acesso a tecnologias diferentes era importante. Eis uma lista de fatores a serem levados em conta:

- Contatos com diferentes grupos de pessoas (que não se comunicam entre os grupos)[16]
- Contatos com diferentes tecnologias
- Contatos com diferentes tipos de especialistas
- Contatos com diferentes tipos de clientes
- Contatos com diferentes tendências de consumo
- Contatos com colegas de diferentes idades (idosos e jovens)
- Contatos com colegas com diferentes tempos de casa (novos e veteranos)
- Contatos com colegas de gêneros diferentes
- Contatos com pessoas de diferentes nacionalidades e etnias
- Contatos com diferentes estilos (pessoas de terno, de corte de cabelo moicano)
- Contatos com diferentes instalações de produção
- Contatos com diferentes escritórios de vendas
- Contatos com diferentes operações nacionais

A regra é simples: quando investir em novos relacionamentos profissionais, é necessário perguntar: "Que diversidade adicional este novo contato me traz?" A colaboração disciplinada significa acrescentar contatos que tragam mais diversidade à sua rede.

Regra 3: Crie laços frágeis, não fortes

Fiz o curso secundário em Oslo, na Noruega, onde eu tinha um amigo, Arne, que parecia conhecer todo mundo. Os alunos andavam em grupos de mais ou menos 15, que organizavam festas nas sextas-feiras à noite na casa de alguém quando os pais estavam viajando. Havia duas ou três festas por semana, e o segredo era saber quem estava dando a festa e o local. Arne sempre sabia. E eu sempre me perguntava como. Repensando, hoje percebo que ele tinha laços frágeis com uma série de alunos; ele os conhecia ligeiramente, de conversar uma vez por semana ou a cada duas semanas. Eles não eram amigos íntimos, nem estranhos. Como eram *relações frágeis* (esporádicas e não íntimas), ele conseguia manter muitas delas, talvez cinquenta. Informações sobre os locais das festas eram passadas a ele por meio dessas relações.

Instintivamente, pensaríamos que amigos íntimos – *laços fortes* – seriam mais úteis para nós, porque os conhecemos bem e falamos sempre com eles. Mas as pesquisas mostram que laços frágeis podem ser muito mais úteis nas redes de contatos, porque constroem pontes para mundos em que não penetramos.[17] Laços estreitos, por outro lado, tendem a ser de mundos que já conhecemos; um bom amigo geralmente conhece muitas das mesmas pessoas e coisas que conhecemos. Eles não são os mais indicados quanto se trata de procurar novos empregos, ideias, especialistas e conhecimento.

Os laços frágeis também são bons porque tomam menos tempo. Consome menos tempo conversar com alguém uma vez por mês (uma ligação frágil) do que duas vezes por semana (ligação forte). As pessoas conseguem manter muitos laços frágeis sem que isso seja um fardo.

Por essas razões, devem-se criar redes repletas de laços frágeis, que são especialmente bons para identificar oportunidades. Eles permitem que as pessoas tenham contatos em vários grupos, saibam o que está acontecendo e quem pode ajudar. No setor de equipamentos eletrônicos de medição da Hewlett-Packard, por exemplo, as equipes de projeto com laços mais frágeis gastavam menos tempo tentando encontrar tecnologias úteis. Elas gastavam 50% do tempo que equipes estreitamente ligadas gastavam para obter a mesma quantidade de know-how técnico.[18]

Regra 4: Construa pontes; não use rostos conhecidos

As pessoas devem usar *pontes* quando fazem *networking*, e os gerentes precisam construir pontes nas redes de contatos empresariais. Les Owen, da BP, é uma ponte. Meu amigo Arne, com todas as suas relações frágeis no colegial, era uma ponte. As pontes têm uma posição privilegiada, em razão de suas redes de contatos que ajudam outras pessoas a encontrar o que precisam. Elas encaminham as consultas. Elas são utilizadas em virtude de *quem* conhecem, não do *que* sabem.

Muitos não são boas pontes (na verdade, algumas pessoas são pontes para lugar nenhum). A maioria de nós consulta colegas, que são conhecidos e próximos a nós – aqueles com quem conversamos nos corredores ("Ei, estou procurando proteção contra raios para instalações de extração, você sabe quem conhece isso?"). Perguntamos aos colegas, aos nossos chefes, aos nossos subordinados diretos, aos nossos assistentes e aos nossos amigos do escritório. O problema é que esses rostos conhecidos, assim como nós, não têm a mínima ideia de onde encontrar proteção contra raios para usinas de extração.

Pesquisas revelam que as pessoas geralmente mantêm-se fiéis aos conhecidos. Nós temos uma vontade muito forte de nos misturar com pessoas que são como nós – cada qual com seu igual.[19] Esse desejo de ficar com o que nos é familiar estende-se a buscas. Em uma pesquisa, perguntaram a 400 consultores de uma grande empresa de consultoria de gestão quem eles contatariam como ponte para encontrar um especialista sobre um tema específico como "preços de transferência".[20] Altos executivos – sócios – não raro sabiam quem eram os especialistas ou, pelo menos, indicavam uma verdadeira ponte como Les Owen. Mas o interessante é a maneira como os funcionários de escalão inferior reagiram. Poderíamos pensar que eles indicariam alguém bem-relacionado ou do alto escalão, porque, supostamente, esses contatos seriam os mais úteis. Mas não: eles escolheram colegas como eles – funcionários do mesmo nível hierárquico que eram igualmente ruins em localizar um perito.

Bom *networking* significa saber quem são as pontes verdadeiras e usá-las. Quem são boas pontes? Veja Les Owen. Ele trabalha na BP há 26 anos, já ocupou vários cargos em várias partes do mundo. Em consequência, sua rede de contatos tem enorme abrangência, e ele sempre sabe algo sobre muitos assuntos – não o suficiente para ser especialista, mas o bastante para saber quem pode ser. Para descobrir pontes, procure funcionários antigos que trabalharam em várias áreas da empresa e que conhecem uma vasta gama de assuntos.

Líderes que criam redes de contatos eficientes em toda a empresa asseguram que haja pessoas suficientes desempenhando a função de ponte. Ter poucos contatos entre as unidades indica manter uma rede frágil que corre o risco de se desintegrar. Por exemplo, no exercício de mapeamento das redes de contatos entre os 200 altos executivos da empresa europeia de mídia já mencionada, os resultados mostraram que muito poucos eram pontes.

- Apenas sete executivos tinham interações frequentes com as oito operações nacionais.
- Apenas 12 executivos tinham relacionamento frequente com todas as 6 áreas de negócios.
- Só uma pessoa tinha relacionamento frequente com todas as operações nacionais *e* unidades de negócios.

Se essas pessoas deixassem a empresa, restariam poucas pontes. É evidente que os líderes da empresa precisam criar novas pontes. Para desenvolvê-las, eles precisam primeiro identificar as pessoas que poderiam ser boas pontes na empresa – sócios principais – (no caso da empresa de consultoria), e engenheiros veteranos que já trabalharam em várias operações da empresa no mundo (no caso da BP). Em seguida, os executivos devem criar espaço para que algumas dessas pessoas desempenhem a função de ponte. Na BP, Ann Drinkwater, a chefe de Les Owen, garantiu informalmente que ele tivesse tempo para atuar como ponte: "Quando definíamos a alocação do trabalho, eu tomava o cuidado de não preencher 100% de seu tempo."[21] Líderes também podem ampliar programas de rodízio de funções em todas as unidades da empresa. Profissionais que passam por diferentes áreas da empresa geralmente tornam-se pontes excelentes, porque desenvolvem bons contatos em cada unidade em que trabalham.[22]

Regras para captar valor

Regra 5: Junte forças para atingir o alvo; não aja sozinho

Numa sexta-feira à noite de muita neve e frio intenso, durante meu penúltimo ano do colegial, me aproximei da entrada de uma casa em um bairro residencial de Oslo, na esperança de conseguir entrar em uma festa. Eu e mais dois amigos soubéramos da festa através de Arne, o meu amigo com tantas relações frágeis. Eu estava ansioso para entrar, porque uma bonita garota norueguesa em que eu estava interessado estava na festa. Nós tocamos a campainha, e o organizador da festa abriu a porta. Infelizmente, não o conhecíamos pessoalmente, e ele não nos deixou entrar. Eu mencionei o nome de Arne, mas isso não bastou (e ele não estava lá para ajudar). Nós tivemos de dar meia-volta, de cabeça baixa, sem muito o que fazer (e sem encontro). Fizéramos uma busca bem-sucedida pela casa certa, mas não conseguíramos aproveitar a oportunidade.

O que deu errado? Nós não tínhamos uma rede de amigos ou influência para usar na conquista do objetivo. Nós fomos sozinhos; Arne não mencionou meu nome para o anfitrião com antecedência; ele não estava lá para me apresentar; e não havia ninguém na porta que conhecesse a mim e ao anfitrião – uma terceira pessoa que pudesse influenciar o dono da casa. Além disso, Arne não conhecia o anfitrião muito bem; afinal, eles tinham uma relação frágil.

Talvez seja um exemplo idiota, mas ele ilustra um princípio importante das redes de contatos: se você achar que o alvo identificado numa busca talvez não seja acessível, você precisa contar com a ajuda de outras pessoas para convencê-lo – antes da hora. Você precisa *juntar forças para atingir o alvo* através de influenciadores – pessoas que estão em posição de influenciar o alvo a favor de seu pedido.²³

Malcolm Gladwell conta a história de como Roger Horchow conseguiu os direitos de reprisar o musical de George Gershwin, *Girl Crazy*, com o título de *Crazy for You*. Nesse caso, não foi um problema de busca, porque Horchow sabia quem detinha os direitos – Lee Gershwin.

> Almocei com um homem chamado Leopold Godowsky, que é filho de Frances Gershwin, irmã de George Gershwin... Então eles disseram: "Ora, por que vamos lhe ceder os direitos de *Girl Crazy*?" Então comecei a desencavar algumas coincidências. "Sua tia, Emily Paley. Estive na casa dela..." Fui puxando todos os pequenos elos.
>
> Depois fomos todos para Hollywood e passamos pela casa da Sra. Lee Gershwin. Eu disse: "Estou muito feliz em conhecê-la. Conheci sua irmã..." Ah, e também recorri à minha amiga de Los Angeles, Mildred Knopf. Seu marido era Edwin Knopf... Ora, acontece que Edwin Knopf era o melhor amigo de George Gershwin... Mencionamos que tínhamos acabado de estar com Mildred Knopf. Ela disse: "Vocês a conhecem? Ah, como não nos encontramos antes?" Imediatamente ela nos cedeu os direitos.²⁴

Isso não significa mencionar nomes de pessoas famosas como se fossem amigas, mas sim recorrer a elos comuns. Mildred Knopf é um elo comum porque ela conhecia Horchow e Lee Gershwin. Horchow valeu-se de suas relações com Emily Paley e Mildred Knopf para cercar Lee Gershwin de contatos comuns a fim de influenciá-la.

Citar nomes de contatos comuns é a tática de abordagem em grupo mais leve. Uma mais contundente é conseguir que contatos comuns trabalhem a seu favor – se, digamos, Mildred Knopf tivesse visitado Lee Gershwin para interceder por Roger Horchow. Em uma empresa, juntar forças para atingir alvos também envolve mobilizar chefes para que façam as pessoas colaborarem: Jim fala com seu chefe, que fala com o chefe de Janet, e Janet torna-se rapidamente muito mais colaborativa com Jim.²⁵

As técnicas de abordagem em grupo fazem parte de um conjunto mais genérico de táticas de influência que gerentes precisam usar para conseguir a cooperação de outras pessoas.[26] Quando trabalham em todas as áreas da empresa, as pessoas também podem influenciar as demais apelando para o bem comum ("Nós trabalhamos para a mesma empresa") e evocando reciprocidade ("Se você me ajudar, eu o ajudarei"). Todas essas táticas asseguram a cooperação de pessoas que não pertencem à mesma unidade organizacional que você e sobre as quais você não tem autoridade formal.

Regra 6: Crie laços fortes; não confie nos frágeis

Sun Ho, engenheiro que trabalha num projeto de software em uma empresa de equipamentos com escritório na Califórnia, não media palavras: "A verdade é que nossos engenheiros americanos recém-contratados não querem mais trabalhar com a equipe indiana", Ho disse para o chefe, Howard Chang, em uma reunião. "Eles me disseram que preferem trabalhar com gente do mesmo lugar e que não confiam nos indianos."

Howard Chang acabara de assumir como chefe de projeto de um software importante com o nome-código Shield.[27] O projeto inovador envolvia tecnologia sofisticada e exigia muita criatividade e habilidades para a solução de problemas. A equipe era virtual e, por isso, um grupo de engenheiros trabalhava no laboratório da empresa em Los Angeles e outro grupo, em Bangalore, na Índia.

Alarmado pelo comentário de Ho, Chang convocou uma reunião no laboratório de Los Angeles, apenas para ouvir a mesma coisa. Disse um engenheiro sobre seus colegas indianos: "Eles estão a 14.500km de distância, e há uma diferença de fuso horário de 12 horas. E, francamente, não sei o que se passa na cabeça deles. Se eles me enviarem um documento de 20 páginas, pode ser que eu esteja muito ocupado e não tenha paciência de ler."

Enquanto Chang ouvia, ele se deu conta da realidade. Era uma enorme confusão. Os grupos de Los Angeles e Bangalore precisavam trabalhar juntos numa tecnologia complexa que exigia muitas interações. Querendo ouvir o que o outro lado tinha a dizer, Chang tomou um avião para Bangalore, para se reunir com os 13 engenheiros que trabalhavam no Shield.

As queixas também foram muitas. O primeiro desenvolvedor reclamou: "A maior dificuldade em trabalhar com a equipe americana é a demora de resposta. A falta de respostas rápidas e esclarecimentos impedem a colaboração." Chang ficou indignado ao saber que os indianos estavam distanciados da equipe do Shield em Los Angeles. Havia uma enorme falha na colaboração.

O que acontecera? A equipe de projeto caíra na armadilha clássica: estranhos de países diferentes começaram a trabalhar juntos em uma equipe virtual, e logo começaram a experimentar problemas de colaboração.[28]

Pior, seu trabalho não era do tipo trivial, mas envolvia tecnologias complexas e novas, que não eram bem-conhecidas. Envolvia conhecimento tácito e complexo – difícil de expressar oralmente e por escrito. Conforme vimos no Capítulo 3, relações frágeis e conhecimento complexo criam a barreira de transferência.

A equipe do Shield viu-se com o que chamo de coquetel Molotov explodindo em seu meio – a combinação letal de mal conhecer uns aos outros *e* a troca de conhecimento complexo.[29]

> Coquetel Molotov = relações frágeis x conhecimento complexo

A regra de redes de contatos para resolver esse problema é criar laços fortes entre os membros da equipe:

> Transferência mais fácil = relações fortes x conhecimento complexo

Na pesquisa da Hewlett-Packard que realizei nos anos 1990, as equipes de desenvolvimento de produtos que mantinham relações estreitas conseguiam evitar a explosão do coquetel Molotov e transferiam tecnologia com facilidade.[30]

Fazer as pessoas se conhecerem em pouco tempo parece difícil, mas é mais fácil do que se imagina. Constatei que equipes de pessoas estranhas podem, com trabalho intenso de formação de equipe, desenvolver laços suficientemente fortes e apresentar bom desempenho. Às vezes faço isso em cursos de formação de executivos, com resultados excelentes.

Em um desses cursos no INSEAD, na França, 28 executivos foram divididos em cinco equipes para examinar importante problema empresarial e apresentar recomendações ao CEO e ao conselho diretor, portanto a responsabilidade era grande. Intencionalmente, nós bagunçamos as equipes, que incluíam profissionais de diferentes unidades da empresa e que não se conheciam. Em seguida, para criar laços fortes entre eles, levamos as equipes para a floresta de Fontainebleau, nos arredores de Paris – o imperador Napoleão costumava caçar javalis ali –, para uma tarde de exercícios que exigiam que eles trabalhassem juntos.

Uma das equipes teve um início difícil. Logo que conheci os seis executivos de mente aberta e independente que não se conheciam, pensei: "Ai meu Deus, esta vai ser uma equipe cheia de conflitos." Eles eram seis "mini-Napoleões", tentando trabalhar em uma equipe transfuncional. Como esperado, eles entraram em conflito na floresta. Embora todos os exercícios tivessem de ser feitos em grupo, cada executivo tentou encontrar a solução sozinho. Depois que os membros da equipe trabalharam duro na floresta durante três horas, um conselheiro os inquiriu. Muitos conflitos vieram à tona, com um vociferando contra o outro: "Eu não gostei de você tentar sempre fazer as coisas do seu jeito!" No dia seguinte, a equipe trabalhou com um conselheiro de executivos o tempo todo, discutindo seus estilos individuais e a maneira como viam o trabalho em equipe. Embora tivessem passado apenas um dia e meio juntos, os integrantes da equipe começaram a se conhecer, expuseram conflitos e definiram um método de trabalho conjunto. Eles desenvolveram confiança.

Dois meses depois, quando encontrei a equipe durante uma de suas reuniões, fiquei surpreso ao ver como ela funcionava bem – muito diferente daquele dia na floresta. No final, os executivos conseguiram desenvolver uma cultura de equipe única. Um deles me disse: "Nós realmente nos aproximamos como equipe, por causa do esforço que fizemos para conhecer uns aos outros."

Gerentes precisam agir rigorosamente quando virem uma situação que envolve laços fracos transfuncionais e conhecimento complexo. Eles precisam criar laços fortes de imediato, reunindo a equipe transfuncional, no início do projeto, em um local durante alguns dias e desenvolvendo uma cultura de equipe única.[31]

Crie redes de contatos em toda a empresa

Cumprir as seis regras das redes de contatos permite aos líderes criar redes ágeis e eficazes que não desperdiçam o tempo das pessoas. Essas redes seguem o princípio de colaboração disciplinada. As regras ajudam os usuários a identificar oportunidades e captar o valor dessas mesmas oportunidades:

Rede de contatos ágil = identificar oportunidades x captar valor

- Voltadas para fora
- Diversificadas
- Muitas relações frágeis
- Muitas pontes

- União de forças para atingir o alvo
- Troca por relações fortes

Profissionais podem usar essas regras para melhorar suas próprias redes. Porém, isso não é suficiente. Este livro gira em torno da criação de organizações colaborativas, não apenas pessoas colaborativas (Tabela 6.5). Líderes podem aplicar essas regras à empresa, perguntando: "Como empresa, nós nos saímos bem em relação a essas regras?" Três medidas ajudam.

Mapeie a rede de contatos

Se um passarinho voando alto olhasse para baixo, para o grande número de conexões entre os funcionários de sua empresa, o que ele veria? Ele veria um mapa de ilhas com muito poucas conexões entre elas, ou veria um bom número de conexões? Para ter uma visão panorâmica de suas redes de contatos, os líderes precisam primeiro elaborar um mapa de redes. Um mapa de redes transfuncionais compreende todas as relações informais que ligam as unidades. Você poderá identificar essas relações ao fazer um levantamento das redes de contatos com o auxílio do pessoal da empresa.[32] A soma de suas respostas mostrará onde há muitas interações transfuncionais e onde há poucas ou nenhuma.

TABELA 6.5

Como as regras se aplicam a redes individuais e empresariais

Princípio	Rede de contatos individual (ligações com colegas de outras unidades)	Rede de contatos corporativa (relações entre todas as unidades)
1. Crie redes voltadas para fora.	Estabeleça relações com outras unidades. • Critério de avaliação: percentual de todas as suas relações com pessoas fora de sua unidade	Ligue pares de unidades. • Critério de avaliação: número de pares de unidades com boas relações
2. Crie diversidade.	Crie relações de tipos *diferentes*. • Critério de avaliação: número de *diferentes* ideias, habilidades, tecnologias, experiências, escritórios etc. a que você tem acesso através de sua rede de contatos	Estabeleça conexão entre unidades *diferentes*. • Critério de avaliação: número de diferentes tipos de unidades, ideias, habilidades, experiências etc. que estão conectadas
3. Estabeleça relações frágeis.	Estabeleça muitas relações frágeis. • Critério de avaliação: percentual de contatos de sua rede que são superficiais	Incentive os funcionários a se comunicarem ocasionalmente (com pouca frequência). • Critério de avaliação: percentual de relações transfuncionais frágeis
4. Use pontes.	Descubra as melhores pontes e use-as para fazer buscas. • Critério de avaliação: número de boas pontes que você conhece e usa	Crie muitas pontes por toda parte. • Critério de avaliação: número de funcionários da empresa que são pontes
5. Junte forças para atingir o alvo.	Quando necessário, obtenha ajuda de outras pessoas para convencer o alvo. • Critério de avaliação: número de vezes que você teve sucesso ao juntar forças para atingir o alvo	Oriente os funcionários a recorrer à persuasão informal (união de forças) entre as unidades. • Critério de avaliação: número de vezes que os profissionais não conseguem realizar o trabalho transfuncional
6. Crie relações fortes.	Quando necessário, invista em relações fortes. • Critério de avaliação: número de vezes que você se dedicou de imediato à formação de relações entre equipes transfuncionais	Incentive a dedicação imediata a laços fortes. • Critério de avaliação: número de vezes que equipes transfuncionais falham devido à falta de laços fortes

Avalie as redes de contatos

Como as redes de toda a empresa se situam em relação às seis regras de redes de contatos? A empresa europeia de mídia não pontuou bem em relação a algumas das regras. Veja, por exemplo, a regra número um. Como mostram as tabelas anteriores deste capítulo, havia pouquíssimos elos entre subsidiárias nacionais e alguns bons elos entre unidades de negócios. Embora os líderes soubessem disso por intuição, o mapa das redes de contatos confirmou a suspeita.

Planeje a intervenção

Colaboração disciplinada significa identificar os pontos fracos das redes de contatos de toda a empresa e conceber soluções específicas para cada um. Se o problema for falta de conexões entre unidades isoladas, o melhor será trabalhar na construção de mais pontes (ou seja, iniciando um programa de rodízio de funções); se o problema for falta de diversidade, deve-se promover a socialização de funcionários de diferentes tipos de unidades; se o problema for falta de conexões entre áreas técnicas, o ideal é criar comunidades de prática focadas em áreas técnicas e que envolvam pessoas de toda a empresa, e assim por diante. Essa abordagem é muito diferente de dizer: "Vamos fazer um retiro anual para ajudar nosso pessoal a fazer *networking*." – o que seria uma abordagem forçada que só aumenta custos sem identificar problemas específicos.

Administrar a rede de contatos da empresa deixou de ser uma arte e passou a ser uma ciência: sabemos muito sobre o que faz as redes funcionarem e de que modo elas podem contribuir para a colaboração disciplinada. As redes de contatos são manejáveis: gerentes podem coletar dados delas, acessá-las com base nas regras de redes de contatos e implementar soluções. Líderes que buscam colaboração disciplinada aposentam almoços e retiros anuais inúteis para a formação de redes de contatos e aplicam as seis regras de maneira científica.

Capítulo 6: Pontos principais

Mecanismo 3: Criar redes de contatos ágeis

- Muitos têm crenças equivocadas sobre redes de contatos, como a de que fazer *networking* é sempre bom (na verdade, pode ser ruim); a de que redes de contatos amplas são melhores do que as pequenas (isso nem sempre é verdade, porque fazer *networking* toma tempo); a de que apenas quem tem habilidades sociais faz um bom *networking* (muitas outras pessoas criam boas redes); e a de que *networking* é uma arte, não uma ciência (ele pode ser medido). Essas são crenças perigosas: o *networking* pode fugir ao controle, destruindo resultados.

- As crenças infundadas podem ser substituídas por seis regras de redes de contatos, que introduzem disciplina ao *networking* e formam redes ágeis, não muito amplas. As regras propiciam dois benefícios fundamentais: ajudam as pessoas a identificar oportunidades fora de suas unidades e a capturar o valor dessas oportunidades.

- As seis regras de redes de contatos são especialmente eficientes para reduzir duas barreiras à colaboração – problemas de busca e problemas de transferência. Elas também contribuem com as barreiras do "não inventado aqui" e de retenção de informações, embora de forma limitada.

- Quatro regras de redes de contatos ajudam as pessoas a identificar oportunidades: crie redes voltadas para fora (não para dentro), crie diversidade (não tamanho), crie laços fracos (não fortes) e crie pontes (não use rostos conhecidos).

- Duas regras de redes de contatos ajudam as pessoas a capturar valor: junte forças para atingir o alvo – colegas, outras unidades –, obtendo ajuda de outras pessoas que possam influenciá-lo; crie laços fortes quando a transferência de conhecimento entre unidades envolver conhecimento tácito e complexo.

- Líderes precisam deixar de considerar as redes de contatos da empresa como assunto para as reuniões anuais e passar a analisá-las rigorosamente: mapear, avaliar e intervir nas redes sociais. Fazer *networking* dessa maneira é uma característica inconfundível de colaboração disciplinada.

PARTE III

UM DESAFIO PESSOAL

CAPÍTULO 7

Torne-se um líder colaborativo

EM 31 DE AGOSTO de 2004, dois meses antes da eleição presidencial americana em que George Bush concorria contra John Kerry, Arnold Schwarzenegger subiu ao palco do Madison Square Garden para discursar na convenção republicana. O governador da Califórnia tornara-se um dos líderes políticos mais improváveis dos Estados Unidos. Schwarzenegger, que em 1980 fora campeão do concurso de fisiculturismo Mr. Olympia por sete vezes, reinventara-se como astro de Hollywood, pronunciando, com seu forte sotaque austríaco, a famosa frase "Hasta la vista, baby", em "O exterminador do futuro" 1, 2 e 3. Posteriormente, em 2003, quando a Califórnia realizou uma eleição especial, o exterminador aproveitou a oportunidade para concorrer pelo Partido Republicano. Ele se tornou governador – ou "gobernator" como quase sempre é chamado – da oitava maior economia do mundo.

Agora, na convenção republicana, Schwarzenegger criou um alvoroço. A plateia ficou extasiada, e era evidente que Schwarzenegger gostava de seu novo papel. Durante todo o verão, o "governator" estivera em pé de guerra com seus adversários na Califórnia. O herói solitário lutava com todos os liberais democratas que bloquearam seu orçamento de $103 bilhões para o estado – que conflito para trazer à baila na convenção republicana! Contemplando a plateia de cerca de 5.000 delegados, Schwarzenegger chegou ao ponto alto, com o dedo indicador em riste. Ele trovejou: "Para esses críticos que são tão pessimistas quanto à nossa economia, eu digo, não sejam 'maricas' em relação às nossas finanças!"

O público irrompeu em um grande clamor, em pé e agitando bandeiras com o nome "Arnold!"[1]

Naturalmente, os "maricas" ficaram lívidos. O democrata John Burton, presidente do senado da Califórnia, espumava: "Eu não sei qual é a definição de 'maricas'. É o oposto de homens machos? Não consigo imaginar uma maneira de o homem macho e os maricas darem as mãos ao redor do Capitólio e cantarem 'Kumbaya'."[2] O ambiente em Sacramento, capital do estado da Califórnia, não estava exatamente propício à colaboração.

Como a política na Califórnia regredira a essa situação horrível? Depois que prestou juramento como governador, em novembro de 2003, Schwarzenegger foi elogiado por trabalhar com os democratas. Mas isso não durou muito: em junho de 2004, quando enfrentou resistência para aprovação do orçamento, Schwarzenegger tornou-se grosseiro. Em meados de julho, pôs fim às negociações e saiu em viagem de carro para mobilizar os californianos, chamando os democratas de "maricas" e encorajando os eleitores a exterminá-los no "dia do julgamento", em novembro: "Quero que vocês vão às urnas... Vocês são os exterminadores, sim!"[3] Em um comício no restaurante Cheesecake Factory, em San Diego, Schwarzenegger "estendeu os braços, curvou os ombros e fez uma pose de fisiculturista", incitando a multidão: "Estamos aqui para estimular vocês!"[4]

Os democratas reagiram. "Nós não podemos concluir um orçamento no restaurante Cheesecake Factory. Só podemos concluí-lo aqui", declarou Kevin Murray, da tribuna do senado estadual.[5] O presidente do senado, John Burton, reforçou: "Fiquei um pouco preocupado se Arnold pensou que foi eleito Deus ou eleito governador."[6]

Na época da eleição, em novembro de 2004, os democratas não foram exterminados. Mas a luta partidária piorou ainda mais no ano seguinte. Schwarzenegger alertou que se os democratas não cooperassem com seu programa de governo, ele convocaria uma eleição especial para submeter as propostas diretamente à votação dos eleitores (a lei da Califórnia permite essa medida). E ele fez exatamente isso, colocando quatro propostas em votação em novembro de 2005.[7]

O dia da eleição, em novembro de 2005, foi realmente o dia do julgamento. Desta vez, os eleitores foram os exterminadores – das propostas de Schwarzenegger. Em severo repúdio ao governador, todas as quatro medidas foram cabalmente derrotadas. Sua taxa de aprovação de 60%, em janeiro de 2005, despencara para 33%, em setembro do mesmo ano. Os eleitores abominaram as hostilidades.

O que Arnold deveria fazer agora? Como em "O exterminador do futuro, ele adotou o papel de herói solitário em luta contra os inimigos. Seu estilo autocrático e retórica inflamada envenenaram o ambiente em Sacramento. Uma opção era prosseguir neste caminho e se fortalecer, com mais munição. Mas, em vez disso, Schwarzenegger deu uma guinada de 180 graus: procurou colaborar com os democratas. Depois de sua derrota, ele declarou: "Também reconheço que precisamos de maior colaboração bipartidária... e prometo que farei isso."[8] Em janeiro, confessou: "Pensei muito sobre o ano passado e os erros que cometi... Agora posso dizer que absorvi minha derrota e aprendi minha lição."[9]

A revista *The Economist* escreveu: "Derrotado, o governador se desculpou e ficou bonzinho, como o herói reprogramado de 'O exterminador do futuro 2'."[10] Assim começou a nova fase de liderança colaborativa de Schwarzenegger. Para converter palavras em ações, Schwarzenegger substituiu seu chefe de gabinete republicano pela democrata Susan Kennedy.

Tudo o que Schwarzenegger faz tem um toque peculiar. Ele adora dar umas baforadas num charuto, mas como fumar é proibido em prédios públicos, mandou erguer uma tenda de fumo em estilo beduíno ao lado de fora de seu gabinete, equipada com poltronas e com um ambiente agradável. A tenda acabou sendo um ótimo lugar para o ex-macho man e os maricas se entrosarem, incluindo os dois democratas mais importantes: o presidente do Senado, Don Perata, e o presidente da Câmara dos Representantes, Fabian Núñez. Como escreveu o *Wall Street Journal*: "O governador, de 59 anos, e o presidente da Câmara dos Representantes, de 40 anos, geralmente conversam enquanto fumam charutos na tenda. Em meio a sucessivas críticas de seus respectivos partidos, eles estão lidando com áreas espinhosas, incluindo a reforma do sistema de saúde."[11] Uma vez, enquanto fumavam charutos, o presidente da Câmara Núñez mencionou uma proposta de lei visando a redução das emissões de gases de efeito estufa: "Eu disse ao governador: 'Eis o que quero fazer.'" Os olhos do governador se iluminaram. "Eu sou republicano, mas republicano de Hollywood!"[12]

Os laços pessoais que se estabeleceram entre Schwarzenegger, Núñez e Perata permitiram-lhes descobrir pontos em comum. Foi dessa forma, por exemplo, que eles conseguiram concordar sobre o aumento do salário mínimo dos trabalhadores da Califórnia. Anteriormente, Schwarzenegger vetara, por duas vezes, propostas de aumento do salário acima de $6,75 por hora. Muitos republicanos não queriam o aumento, argumentando que ele prejudicaria as pequenas empresas. Do lado dos democratas, os trabalhadores queriam um grande aumento e reajuste automático atrelado à inflação futura. Em vez de deixar que essas propostas limitadas definissem seu trabalho, Schwarzenegger e os democratas concentraram-se no objetivo maior: conseguir um reajuste razoável para os trabalhadores da Califórnia. Isso impunha algumas concessões. Schwarzenegger concordou com um aumento maior – um aumento de $1,25 por hora –, mas insistiu que ele não fosse indexado à inflação. Os democratas conseguiram um aumento maior, mas cederam no reajuste automático. E, com isso, resolveram o problema juntos.

Os resultados foram impressionantes. Em 2006, Schwarzenegger sancionou leis de aumento do salário mínimo, procurou reduzir as emissões de gases de efeito estufa e destinou rios de dinheiro para melhorar estradas, pontes e escolas.[13] Segundo um jornal, o ano vai ficar na história como "o das mais produtivas sessões legislativas em décadas."[14] Os esforços colaborativos não apenas solucionaram problemas importantes, mas fizeram os índices de aprovação do governador e dos democratas dispararem no final de 2006 (Figura 7.1). Os dois lados saíram ganhando.

À semelhança de Arnold Schwarzenegger, líderes podem mudar seu estilo de liderança de autocrático para colaborativo. Você pode não concordar: "Ele é político, e todos os políticos fazem o que for necessário para que sua vontade prevaleça. Ele não se modificou de verdade." Certo, nós não sabemos se Schwarzenegger realmente se modificou. Ele pode muito bem voltar a dar uma de exterminador na próxima vez que houver uma crise orçamentária. Mas leve dois fatores em consideração: nós sabemos que ele agiu de forma colaborativa em 2006; até seus oponentes reconheceram isso. Também sabemos que sua colaboração causou dois importantes sucessos legislativos raramente vistos na política da Califórnia. Se seu estilo colaborativo é temporário ou permanente, não importa: ele ocorreu, e levou a um desempenho notável.

FIGURA 7.1

Queda e ascensão do governador Arnold Schwarzenegger

Fonte: Public Policy Institute of California, http://www.ppic.org.

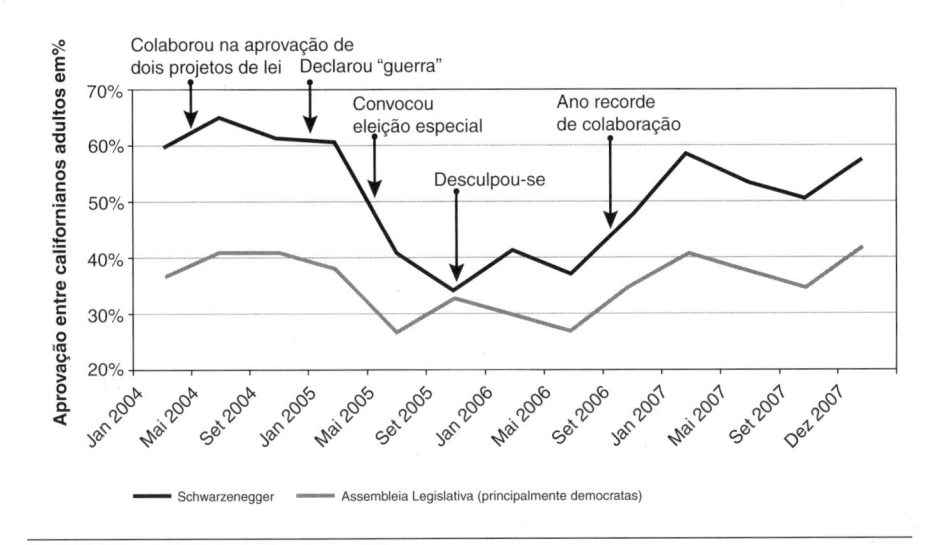

Até agora este livro se concentrou em como líderes podem fomentar colaboração entre os funcionários da organização. Forneci ferramentas que o líder pode empregar, como estabelecer um objetivo comum ou criar um sistema de recursos humanos que estimule a gestão-T. Mas apenas ferramentas não são suficientes. Líderes que implementam a colaboração disciplinada com sucesso também fazem o que pregam – servem como exemplo do estilo de liderança colaborativo. Neste capítulo final, desloco o foco da organização para o líder individual e analiso o que é preciso, no aspecto pessoal, para ser um líder colaborativo. É um desafio pessoal para os líderes mudar não apenas os outros, mas também a si mesmos.

Três comportamentos definem o estilo de liderança colaborativo: redefinir sucesso, envolver outras pessoas e responsabilizar-se (Tabela 7.1). A Figura 7.2 fornece uma ferramenta de avaliação que você pode usar para avaliar a si mesmo ou outras pessoas.[15] Como o estilo de liderança colaborativo dá certo em qualquer organização – empresarial, sem fins lucrativos, governamental ou política –, este último capítulo concentra-se igualmente em líderes políticos, como Schwarzenegger, e em CEOs.

TABELA 7-1

Três comportamentos do estilo de liderança colaborativo

Comportamento	O que significa
Redefinir sucesso: de objetivos pessoais limitados a objetivos maiores	Líderes colaborativos redefinem o sucesso e enfocam objetivos maiores que objetivos pessoais limitados. Buscam consenso, soluções pragmáticas e meio-termo.
Envolver outras pessoas: de processo decisório autocrático para inclusivo	Líderes colaborativos envolvem outras pessoas no processo decisório e demonstram ter mente aberta – a alternativas, a opiniões divergentes, ao diálogo e ao trabalho conjunto.
Ser responsável: de culpar a assumir	Líderes colaborativos responsabilizam-se e exigem responsabilidade dos demaisresponsabilidade

FIGURA 7.2

Você tem um estilo de liderança colaborativo?

Passo 1. Faça uma pesquisa rápida e subjetiva. Escolha uma pessoa para avaliar: você mesmo, seu chefe, seu subordinado ou outra pessoa. Avalie a pessoa segundo seu comportamento e características. Anote um número de 1 (de maneira nenhuma) a 7 (em grande medida) que melhor descreva o avaliado.

Comportamento	Pergunta da pesquisa	Anote de 1 a 7
Redefinir sucesso como a realização de objetivos maiores	1. Você põe seus objetivos em segundo lugar e os objetivos abrangentes da empresa em primeiro?	
	2. Preocupa-se com seus próprios objetivos, em detrimento dos objetivos maiores da empresa?(Anote de 1 a 7, depois subtraia de 8 a nota resultante e anote esse número.)*	8 menos sua nota =
	3. Quando diante de uma situação de discordância, você consegue fazer as pessoas terem uma visão mais global?	
	4. Você é bom em descobrir pontos em comum em pessoas com objetivos e interesses diferentes?	
	A: Total de respostas (soma de 1 a 4):	
Envolver outras pessoas	5. Identifica-se com pessoas de opiniões diferentes?	
	6. Estimula discussões e debates no início do processo?	
	7. Toma decisões sozinho ou invalida as decisões da equipe com frequência? (Anote de 1 a 7, depois subtraia de 8 a nota resultante e anote esse número)*	8 menos sua nota =
	8. Você pensa "Como envolver as pessoas?", em vez de "Direi às pessoas o que fazer"?	
	B: Total de respostas (soma de 5 a 8):	
Assumir a responsabilidade	9. Você assume responsabilidade pelos erros?	
	10. Diz com frequência "Eu sou o responsável"?	
	11. Exige responsabilidade da parte das pessoas?	
	12. Garante que os outros assumam responsabilidade por seus atos?	
	C: Total de respostas (soma de 9 a 12):	
	Nota total (soma de A + B + C):	

*Nas perguntas 2 e 7, se a nota for 5, por exemplo, calcule: 8 − 5 = 3. Anote 3 na coluna à direita.

Passo 2. Compare as notas com uma amostra de 162 executivos de alto desempenho. Registre suas notas e compare-as com uma amostra de executivos que tiveram melhor desempenho do que a metade dos executivos da empresa.**

	Primeiro quartil	Segundo quartil	Mediana	Terceiro quartil	Quarto quartil
1. Redefinir sucesso	4-16	17-19	20	21-23	24-28
2. Envolver outras pessoas	4-13	14-17	18	19-22	23-28
3. Responsabilidade	4-17	18-19	20	21-23	24-28
Nota total	12-49	50-57	58	59-64	65-84
Dedução:	Não é um estilo de liderança colaborativo	Estilo de liderança colaborativo relativamente fraco	Estilo de liderança colaborativo moderado	Estilo de liderança colaborativo muito bom	Estilo de liderança colaborativo excelente

A nota total é a soma das notas de redefinir sucesso, envolver outras pessoas e responsabilidade.
** Observe que esta não é uma amostra aleatória de gerentes. 185 participantes de seis cursos diferentes de formação de executivos foram solicitados a escolher um executivo que conheciam realmente bem e avaliá-lo de acordo com este instrumento. 162 escolheram aquele que teve melhor desempenho do que a metade dos executivos da empresa, o que forma a base desta amostra. Os profissionais avaliados eram altos gerentes de grandes empresas: 15% eram dirigentes de unidades de negócios, 26% eram gerentes funcionais, 48% eram executivos seniores em várias funções e 11% ocupavam outras posições (administração central etc.). A amostra é altamente tendenciosa em termos de gênero (93% de homens, com idade média de 47 anos, com uma média de 15 anos de casa). 90% tinham diploma universitário ou mestrado.

Redefinir sucesso: De objetivos pessoais limitados a objetivos maiores

Quando Arnold Schwarzenegger mudou seu estilo de liderança, em novembro de 2005, uma das primeiras atitudes tomadas foi redefinir sucesso. Anteriormente, quando forçou a aprovação de propostas no referendo, o sucesso definia-se claramente como a realização de *suas* metas. Cada proposta era uma declaração de guerra contra o eleitorado. Em seu novo estilo colaborativo, Schwarzenegger deu menos prioridade à sua própria agenda e concentrou-se em encontrar um denominador comum com os democratas.

Todos os líderes enfrentam o dilema de Schwarzenegger. Você pode promover sobretudo objetivos pessoais limitados, ou pode redefinir sucesso como a realização de objetivos maiores.[16] CEOs podem definir sucesso em termos pessoais – maximizando sua remuneração, status de celebridade e prestígio no cenário mundial – ou podem redefinir sucesso ao perseguir objetivos maiores, como por exemplo voltar o foco para a empresa e não para si mesmos, deixando para trás uma organização forte que continuaria prosperando quando eles tivessem ido embora.

A menos que você trabalhe na área de varejo, talvez nunca tenha ouvido falar de Robert Ulrich. Mas é provável que conheça a empresa que ele comanda há 14 anos – a Target, cadeia de lojas de varejo com sede em Minneapolis. Sob sua administração desde 1994, as vendas da Target aumentaram 197%, alcançando $63 bilhões em 2007. O preço das ações cresceu 750% durante o mesmo período.[17] Esses números são ainda mais impressionantes quando você leva em conta o concorrente: Wal-Mart.

Ulrich fez carreira no varejo no Meio-Oeste. Ele encantou-se com o varejo desde a época em que iniciou como estagiário de merchandising na loja de departamentos Dayton, em 1967. Progrediu rapidamente na Dayton Hudson (antecessora da Target) e acabou tornando-se CEO em 1994. Conhecido por relaxar com uma cerveja gelada e um jogo de pôquer com amigos, Ulrich exala a discrição do Meio-Oeste.[18]

Emblemático homem de empresa, Ulrich gosta de passar despercebido. E também ajuda o fato de a matriz ser em Minneapolis, longe dos movimentados circuitos de mídia de Nova York e Londres. E ele faz sua parte para permanecer recluso. Foi só depois de março de 2008, quando a *Fortune* conseguiu fazer uma matéria de capa sobre a Target, que a empresa ou Ulrich abrilhantou a capa de uma importante revista de negócios, algo raro para uma empresa de seu tamanho. Em 2003, Ulrich compareceu à reunião anual de acionistas da Target, leu comentários preparados para a ocasião e desapareceu por trás das cortinas sem responder uma única pergunta. Isso lhe valeu o prêmio Framboesa pelo "pior comportamento em reuniões anuais", concedido por um grupo de defesa dos acionistas.[19] Mas o fato não o perturbou. E Ulrich não é do tipo de incentivar o culto à personalidade dentro da empresa: quando ele anda pelas lojas Target, duas vezes por mês, seus próprios funcionários muitas vezes não o reconhecem. Um ex-executivo da Target o apelidou de "Sam Walton silencioso", referindo-se ao icônico fundador da Wal-Mart.[20]

Ser avesso à publicidade não significa que um líder está colocando os interesses da empresa em primeiro lugar. Mas, no caso de Ulrich, as duas coisas estão relacionadas. Em 1993, quando seus pares o elegeram Discounter of the Year, Ulrich disse a um jornalista: "Adoro este trabalho, adoro esta empresa. Meus objetivos pessoais estão muito ligados à Target."[21] Anne Mulcahy, CEO da Xerox, conhece Ulrich há muito tempo e é membro do conselho de administração da Target. Descrevendo-o, bem como o sucessor que está sendo preparado para substituí-lo, ela comenta: "A ambição deles resume-se na empresa, e não neles como pessoas." Em 2008, quando um repórter da *Fortune* cometeu o erro de enfocar demais a personalidade, perguntando a Ulrich como seu sucessor diferia dele, o jornalista comentou: "O recinto ficou em silêncio, seus lábios se estreitaram. Os braços cruzados. 'A questão não sou eu', disse ele. Pausa longa e constrangedora. 'Ficamos um pouco nervosos quando falamos muito sobre {nós mesmos}'."[22]

Talvez a característica mais marcante seja a opinião de Ulrich sobre o quanto a empresa depende dele. Afinal de contas, não é um grande reconhecimento ao nosso talento se a empresa fracassa depois que o líder sai? "Sei que há algumas pessoas que têm o conceito distorcido de que não conseguem passar sem mim", diz Ulrich, "mas esse seria obviamente o pior legado que alguém poderia deixar." Para Ulrich, o que importa é a Target, não ele.

Arnold Schwarzenegger e Robert Ulrich revelam duas facetas da habilidade de um líder: ir além de objetivos pessoais limitados e enfocar objetivos maiores.

Colocar objetivos e interesses pessoais em segundo lugar

O líder colaborativo deve ser capaz de subordinar seus objetivos a objetivos maiores da organização.[23] É óbvio que na maior parte das situações não há conflito entre interesses pessoais e interesses da empresa; porém, às vezes o interesse pessoal e os interesses da empresa divergem. Líderes colaborativos seguem uma regra evidente nessas situações: priorizar o objetivo maior.

Induzir os outros a deixar seus objetivos de lado

Líderes colaborativos buscam consenso entre pessoas que têm objetivos diferentes. Schwarzenegger, Núñez e Perata buscaram esse procedimento em 2006. Algumas das ferramentas que descrevi anteriormente neste livro

– como estabelecer uma meta de união – são úteis neste caso, mas o empenho precisa começar com a disposição do líder em buscar um denominador comum entre os demais.

Redefinir sucesso é a primeira parte do estilo de liderança colaborativo. Mas não é suficiente. Líderes colaborativos também precisam envolver outras pessoas para decidir sobre a forma de alcançar objetivos maiores.

Envolver outras pessoas: Passar do processo decisório autocrático para o inclusivo

Às 21h de 18 de outubro de 1962, Robert Kennedy espremeu-se no banco da frente de seu carro com o diretor da CIA, o chefe do Estado-Maior Conjunto das Forças Armadas dos Estados Unidos e o motorista. Outros seis passageiros amontoaram-se no banco de trás. O carro lotado afastou-se velozmente do Departamento de Estado em direção à Casa Branca, onde o presidente Kennedy os aguardava.[24]

Três dias antes, o presidente Kennedy ficara sabendo que os soviéticos estavam colocando mísseis nucleares em Cuba – mísseis que, "alguns minutos após serem disparados", matariam 80 milhões de americanos.[25] O presidente imediatamente pediu ao seu irmão, o procurador-geral Robert Kennedy, que fosse com urgência para a Casa Branca, onde membros destacados de sua equipe reuniram-se às pressas. Os comandantes das forças armadas americanas não pestanejaram. Como Robert Kennedy recordou: "Os membros do Estado Maior Conjunto foram unânimes em exigir ação militar imediata."[26] Isso significava um maciço ataque aéreo para destruir os mísseis. Mas então alguém sugeriu uma alternativa: bloqueio naval da ilha, no qual navios de guerra dos Estados Unidos cercariam Cuba e impediriam a entrada de navios soviéticos. Os generais não aceitaram a ideia. "Nós não temos escolha a não ser ação militar direta", disse o general Curtis LeMay sem meio-termo.[27]

O presidente Kennedy estava num dilema. Mas em vez de tomar uma decisão precipitada, ele não se apressou e instruiu o irmão a coordenar uma deliberação meticulosa em que todas as opiniões pudessem ser expressas. O presidente não queria repetir o fiasco da Baía dos Porcos, na qual membros do gabinete apoiaram uma operação secreta mal planejada para derrubar Fidel Castro. Quando cerca de 1.500 combatentes pela liberdade do povo cubano desembarcaram nas praias de Cuba, foram rapidamente mortos ou capturados. O historiador Arthur Schlesinger, que participou das deliberações, escreveu mais tarde: "Nossas reuniões se realizavam num curioso ambiente de consenso presumido... Ninguém se manifestava contra."[28]

Como resultado, o presidente Kennedy introduziu quatro mudanças no processo decisório de sua equipe de cúpula.[29] Primeira, exigiu que cada participante funcionasse como um "generalista cético", enfocando o problema em seu conjunto, e não o abordando pela perspectiva de sua área. Segunda, para estimular deliberações autônomas, Kennedy queria usar ambientes informais, sem agenda formal e protocolo. Terceira, introduziu a ideia de subgrupos: a equipe seria dividida em grupos que trabalhariam nas alternativas e, em seguida, voltariam a se reunir. Quarta, ele queria algumas sessões sem líder, sem sua presença, para evitar que os participantes seguissem suas opiniões. O resultado foi uma abordagem inclusiva, que agora poderia ser usada na nova crise.

Nos dias subsequentes, o grupo de mais de 12 homens reunia-se em uma sala despretensiosa do Departamento de Estado e ia e voltava secretamente da Casa Branca. A informalidade que cercava as reuniões inspirava o diálogo franco. "Durante todas essas deliberações, todos nós falávamos como iguais", Robert Kennedy evocou o grupo, que incluía o Secretário de Estado Dean Rusk, o Secretário de Defesa Robert McNamara, o Diretor da CIA John McCone e o General Maxwell Taylor (chefe do Estado Maior Conjunto das Forças Armadas). "Não havia níveis hierárquicos e, na verdade, nem tínhamos um presidente", disse Robert Kennedy. "As conversas eram completamente desinibidas e ilimitadas. Todos tinham oportunidades iguais de se expressar e de ser ouvidos diretamente."[30] O presidente não comparecia a todas as reuniões. "Acho que havia uma troca de ideias menos livre quando o presidente estava na sala", disse Robert Kennedy. "E havia o perigo de que, ao indicar sua opinião e propensão, os outros ficassem submissos."[31]

Na terceira noite, o grupo já mudara na direção do bloqueio. Agora preparados para envolver o presidente nas discussões, eles amontoaram-se em um único carro e dirigiram-se à Casa Branca.[32] Mas, à medida que a noite prosseguia, e com as perguntas aprofundadas do presidente, as opiniões começaram a mudar. Alguns defendiam o ataque aéreo, outros o bloqueio.

Na manhã seguinte, de volta ao Departamento de Estado, o grupo pôs em ação o método de subgrupo. Um grupo redigiu a argumentação favorável ao ataque aéreo e recomendações detalhadas de execução. O outro grupo fez o mesmo para o bloqueio. Em seguida, os grupos trocaram os textos, analisando-os minuciosamente e expondo críticas. Os textos voltaram aos seus autores, que responderam as críticas e elaboraram novas respostas. Desta forma, o grupo conseguiu trazer à tona a maioria de prós e contras.

Dois dias depois, eles apresentaram as duas alternativas plenamente desenvolvidas ao presidente Kennedy, que optou por realizar o bloqueio, e não o ataque aéreo. Imediatamente, a Marinha enviou 180 navios para o Caribe. Os bombardeiros B-52 levantaram voo, carregados de bombas nucleares. Quando um bombardeiro aterrissava, outro decolava. O presidente iria fazer um pronunciamento à nação às 19 horas de segunda-feira. Uma hora antes do discurso, o secretário Rusk chamou o embaixador soviético Dobrynin e o informou sobre o bloqueio; o embaixador saiu muito abalado.

Funcionara! Uma semana mais tarde, na segunda-feira, 29 de outubro, o líder soviético Khrushchev anunciou que retiraria os mísseis de Cuba.

O presidente Kennedy escolhera uma *abordagem inclusiva* para tomar a decisão, envolvendo um amplo grupo de pessoas. Em essência, líderes que adotam a inclusão, como Kennedy, têm mente aberta, pois agem de acordo com três práticas.

Abertura a pessoas

Líderes inclusivos convidam um grupo de pessoas bastante diverso para participar de seu processo decisório. O oposto é ser unilateral – ou seja, tomar decisões sozinho, com pouca consideração pelas opiniões alheias. Ser aberto a outras contribuições pode ser difícil, especialmente porque contraria a tendência natural de apressar o processo, de assumir o controle e de tomar decisões. Kevin Sharer, CEO da Amgen, grande empresa de biotecnologia com sede em Los Angeles, toma cuidado para que essa tendência não prevaleça. "Quando entro no que chamo de meu modo submarino – quando me aprofundo muitíssimo num problema –, tendo a pensar que posso resolvê-lo sozinho", confessou ele, "e corro o risco de ignorar recomendações de especialistas e fechar o debate. Já paguei um preço por isso – por exemplo, ao avançar com um produto que os outros me diziam que não prometia comercialmente."[33]

Abertura a alternativas

Líderes inclusivos estudam com muita atenção opiniões diferentes. Eles são bons ouvintes: procuram entender o que os outros pensam e por quê. Isso exige que o líder seja empático – que se coloque no lugar dos outros e veja as coisas da perspectiva deles. Ser aberto assim é algo raro em líderes. David Brooks, colunista de Nova York, selecionou o então candidato presidencial Barack Obama como alguém que tem essa capacidade: "Ele ainda conserva a capacidade, também rara em presidentes, de simpatizar com as motivações de seus rivais e compreendê-las."[34]

Eles também perguntam, em vez de falar o tempo todo. A. G. Lafley, CEO da Procter & Gamble, encaixa-se nesse modelo. Jeffrey Immelt, CEO da General Electric, descreve Lafley como um "excelente ouvinte. Ele é uma esponja."[35] Lafley também dá espaço para os outros falarem. Logo depois que se tornou CEO, ele trocou a mesa da sala de reuniões: a mesa retangular foi substituída por uma redonda, sem lugar para o CEO na cabeceira. Nas reuniões semanais com sua equipe de altos executivos, os participantes podiam sentar onde quisessem. "Em uma dessas reuniões, alguém de fora poderia ter dificuldade em distinguir o CEO", observou Robert Berner, da *Business Week*. "Ocasionalmente, ele se junta à discussão, mas na maioria das vezes os executivos conversam entre si tanto quanto com Lafley."

Abertura ao debate

Líderes inclusivos encorajam o debate e asseguram que todos expressem suas opiniões. A professora Amy Edmondson, da Harvard Business School, chama isso de "segurança psicológica": os líderes precisam se comportar de tal maneira que as pessoas se sintam seguras em se manifestar sem temer retaliação.[36] Líderes que enaltecem a divergência e sugestões alternativas (mesmo que elas não sejam seguidas) ajudam a criar essa segurança.

Um dos riscos da abordagem inclusiva para a tomada de decisões é o debate interminável sem forjar decisões e avançar. Para combater esse risco, líderes colaborativos também precisam ser decididos. Eles tomam a decisão final. Essa abordagem não é igual ao processo de consenso, no qual todos devem concordar com uma decisão. Inclusividade significa que as pessoas tomam parte na sugestão de alternativas, fornecendo informações e debatendo, mas termina aí.

É a combinação de ser inclusivo e decidido que torna a liderança colaborativa tão eficaz. Nada ilustra isso melhor do que a imagem televisiva do presidente Kennedy sozinho em sua mesa, às 19 horas daquele 22 de outubro de 1962, fazendo um pronunciamento à nação. Ele tomara a decisão. Líderes colaborativos que dominam esse estilo inclusivo tomam decisões melhores e conseguem mais adesão. Ele assegura que pontos de vista alternativos sejam considerados e que as falhas de raciocínio sejam expostas. Líderes autocráticos, em contraposição, arriscam-se a optar por pontos de vista predefinidos que podem estar errados. Incluir outras pessoas também motiva um apoio maior: quem participa da tomada de decisões trabalhará com mais afinco e se empenhará mais para executar a decisão.[37]

Envolver outros significa que várias pessoas participam do processo decisório.[38] Porém, isso levanta outra questão: quando todos participam, de quem é a responsabilidade?

Ser responsável: De culpar a assumir responsabilidade

Na noite de 13 de março de 1964, na cidade de Nova York, um psicopata chamado Winston Moseley aproximou-se sorrateiramente de uma moça de 28 anos, Kitty Genovese, e desferiu-lhe violentamente duas punhaladas nas costas. Genovese acabara de sair de seu carro, na volta do trabalho, e iniciara a caminhada de 30 metros até seu apartamento em Kew Gardens, no distrito de Queens. Quando ela gritou: "Meu Deus, ele me apunhalou! Por favor, me ajudem!", vários vizinhos ouviram seus gritos. Um deles gritou de longe: "Deixe a moça em paz!" O agressor andou para longe. Genovese, gravemente ferida, tentou caminhar até seu apartamento. Ninguém saiu para ajudar. Moseley voltou e encontrou Genovese quase inconsciente numa entrada de porta. Ele a esfaqueou novamente várias vezes, atacou-a sexualmente, levou $49 de sua bolsa e foi embora. Quando a polícia chegou, era muito tarde: ela morreu na ambulância a caminho do hospital.[39]

Duas semanas mais tarde, depois que o *The New York Times* publicou um artigo com o título "Thirty-Eight Who Shaw Murder Didn't Call the Police" (Trinta e oito pessoas que viram o homicídio não chamaram a polícia), a crueldade e apatia dos vizinhos descrita no artigo causou indignação pública. Embora a manchete tenha exagerado no número de testemunhas, as investigações policiais identificaram cerca de 12 delas. O notório assassinato gerou muito exame de consciência e uma sucessão de pesquisas que ressaltaram um fenômeno perturbador: o *efeito espectador*, no qual pessoas que fazem parte de um grande grupo não se dispõem a ajudar.[40]

Em um ambiente muito diferente, na segurança de uma experiência realizada por professores da Universidade de Massachusetts, Carl e seus colegas estudantes foram solicitados a fazer algo simples: puxar uma corda o máximo que pudessem.[41] Na primeira rodada, Carl pegou a corda, apertou suas mãos ao redor dela, plantou os pés firmemente no chão, prendeu a respiração, puxou até seu rosto ficar vermelho e, em seguida, soltou. Um dispositivo mediu a intensidade de seu puxão, respeitáveis 59kg, que foi a média entre os participantes. Na segunda rodada, Carl puxou a corda junto com Adam (em dupla), depois com mais dois e, finalmente, com um grupo de seis pessoas.

Puxar uma corda é uma dessas atividades em que os esforços das pessoas devem ser somados; se Carl puxou 59kg e Adam, 41kg, então a nota conjunta deveria ser 100kg.[42] Mas algo estranho aconteceu com a dupla: seus esforços diminuíram! Carl e Adam juntos não conseguiram atingir 100kg; eles alcançaram 91kg quando os dois puxaram em dupla. Isso equivale a 91% da soma de seus esforços individuais. E quando Carl puxou a corda em trio, a pontuação do grupo caiu para 82%. A pior queda aconteceu quando Carl participou de uma equipe de seis pessoas: o grupo pontuou desprezíveis 78% da soma das notas individuais. Essas pesquisas deram origem ao que é chamado de *inércia social:* as pessoas tendem a contribuir menos em um ambiente de grupo.[43]

O efeito espectador e a inércia social apontam para um problema grave no trabalho coletivo: quando as pessoas podem se esconder, elas geralmente o fazem. Os participantes de equipe podem se esquivar e fazer o mínimo de esforço porque o resultado individual não está sendo medido, apenas o resultado da equipe. Quem já não participou de uma equipe em que algumas pessoas não faziam sua parte?

O antídoto para esse mal é o terceiro comportamento de liderança colaborativo: alto grau de responsabilidade individual. É evidente que responsabilidade é importante em todos os tipos de administração, mas ela é especialmente importante em empresas colaborativas em virtude da tendência de se esconder atrás do coletivo.

Líderes colaborativos que assumem responsabilidade fazem isso de duas maneiras.

Assumindo responsabilidade individual

Líderes colaborativos assumem responsabilidade embora o trabalho colaborativo não raro leve à difusão de responsabilidade. Um exemplo formidável é Carlos Ghosn, o *globe-trotter* que fala francês, inglês, português, italiano e espanhol, e que assumiu o comando da Nissan em abril de 1999, quando a empresa estava à beira da ruína. Quando ele chegou ao Japão e examinou a empresa, encontrou uma cultura sem responsabilidade: "Se a empresa ia mal, era sempre culpa de outra pessoa. Vendas culpava o planejamento de produtos, que culpava a engenharia, que culpava finanças. Tóquio culpava a Europa, e a Europa culpava Tóquio."[44]

Para romper essa cultura de acusação, Ghosn primeiro assumiu responsabilidade pessoal. Em 18 de outubro de 1999, às vésperas do Tokyo Motor Show, Ghosn apresentou o hoje famoso Nissan Revival Plan a uma plateia cética, composta de membros da imprensa mundial, e, através de vídeo, aos funcionários da empresa em todo o mundo.[45] E então ele fez algo muito raro: "Quando anunciei o plano de revitalização, eu também afirmei que renunciaria se não conseguíssemos cumprir quaisquer dos compromissos que estabelecemos para nós."[46] Esses compromissos eram três objetivos absolutamente claros: recuperar a lucratividade até o ano 2000; aumentar as margens operacionais para mais de 4,5% até 2002; e reduzir o endividamento para menos de $5,8 bilhões até 2002. Eis o que ele disse: "Não me julguem por um bom discurso. Julguem-me por meus resultados. Sejam bem céticos. Sejam bem frios. Olhem os lucros, o endividamento, a participação no mercado, a atratividade dos carros. Depois me julguem."[47] Essa linguagem é clara. Sem evasivas. Sem objetivos vagos que ele poderia contornar no caso de as coisas não irem bem. Em vez disso, ali estava ele, em público, exposto: três objetivos difíceis, a serem alcançados em três anos, para todos acompanharem e julgarem.

Responsabilizando os outros

Líderes colaborativos também exigem que os outros prestem contas. Afinal de contas, trabalho colaborativo envolve pessoas diferentes, cada uma responsável por sua parte. Não é o mesmo que culpar outras pessoas; há diferença entre dizer "Somos todos responsáveis" e dizer "Eles são culpados."

Eis a segunda parte reveladora do posicionamento de Ghosn: ele declarou que todo o comitê executivo teria de se demitir com ele se as três metas não fossem cumpridas![48] E responsabilizou a todos na empresa: "Deixei claro que cada número teria de ser rigorosamente conferido. Não aceitei nenhum relatório que não fosse totalmente claro e passível de ser verificado, e eu contava que todos se comprometessem com cada observação ou afirmação que faziam."⁴⁹

Temos aqui uma situação rara nos negócios: um CEO que diz publicamente que ele e todo o seu comitê executivo irão renunciar se não atingirem três objetivos transparentes e mensuráveis. Isso é responsabilizar-se e responsabilizar todos.

Em 31 de março de 2002, Ghosn pôde dar um suspiro de alívio quando anunciou os lucros recorde da empresa: "Nós atingimos as metas estabelecidas no Nissan Revival Plan um ano antes do programado."⁵⁰

Líderes colaborativos que se responsabilizam e responsabilizam os demais se comprometem com algumas práticas essenciais. Como fez Ghosn, eles explicam claramente pelo que são responsáveis – que metas, que tipo de trabalho. Você não pode se responsabilizar e responsabilizar outras pessoas se não sabe pelo que se responsabilizar. Eles então assumem a responsabilidade por erros e desempenho insatisfatório, sejam quais forem as circunstâncias ou se outras pessoas arruinarem ou não uma iniciativa colaborativa.

Derrubar barreiras pessoais

Se o estilo de liderança colaborativo é tão eficaz, por que não o vemos com mais frequência? Dados de referência que meu colega Roger Lehman e eu coletamos sobre 162 gerentes com desempenho acima da média mostram que apenas 16% deles conseguiram pontuação alta nos três comportamentos que compõem o estilo colaborativo. Eis o que os dados revelam:

- 39% conseguiram pontuação alta em redefinir sucesso ("alta" significa superior a 5 na escala de 1 a 7 mostrada na Figura 7.2).
- 25% conseguiram pontuação alta em envolver outras pessoas.
- 40% conseguiram pontuação alta em ser responsável.
- Apenas 16% conseguiram pontuação alta em redefinir sucesso, envolver outras pessoas *e* ser responsável.

Por que um estilo de liderança colaborativo é incomum? Líderes costumam culpar o sistema: políticos são apenas atores em um sistema corrupto que defende interesses especiais; líderes empresariais são recompensados sobretudo pelo desempenho individual, portanto não são encorajados a colaborar. Parte disso é verdade. Mas os líderes não raro enfrentam outra barreira – eles mesmos. *Barreiras pessoais* poderosas dificultam que os líderes adotem o estilo de liderança colaborativo. Identificá-las e derrubá-las promove esse estilo de liderança.

Em nossa pesquisa, descobrimos que cinco barreiras pessoais são importantes (Figura 7.3).[51] Você consegue se avaliar e avaliar outras pessoas, em relação a essas barreiras, ao fazer o pequeno teste de avaliação da Figura 7.4.

FIGURA 7.3

Como cinco barreiras pessoais obstruem o estilo de liderança colaborativo

Este diagrama mostra que fatores pessoais bloqueiam três comportamentos colaborativos. Por exemplo, o forte desejo de poder tem grande efeito negativo na habilidade do líder em redefinir sucesso: quanto mais desejosos de poder forem os líderes, menos conseguirão abrir mão de objetivos pessoais limitados e enfocar objetivos maiores.

	Redefinir sucesso	Ser inclusivo	Ser responsável
Desejo de poder	Maior fator negativo	Fator negativo	Pequeno fator negativo
Arrogância	Fator negativo	Maior fator negativo	Efeito nulo
Atitude de defesa	Grande fator negativo	Grande fator negativo	Maior fator negativo
Medo	Pequeno fator negativo	Pequeno fator negativo	Efeito nulo
Ego	Pequeno favor negativo	Pequeno fator negativo	Efeito nulo

Dados: Estas são conclusões de uma análise estatística de uma amostra de 185 gerentes. Foram usadas análises de correlação e regressão.

Desejo de poder. Líderes que buscam poder – que querem que outros dependam deles – são menos capazes de pôr de lado seus objetivos pessoais limitados e redefinir sucesso como a realização de objetivos maiores.[52] Isso faz sentido: desistir de parte de interesses próprios para enfocar um objetivo maior pode ser considerado abandono de poder. Quando líderes têm forte ânsia de poder, eles tendem a não abrir mão de seus interesses pessoais limitados.

Além disso, líderes que têm ânsia de poder são menos inclusivos: permitir que outras pessoas tomem parte na tomada de decisões pode parecer renúncia ao poder. Ao que tudo indica, o desejo de poder não é aliado do estilo de liderança colaborativo.

FIGURA 7.4

Barreiras pessoais bloqueiam o estilo de liderança colaborativo?

Avalie-se e avalie outras pessoas em relação às cinco barreiras pessoais que impedem os líderes de desenvolver um estilo de liderança colaborativo.

Avalie a pessoa de acordo com seu comportamento e características. Use a seguinte escala:

1............... 2 .... 3 .... 4 .... 5 .... 6 7

   Nem um pouco   Um pouco   Em grande medida

	Anote de 1 a 7
1. Quer que outros dependam dela	
2. Deseja o poder em si	
3. Tem a atitude "Eu sei tudo"	
4. Pensa que é muito mais inteligente que os outros	
5. Tem dificuldade em aceitar críticas	
6. Acha que os problemas nunca lhe dizem respeito	
7. Tem medo de perder	
8. Considera a derrota como pessoal	
9. Preocupa-se em ser humilhada	
10. Gosta de ser o centro das atenções	
11. É egocêntrica	
12. Cria uma "aura de personalidade" ao seu redor	

*Folha de avaliação:**

Barreira pessoal	Calcular soma de itens	Calcular pontuações finais
Desejo de poder	Some itens 1 + 2:___(anote de 2 a 14)	Divida a nota por 2:___(anote de 1 a 7)
Arrogância	Some itens 3 + 4:___(anote de 2 a 14)	Divida a nota por 2:___(anote de 1 a 7)
Atitude de defesa	Some itens 5 + 6:___(anote de 2 a 14)	Divida a nota por 2:___(anote de 1 a 7)
Medo	Some itens 7 + 8 + 9:___(anote de 3 a 21)	Divida a nota por 3:___(anote de 1 a 7)
Ego	Some itens 10 + 11 + 12:___(anote de 3 a 21)	Divida a nota por 3:___(anote de 1 a 7)

Interpretação
As notas variam de 1 a 7; 7 indica uma barreira pessoal muito grande.
• É possível avaliar níveis absolutos das pontuações (uma nota 4 ou superior é motivo de preocupação).
• É possível também comparar as cinco barreiras – quais são grandes e quais são pequenas?
• É possível, examinando-se a Figura 7.3, descobrir como cada uma das barreiras pessoais impede a adoção do estilo de liderança colaborativo. Por exemplo, uma pontuação alta em "desejo de poder" indica dificuldade em redefinir sucesso.
*Este teste foi elaborado mediante a utilização de uma amostra de 185 gerentes. As perguntas foram testadas de modo a produzir escalas claras para cada uma das cinco barreiras pessoais. O Alpha de Cronback – indicador da fidedignidade dessas escalas – é o seguinte: Desejo de poder (CA=0,84); Arrogância (CA=0,86); Atitude defensiva (CA=0,67); Medo (CA=0,83); Ego (CA=0,76). Um CA superior a 0,70 é considerado bom.

Arrogância. Segundo nossos dados, este foi o maior obstáculo para envolver outras pessoas. Líderes arrogantes – aqueles que pensam que "sabem tudo" e que são mais inteligentes do que os outros – não envolvem pessoas em sua tomada de decisões tanto quanto os demais. Afinal, se eu acho que sou o sujeito mais inteligente do pedaço e sei tudo, por que me dar ao trabalho de pedir a opinião de profissionais de menor envergadura? Além disso, parece que líderes arrogantes não são muito bons em focar objetivos maiores: "Eu sei tudo, então meu objetivo deve ser o melhor" parece ser a linha de raciocínio neste caso.

Atitude de defesa. É uma barreira pessoal considerável. Líderes defensivos têm dificuldade em aceitar críticas e creem que os problemas não lhes dizem respeito. Eles não são os que se levantam e dizem: "Eu sou o responsável aqui." Além disso, a atitude defensiva não é a melhor atitude para redefinir sucesso: quanto mais defensivo é o líder, menos ele renuncia a objetivos próprios. E quanto mais atitudes defensivas os líderes tiverem, menos inclusivos eles se tornam. Por qualquer razão, eles acreditam que se desabafarem com outros profissionais, estariam admitindo que estão errados. A realidade é diferente: permitir que outros participem do processo decisório não é o mesmo que admitir deficiências.

Medo. O medo que os líderes têm de perder e de ser humilhados se forem derrotados também é importante, embora não tanto como outros fatores. O medo conduz à tendência de se aferrar a seus objetivos pessoais limitados, e não perseguir objetivos maiores. Quando estamos comprometidos com nossos próprios objetivos, e não com objetivos mais amplos, a derrota torna-se pessoal. O mesmo vale para inclusividade: tornar o processo decisório acessível a outras pessoas pode ser visto como aumento do risco de derrota. Talvez os líderes temam que as opiniões dos outros prevaleçam, e não suas próprias.

Egos enormes. Esta barreira não teve um efeito tão forte nos comportamentos colaborativos como pensávamos, e exerce um papel negativo apenas modesto. Parece que lideres que promovem o culto à personalidade são menos capazes de renunciar a seus próprios objetivos e de envolver pessoas na tomada de decisões.

Líderes conseguem mudar?

Talvez você olhe a lista de barreiras pessoais e pergunte: Líderes conseguem realmente superar essas barreiras e tornarem-se colaborativos? Para alguns, mudar realmente é difícil. Isso tende a acontecer quando as barreiras pessoais tornaram-se *traços de personalidade*; eles estão tão enraizados na personalidade do líder que são quase permanentes. Porém, às vezes, esses traços ainda não estão cimentados na personalidade da pessoa, e a mudança é possível. É necessário que os líderes admitam a existência dessas barreiras pessoais, reflitam sobre o porquê de sua existência e iniciem uma transformação pessoal.

Muitos líderes desenvolveram certo estilo de liderança que funcionou para eles no passado ou em determinadas situações. Eles se acostumaram a esse estilo e, à medida que subiam na hierarquia, talvez tenham passado a acreditar que o estilo contribuiu para seu sucesso. Porém, conforme mais empresas tornam-se colaborativas, o estilo de liderança colaborativo fica mais importante. Isso exige a mudança de líderes que não tenham esse estilo.

John Chambers, bem-sucedido CEO da Cisco há muito tempo, empresa de alta tecnologia com $35 bilhões em vendas e com sede no Vale do Silício, reconheceu que precisava mudar seu estilo e tornar-se mais colaborativo. Em uma entrevista em vídeo com a editora Chrystia Freeland, do *Financial Times*, Chambers falou sobre sua transformação pessoal.

> *John Chambers:* O estilo de liderança da maioria dos CEOs é de comando e controle. Não duvide. É o meu estilo e sou muito bom nisso. Mas o futuro não é esse. O futuro é colaboração.
>
> *Chrystia Freeland:* Como você teve de mudar seu modo de trabalhar?
>
> *John Chambers:* Bem, a coisa mais difícil de fazer como líder é mudar algo que está dando certo. Ainda assim, creio que empresas e líderes que não mudarem ficarão para trás. Então tive de deixar de ser um líder de "comando e controle".
>
> *Chrystia Freeland:* Você diria que, em essência, sua personalidade é ser assim?

John Chambers: Sim... Sim! Mas precisamos aprender que tomamos decisões melhores por meio de colaboração. E embora talvez você gaste mais tempo numa discussão do que gostaria, quando o grupo já discutiu o assunto em contextos diferentes, ele consegue ampliar essa base muito mais depressa do que antes. E também quando você vê que isso deu certo, você diz: "Por que não fiz isso antes?" E então você percebe que consegue se adaptar muito rápido.[53]

Arnold Schwarzenegger mudou de exterminador para colaborador. John Chambers passou de líder de "comando e controle" para colaborador. Evidentemente, muitas pessoas podem desenvolver um estilo de liderança colaborativo.

Capítulo 7: Pontos principais

Torne-se um líder colaborativo

- O estilo de liderança colaborativo é definido por três comportamentos.
    - Redefinir sucesso: líderes colaborativos deixam para trás objetivos pessoais limitados e definem sucesso como um objetivo maior.
    - Envolver outros: líderes colaborativos são receptivos a contribuições, opiniões diferentes, debate e trabalho conjunto no processo decisório.
    - Ser responsável: líderes colaborativos consideram-se responsáveis pela realização de objetivos e por decisões tomadas. E também responsabilizam os demais.
    - O estilo de liderança colaborativo não é comum. Em uma amostra de 185 gerentes, apenas 16 exibiam um estilo de liderança colaborativo bem-definido.
- Uma das razões de não haver mais líderes colaborativos é a existência de cinco barreiras poderosas que impedem a prática dos três comportamentos colaborativos: desejo de poder, arrogância, atitude defensiva, medo e egos enormes.
- Estas barreiras pessoais podem estar profundamente enraizadas nos traços de personalidade de alguns líderes e, portanto, são muito difíceis de mudar. Mas elas podem ser mutáveis em muitos outros. Ao reduzi-las, muitos líderes podem adotar um estilo de liderança colaborativo.

Fim da jornada (por enquanto)

O ciclo deste livro se completa. Embora o capítulo final ressalte como os *próprios* líderes podem comandar com um estilo colaborativo, os demais capítulos descrevem como eles podem moldar suas empresas e promover a colaboração disciplinada nos *outros* profissionais. Líderes que praticam a colaboração disciplinada trabalham em todos os níveis: eles promovem a colaboração ao se transformar e ao transformar a empresa e as pessoas que nela trabalham.

Iniciei este livro relatando minha jornada de pesquisa para descobrir como a colaboração pode levar a um melhor desempenho. Quando completei 15 anos de pesquisa, fiquei surpreso com algumas coisas. Quando iniciei o estudo sobre colaboração, no início dos anos 1990, o tema não era tão importante. Gerentes o viam como uma das muitas coisas a acertar, mas ele não estava entre suas prioridades. A situação mudou muito. Testemunhei a colaboração tornar-se prioridade máxima em grandes empresas de múltiplas unidades nos Estados Unidos, Europa e Ásia. A prioridade da colaboração continuará, à medida que as empresas tornarem-se maiores, mais complexas, mais eficientes, mais globais, mais descentralizadas e mais abertas a trabalhar com outros grupos – e todas exigem colaboração disciplinada. E essa prioridade continua em uma recessão, quando líderes lutam para extrair mais dos ativos existentes mediante colaboração. Em termos mais amplos, a colaboração permanecerá uma parte essencial da liderança, pois os líderes precisarão sempre unir partes diferentes dentro e entre empresas. De certo modo, essa é a essência da liderança. A função dos líderes é unir pessoas em busca de um objetivo comum.

Outra surpresa foi a importância de distinguir entre boa e má colaboração. Uma característica distintiva de minha pesquisa foi analisar quando a colaboração produz bom desempenho e quando conduz a resultados horríveis. Muita gente acredita na ideia de que colaborar pode ser ruim. De alguma forma, passamos a crer que a colaboração é algo positivo e que os gerentes devem promovê-la. Indicar que colaboração pode ser prejudicial e destruir resultados é um pouco como dizer que o rei está nu. É obvio que criticar a ideia não basta. Este livro detalha a *colaboração disciplinada* como a solução para entender a diferença entre boa e má colaboração.

Enquanto terminava o livro, fiquei pensando na jornada que há pela frente – qual será o rumo da colaboração? Uma área tem potencial para levar a colaboração para um nível muito mais elevado de desempenho: colaboração na internet. Este livro não enfocou as utilidades de TI para possibilitar colaboração, como videoconferência, ferramentas de redes sociais para negócios, blogues empresariais, sites de colaboração, e assim por diante. Mas com essa parte básica já estabelecida, podemos presumir como a colaboração on-line pode ajudar – ou prejudicar – o desempenho. No decorrer do livro, alerto sobre o perigo de crer que muita colaboração é algo necessariamente bom. Da mesma forma, faço um alerta sobre a crença de que mais colaboração *on-line* é necessariamente uma coisa boa. Precisamos fazer as mesmas perguntas essenciais: qual é a diferença entre boa e má colaboração *on-line*? Quando a colaboração on-line destrói valor? Ganharão muito dinheiro as empresas de software que conseguirem responder a essas perguntas e oferecer ferramentas que evitem as armadilhas da colaboração e que levem as pessoas a desempenhar melhor.

Enquanto escrevia este livro, tirei alguns dias para ir a Barcelona, na Espanha, fazer uma palestra sobre colaboração disciplinada para mais de 100 altos executivos de vários países. Fiz uma pergunta e pedi que respondessem levantando as mãos: "Quantos de vocês têm iPod e usam o iTunes?" Noventa e cinco por cento deles ergueram as mãos – isso é 95% de penetração no mercado! Quando perguntei: "Quantos de vocês tiveram um Walkman da Sony em algum momento da vida? Cem por cento – 100%! – das mãos se ergueram. Em seguida, perguntei: "Quantos de vocês já usaram o Connect, da Sony?" Ninguém levantou a mão.

A Sony, não a Apple, deveria nos ter dado o iPod. A Sony fracassou de forma deprimente porque não conseguiu que houvesse colaboração entre suas muitas divisões descentralizadas. Ela só conseguia oferecer um tipo de desempenho – produtos maravilhosos projetados por unidades de negócios independentes, que desfrutavam de muita autonomia. Mas a empresa não conseguia acrescentar outra espécie de desempenho – produtos notáveis resultantes de colaboração entre suas divisões. Ela não conseguiu elevar seu desempenho para outro patamar – a fim de ter o melhor de dois mundos – ao manter os benefícios de ter unidades de negócios independentes *e* colher resultados notáveis da colaboração. Faltou colaboração disciplinada.

Líderes que conseguem praticar a colaboração disciplinada com êxito evitam o destino da Sony e conduzem suas empresas para níveis mais elevados de desempenho. Eles sabem onde existem oportunidades de colaboração e quando dizer não a projetos sem importância; evitam as armadilhas de superestimar os benefícios da colaboração e de colaborar em excesso; derrubam as barreiras que separam seus funcionários; estabelecem metas de união convincentes e forjam o valor do trabalho em equipe; promovem a gestão-T; ajudam os funcionários a criar redes de contatos ágeis, não grandes demais; olham para dentro de si mesmos e se esforçam para mudar seu estilo de liderança. Ao promover a colaboração da *maneira certa*, eles liberam seus profissionais para alcançar feitos notáveis, que não são possíveis quando eles estão divididos.

APÊNDICE

A pesquisa por trás do livro

OS PRINCÍPIOS APRESENTADOS neste livro baseiam-se em meus 15 anos de pesquisa sobre colaboração. De forma resumida, minhas constatações baseiam-se em estudos de casos empresariais específicos e nas pesquisas a seguir.

Pesquisa da Hewlett-Packard

Em meados dos anos 1990, como parte de minha tese de doutoramento na Universidade de Stanford, pesquisei o setor de equipamentos eletrônicos de medição da HP (depois transformado em uma empresa independente – Agilent – em 1999). O setor compreendia 41 unidades de negócios descentralizadas, especializadas em vários produtos de medição, e espalhadas pelo mundo tudo. Depois de acertar o acesso à HP, entrevistei 50 gerentes, engenheiros e profissionais de marketing em mais de 10 unidades de negócios, a fim de ter uma compreensão mais aprofundada dos problemas de colaboração e planejar a pesquisa. Como se tratava de minha tese, obtive recomendações inestimáveis de minha comissão de doutorado, incluindo os professores Jeffrey Pfeffer (presidente), Joel Podolny, William Barnett, Robert Burgelman e James March.

Era uma pesquisa de redes de contatos em larga escala, em três níveis de análise.

- *Projetos de desenvolvimento de novos produtos.* A amostra compunha-se de 120 projetos. Usando a base de dados da empresa e um instrumento de pesquisa, coletei dados sobre composição, duração, criatividade, gerenciamento e necessidades técnicas da equipe, bem como sobre uso de conhecimentos de outras unidades no setor de instrumentação e no resto da HP.
- *Membros de equipes de projetos.* Usando um levantamento de redes, coletei dados de redes de contatos de uma amostra de 250 engenheiros desses projetos.
- *Unidades de negócios.* Usando as bases de dados da empresa e um instrumento de pesquisa, coletei dados e informações de redes de contatos sobre competências tecnológicas das 41 unidades de negócios do setor.

Esses dados me permitiram analisar as condições sob as quais equipes de projetos se beneficiavam da colaboração com outras unidades e, com isso, obtinham software, hardware e auxílio valiosos. Eles foram especialmente úteis para desenvolver ideias sobre barreiras de busca e de transferência (Capítulo 3) e redes de contatos eficazes (Capítulo 6). As avaliações de projetos incluíam tempo de colocação no mercado, conhecimento obtido e grau de inovação.

Posteriormente, colaborei com outros pesquisadores, incluindo Jeffrey Pfeffer, Joel Podolny, Bjorn Lovas e Louise Mors, na condução de análises adicionais deste esplêndido conjunto de dados. Foram publicados os seguintes artigos:

- Hansen, Morten T. "The Search-Transfer Problem: The Role of Weak Ties in Sharing Knowledge Across Organization Subunits". *Administrative Science Quarterly* (1999). Ganhador do Scholarly Contribution Award, da ASQ, de melhor artigo em 2005.
- Hansen, Morten T., Joel M. Podolny e Jeffrey Pfeffer. "So Many Ties, So Little Time: A Task Contingency Perspective on the Value of Corporate Social Capital in Organizations". *Research in the Sociology of Organizations* (2001).
- Hansen, Morten T., "Knowledge Networks: Explaining Effective Knowledge Sharing in Multiunit Companies". *Organization Science* (2002).

- Hansen, Morten T. e Bjorn Lovas. "How Do Multinational Companies Leverage Tecnological Competencies? Moving from Single to Interdependent Explanations". *Strategic Management Journal* (2004).
- Hansen, Morten T., Louise Mors e Bjorn Lovas. "Knowledge Sharing in Organizations: Multiple Networks, Multiple Phases". *Academy of Management Journal* (2005).

Pesquisa de empresa de consultoria em tecnologia da informação

Com minha colega Martine Haas, que era, na época, doutoranda na Harvard Business School (atualmente é professora na Wharton), realizei uma pesquisa minuciosa de uma grande empresa de consultoria multinacional que, na época, tinha mais de 10 mil consultores. Os altos executivos haviam lançado uma iniciativa de compartilhamento de conhecimento alguns anos antes, e eles estavam interessados em fazer uma análise estatística dos efeitos do intercâmbio de conhecimento na organização. Além de entrevistar 50 gerentes sobre suas atividades colaborativas, realizamos duas pesquisas estatísticas.

- Utilizando uma amostra de 180 equipes de vendas, analisamos os efeitos da colaboração entre diferentes áreas da empresa sobre o desempenho dessas equipes (indicando se venceram ou não propostas).
- Coletamos informações sobre a utilização de bancos de dados, por parte dos 10 mil consultores, e sobre o conteúdo dos bancos de dados de conhecimento da empresa, operados pelos seus 43 grupos de prática especializada (onde foram gravados os registros de consultorias, para uso em futuros trabalhos em clientes). Analisamos o quanto os consultores utilizaram das informações fornecidas por colegas através desses bancos de dados.

Essa pesquisa nos fez entender quando a colaboração é útil e quando é prejudicial (como analisado no Capítulo 2, com a empresa de nome fictício "Sterling"). Os resultados foram publicados nos seguintes artigos acadêmicos:

- Hansen, Morten T. e Martine R. Haas. "Competing for Attention in Knowledge Markets: Electronic Document Dissemination in a Management Consulting Company". *Administrative Science Quarterly* (2001).
- Haas, Martine R. e Morten T. Hansen. "When Using Knowledge Can Hurt Performance: The Value of Organizational Capabilities in a Management Consulting Company". *Strategic Management Journal* (2005).
- Haas, Martine e Morten T. Hansen. "Different Knowledge, Different Benefits: Toward a Productivity Perspective on Knowledge Sharing in Organizations". *Strategic Management Journal* (2007).

Pesquisa sobre executivos globais

Com Bolko von Oetinger, vice-presidente sênior do Boston Consulting Group e diretor de seu Instituto de Estratégia, realizei uma série de entrevistas face a face sobre colaboração com 50 executivos de grandes multinacionais nos Estados Unidos, França, Dinamarca, Alemanha, Reino Unido, Hong Kong e Cingapura. Entre as empresas, incluíam-se Apple, BP, EMAP, Genentech, Goretex, Ispat (atualmente Mittal Steel), ISS, Jardine Pacific, Levi Strauss, Motorola, Seagram e SmithKline Beecham. Após a primeira rodada, e com grande auxílio de Paul Hemp, editor da *Harvard Business Review*, realizamos mais 10 entrevistas com gerentes de unidades de negócios da BP.

Nesta pesquisa, desenvolvemos a ideia de gestão-T (conforme descrito no Capítulo 5). Ela também nos forneceu informações úteis sobre estilo de liderança colaborativo (Capítulo 7). O arquivo-chave sobre essa pesquisa é o seguinte:

- Hansen, Morten T. e Bolko von Oetinger. "Introducing T-Shaped Managers: Knowledge Management's Next Generation". *Harvard Business Review* (2001).

Pesquisa sobre colaboração em 107 empresas

Com o professor Nitin Nohria, da Harvard Business School, analisei uma pesquisa com 107 gerentes de várias empresas de múltiplas unidades nos Estados Unidos e na Europa. Eles foram perguntados sobre o nível de barreiras em suas empresas, o nível de atividades colaborativas e as vantagens potenciais de colaboração.

Essa análise ajudou a desenvolver ideias sobre potenciais vantagens de colaboração (Capítulo 2) e sobre quantidade de barreiras em empresas (Capítulo 3). Ela também forneceu ideias sobre o mecanismo de união (Capítulo 4). Esse estudo foi relatado nos seguintes artigos:

- Hansen, Morten T. e Nitin Nohria. "How to Build Collaborative Advantage". *Sloan Management Review* (2004). Ganhador do prêmio PwC/Sloan Management Review de melhor artigo.
- Hansen, Morten T. e Nitin Nohria. "Organizing Multinational Companies for Global Advantage". Em *The Global Market: Developing a Strategy to Manage Across Borders*, publicado sob a direção de John Quelch e Rohit Deshpande (San Francisco: Jossey-Bass, 2004).

Pesquisa sobre estratégias de gestão do conhecimento

Em conjunto com Nitin Nohria, da Harvard Business School, e Thomas Tierney, na época sócio-diretor-geral da Bain & Company, realizei uma análise em escala reduzida de gestão do conhecimento em seis empresas, incluindo Bain, Accenture, Dell, Hewlett-Packard, Memorial Sloan-Kettering Cancer Institute e Access Health. Ela incluiu uma análise de contraste entre formas diferentes de compartilhar conhecimento, especialmente através de bancos de dados e redes de contatos pessoais.

Esse projeto foi de grande auxílio para entender as várias maneiras de compartilhar conhecimento e os sistemas motivacionais e de incentivos por trás delas (Capítulos 4 e 5). Esse trabalho foi descrito no seguinte artigo:

- Morten T. Hansen, Nitin Nohria e Thomas Tierney. "What's Your Strategy for Managing Knowledge?" *Harvard Business Review* (1999).

Pesquisa sobre redes de busca

Com o professor Joel Podolny, da Yale School of Management, iniciei uma pesquisa sobre redes de busca em uma grande empresa de consultoria multinacional. Jasjit Singh, do INSEAD, também se juntou ao projeto. Conduzimos um experimento de campo, solicitando que 400 consultores indicassem a pessoa a quem pediriam recomendação ou ajuda para encontrar um especialista. Em seguida, fizemos a mesma pergunta para a pessoa indicada, e assim sucessivamente, até chegarmos ao "verdadeiro conhecedor" de um determinado assunto (ao todo, foram pesquisados 580 consultores).

Essa pesquisa gerou ideias importantes sobre a barreira de busca (Capítulo 3) e sobre as formas pelas quais as redes de contatos afetam o processo de busca, incluindo o uso de pontes (Capítulo 6). Os resultados estão relatados no working paper a seguir:

- Singh, Jasjit, Morten T. Hansen e Joel Podolny. "The World is Not Small for Everyone: Pathways of Discrimination in Searching for Information in Organizations". Working paper, INSEAD (Fontainebleau, França: INSEAD, 2009).

Pesquisa sobre inovação e colaboração

Com Julian Birkinshaw, da London Business School, realizei uma pesquisa sobre inovação em grandes empresas multinacionais. O trabalho incluiu entrevistas com gerentes de várias empresas, incluindo Shell, Procter & Gamble, British Telecom e Sara Lee, incluindo uma sondagem entre gerentes de 121 empresas.

A pesquisa forneceu informações úteis sobre a ideia de inovação como a combinação de talento, conhecimento e tecnologias de diferentes unidades da empresa, conforme analisado no Capítulo 2. Essa pesquisa deu origem à seguinte publicação:

- Hansen, Morten T. e Julian Birkinshaw. "The Innovation Value Chain". *Harvard Business Review* (2007).

Todas as pesquisas associaram três abordagens: estudos de casos minuciosos para entender a colaboração em detalhes; entrevistas nas empresas para revelar, mais detalhadamente, a colaboração disciplinada *versus* colaboração indisciplinada; e análise estatística de ampla amostragem para confirmar que a hipótese se sustenta.

É evidente que nenhuma pesquisa é perfeita e que há partes incompletas neste trabalho. Em alguns lugares, as evidências são inconsistentes ou frágeis, até mesmo especulativas; em outras partes, existem apenas evidências qualitativas, sem números concretos. Além disso, minha pesquisa não existe isolada da de outros pesquisadores, e meu trabalho é apenas um barquinho que flutua no oceano de importantes trabalhos anteriores. Citei os trabalhos relevantes em notas que acompanham cada capítulo.

Notas

Capítulo 1

1. "Sony Celebrates Walkman 20th Anniversary 1 July 1999; 186 Million Units Sold as of the End of the Fiscal Year Ended March 31, 1999", press release, Sony, 1º de julho de 1999.

2. Para obter um breve histórico da carreira de Stringer, ver Catherine Griffiths, "The Interview: Sir Howard Stringer, US Head of Sony: Sony's Knight", *Independent* (Londres), 18 de setembro de 2004.

3. *Sony Annual Report 2003; Apple Computer Inc. Annual Report 2003*.

4. Para saber mais sobre a Sony Music, ver "Details Prove Devilish for Sony, BMG Merger". *Billboard*, 22 de novembro de 2003.

5. Citado em Phred Dvorak, "Out of Tune: At Sony, Rivalries Were Encouraged, Then Came iPod", *Wall Street Journal*, 29 de junho de 2005, A1. Grande parte do relato sobre o destino do Connect foi extraída deste artigo.

6. A citação da apresentação de 23 de outubro de 2001 foi extraída do vídeo baixado do YouTube, em 27 de novembro de 2007: http://www.youtube.com/watch?v=kN0SVBCJqLs. "Hint: It's not a Mac" é de Steven Levy, *The Perfect Thing* (Nova York: Simon and Schuster, 2006), 7; na qualidade de jornalista, Levy recebeu um convite. Este é o exame mais detalhado do desenvolvimento e lançamento do iPod, e minha história baseia-se amplamente nele.

7. Uma boa história da Apple é fornecida por Jim Carlton, *Apple: The Inside Story of Intrigue, Egomania, and Business Blunders* (Nova York: Collins, 1998, brochura).

8. Levy, *The Perfect Thing*, 137, relata o lançamento do tocador de MP3 Rio (Rio PMP300), produzido por uma empresa coreana chamada Diamond (ver também o site da Wikipédia: http://en.wikipedia.org/wiki/Rio_PMP300). Outras empresas logo a seguiram. Por exemplo, a Compaq trabalhou no tocador de MP3 PJB100, que foi iniciado na Digital Equipment Corporation (DEC), mas que continuou na Compaq quando ela adquiriu a DEC. A Compaq o licenciou, posteriormente, para uma desconhecida empresa coreana, HanGo, que o lançou (*The Perfect Thing*, 45).

9. Citado em Leander Kahney, "Straight Dope on the iPod's Birth", *Wired*, 17 de outubro de 2006.

10. Erik Sherman, "Inside the Apple iPod Design Triumph", *Electronics Design*, verão de 2002. Ver também Levy, *The Perfect Thing*, capítulo sob o título "Origin".

11. Levy, *The Perfect Thing*, 92.

12. Citado em Levy, *The Perfect Thing*, 64.

13. Esta história é descrita em Jeffrey Young e William Simon, *iCon Steve Jobs: The Greatest Second Act in the History of Business* (Nova York: Wiley, 2005), 92.

14. Citado em Levy, *The Perfect Thing*, 70.

15. Dvorak, "Out of Tune: At Sony, Rivalries Were Encouraged, Then Came iPod", A1.

16. Ibid.

17. Walt Mossberg, "The Mossberg Solution: Sony's iPod Killer – New Digital Walkman Offers Longer Battery Life, but Apple's Player Still Rules", *Wall Street Journal*, 28 de julho de 2004.

18. Dvorak, "Out of Tune".

19. "How Sony Failed to Connect, Again", CNET News.com, 31 de maio de 2006.

20. Ibid.

21. "100 Million iPods Sold", press release, Apple, Cupertino, Califórnia, 9 de abril de 2007.

22. Fontes: vendas de iPod e iTunes, de 2001 a 2006, extraídas de relatórios anuais da Apple de 2002 a 2006. Na divisão de áudio da Sony, as vendas incluem aparelhos portáteis (Walkman) e para carro e casa. Dados de preços de ações da Thomson Securities (TOPIX é o índice do mercado de ações da Bolsa de Valores de Tóquio, onde a Sony está listada).

23. Informações sobre cotações de ações da Sony e da Apple foram baixadas do serviço Web de dados Datastream da Thomson Reuters, em 29 de novembro de 2007 (cotações ajustadas para refletir desdobramento de ações e alterações do capital social).

24. Na verdade, Steve Jobs pode ter imposto a colaboração. Isso traz à baila outra questão: é colaboração verdadeira se o CEO simplesmente a impõe e todos obedecem? Sim, é, embora seja uma situação pouco comum um CEO ter poder suficiente para fazer com que as pessoas colaborem, obedientemente, o máximo possível (afinal de contas, colaboração é uma coisa que as pessoas conseguem arruinar aos poucos, se não gostarem). Em minha opinião, a maneira de interpretar a situação da Apple é esta: se você fosse alguém de fora, e não soubesse nada sobre a empresa, você poderia olhar pelas janelas e observar os profissionais trabalhando juntos no iPod. Você veria que eles colaboravam. Então você perguntaria: o que os faz colaborar? Uma resposta possível é que Jobs impunha a colaboração. Todavia, mesmo assim você observaria comportamentos colaborativos entre os desenvolvedores do iPod; se a causa dessa colaboração era uma ordem de Steve Jobs ou outra coisa, como cultura de colaboração, é outra questão. (Este livro se concentra em como líderes criam uma cultura de colaboração.)

25. Morten T. Hansen e Bolko Von Oetinger, "Introducing T-Shaped Managers: Knowledge Management's Next Generation", *Harvard Business Review* (2001).

26. Robert F. Bruner, *Deals from Hell: M&A Lessons That Rise above the Ashes* (Nova York: John Wiley & Sons, 2005), 160.

27. Citado em "Global Entertainment (A Special Report): Hollywood – Missing Links: Synergy Benefits Have So Far Eluded the Entertainment Giants", *Wall Street Journal*, 26 de março de 1993, R9.

28. Há muitos livros sobre como gerenciar equipes. Richard Hackman, um dos mais importantes pesquisadores de equipes, escreveu um livro muito prático, baseado em pesquisas, *Leading Teams: Setting the Stage for Great Performance* (Boston: Harvard Business School Press, 2002). Alguns livros sobre equipes se concentram em como elas podem trabalhar com outras pessoas fora do grupo, como *X-teams: How to Build Teams That Lead, Innovate, and Succeed*, de Deborah Ancona e Henrik Bresman (Boston: Harvard Business School Press, 2007). Todavia, estes trabalhos concentram-se na equipe em si – como seus membros podem trabalhar além das fronteiras –, e não tanto em como líderes podem estruturar organizações de modo que as pessoas trabalhem eficazmente além das fronteiras.

29. "PepsiCo at Consumer Analyst Group of New York 2008 CAGNY Conference", Voxant Fair Disclosure Wire, 20 de fevereiro de 2008.

Capítulo 2

1. Robert Berner, "P&G: New and Improved", *Business Week*, 7 de julho de 2003.

2. Ibid.

3. A iniciativa "Organization 2005" e os acontecimentos subsequentes estão bem descritos em Mikolaj Jan Piskorski e Alessandro L. Spadini, "Procter & Gamble: Organization 2005", Case 9-707-519 (Boston: Harvard Business School, 2007).

4. Este esboço biográfico de Lafley foi extraído de Berner, "P&G: New and Improved".

5. "Getting Procter & Gamble Back on Track". Discurso proferido por A. G. Lafley, Rotman School, 21 de abril de 2003.

6. Katrina Brooker e Julie Schlosser, "The Un-CEO: A.G. Lafley Doesn't Overpromise, He Doesn't Believe in the Vision Thing, All He's Done is Turn Around P&G in 27 Months", *Fortune*, 16 de setembro de 2002, 88.

7. "Getting Procter & Gamble Back on Track". Discurso proferido por A. G. Lafley, 21 de abril de 2003.

8. Berner, "P&G: New and Improved".

9. Esta iniciativa foi denominada "Connect & Develop" e está bem descrita em Larry Huston e Nabil Sakkab, "Connect and Develop: Inside Procter & Gamble's New Model for Innovation", *Harvard Business Review* (março de 2006).

10. "At P&G, It's 360-degree Innovation", *Business Week*, 11 de outubro de 2004, www.businessweek.com.

11. http://www.whitestrips.com/en_US/press_releases/career.jsp.

12. Morten T. Hansen e Julian Birkinshaw, "The Innovation Value Chain", *Harvard Business Review* (junho de 2007). Ver também "At P&G, It's 360-degree Innovation"; Jennifer Reingold e Jia Lynn Yang, "What's Your OQ?" *Fortune*, 23 de julho de 2007; John Foley, "Selling Soap, Razors – and Collaboration", Informationweek. com, 14 de novembro de 2005; e A.G. Lafley e Ram Charan, *The Game Changer: How You Can Drive Revenue and Profit Growth With Innovation*, Nova York: Crown Business (2008).

13. "Getting Procter & Gamble Back on Track". Discurso proferido por A. G. Lafley, 21 de abril de 2003.

14. Relatório anual 2008 da Procter & Gamble. Margem de rentabilidade = receita operacional dividida por vendas.

15. Um importante acervo de trabalhos acadêmicos ressalta o mecanismo de recombinação por trás da inovação. Ver Lee Fleming, Santiago Mingo e David Chen, "Collaborative Brokerage, Generative Creativity, and Creative Success", *Administrative Science Quarterly* 52 (2007), 443-475. Para uma pesquisa acadêmica dentro de empresas, ver Jeffrey Martin e Kathleen Eisenhardt, "Creating Cross-Business Collaboration: A Recombinative View of Organizational Form", working paper, Universidade do Texas, Austin, novembro de 2005. Esta linha de raciocínio também consta de vários livros de administração sobre inovação em geral. Ver Andrew Hargadon, *How Breakthrough Happens: The Surprising Truth About How Companies Innovate* (Boston: Harvard Business School Press, 2003).

16. Este relato baseia-se em "It All Started with Candles", descrição do CTO (Chief Technology Officer) Gordon Brunner, no relatório anual de 1999 da Procter & Gamble.

17. Ibid, páginas 3-5.

18. Relatório anual de 2008 da Procter & Gamble.

19. Filippe Goossens, "Procter & Gamble Co.", Credit Suisse, 28 de novembro de 2007.

20. "No Errors? No Progress: The Kovacevich Approach to Risk", *RMA Journal*, setembro de 2003; e Greg Farrell, "CEO Profile: Wells Fargo's Kovacevich Banks on Success as a One-Stop Shop", *USA TODAY*, 26 de março de 2007.

21. "Wells Fargo and Norwest to Merge", press release, Wells Fargo, 8 de junho de 1998.

22. Farrell, "CEO Profile: Wells Fargo's Kovacevich Banks on Success as a One-Stop Shop".

23.

Ano	Número de produtos por pessoa física*	Fonte	Ano	Número de produtos por pessoa física*	Fonte
1998	3,2	Rel. Anual 1998	2003	4,3	Rel. Anual 2004
1999	3,4	Rel. Anual 1999	2004	4,6	Rel. Anual 2004
2000	3,7	Rel. Anual 2000	2005	4,8	Rel. Anual 2005
2001	3,8	Rel. Anual 2001	2006	5,2	Rel. Anual 2006
2002	4,2	Rel. Anual 2002	2007	5,5	Rel. Anual 2007

* Pessoas físicas consumidoras de serviços bancários

24. Relatório Anual 2006 do Wells Fargo.
25. Farrell, "CEO Profile: Wells Fargo's Kovacevich Banks on Success as a One-Stop Shop".
26. Desde a fusão, em 1998, o banco aumentou as receitas em 166%, alcançando $54 bilhões em vendas até 2007. O Wells Fargo também é um dos bancos mais lucrativos: mesmo no ano de 2007, difícil para o setor bancário, ele registrou uma forte lucratividade de 15%, em comparação com a média de 10% de bancos similares. Os números do Wells Fargo foram extraídos de seu Relatório Anual de 2007. Os dados referentes aos bancos similares são provenientes do Thomson One Banker. Segundo o Thomson One Banker, as vendas de todos os bancos definem-se como receitas de juros mais receitas não decorrentes de juros. Lucratividade define-se como lucro líquido sobre vendas. O Bank of America teve uma margem de lucro líquido de 12,4%; o Citigroup, de 2,2%; o JP Morgan, de 13,2%; e o Goldman Sachs, de 13%, em relação à média de 10,2% em 2007.
27. Calculamos este número da seguinte maneira:

Crédito ao consumidor em milhões	Receitas 1999	Lucro líquido 1999	Nº de clientes	Lucro por por cliente	Vendas por cliente
Community Banking	11.103	2.864	10,8	265	1028
Norwest Mortgage	1.408	277	2,5	111	563
Norwest Financial	1.625	247	4	62	406
Total	14.136	3.388	17	196	817

Fonte: Relatório anual 1999 do Wells Fargo.
Vendas = receitas de juros + receitas não decorrentes de juros; receitas = receita líquida de juros + receita líquida não decorrente de juros
Norwest Mortgage e Norwest Financial atualmente fazem parte do Wells Fargo Financial, o qual, segundo o relatório anual de 2007, é assim definido: "O Wells Fargo Financial oferece empréstimos imobiliários, financiamento de automóveis, cartões de crédito para pessoa física com bandeira própria e serviços comerciais para consumidores e empresas."

Community Banking: 10,8 milhões de residências (1999); Norwest Mortgage: 2,5 milhões de residências; Norwest Financial: 4 milhões de residências (relatório anual de 1999).

O Community Banking Group oferece uma linha completa de produtos e serviços financeiros diversificados a consumidores e pequenas empresas, geralmente com vendas anuais de até $10 milhões, nas quais o proprietário normalmente é quem toma as decisões financeiras. O Community Banking também oferece gestão de investimentos e outros serviços para clientes de varejo e para pessoas de patrimônio elevado, corretagem de valores através de afiliadas e financiamento de capital de risco. As atividades do Norwest Mortgage incluem organização e compra de empréstimos hipotecários residenciais para venda a vários investidores e o gerenciamento da cobrança de financiamentos de terceiros. O Norwest Financial inclui operações de crédito ao consumidor e de financiamento de veículos. As operações de crédito ao consumidor referem-se a empréstimos diretos ao consumidor e à compra de contratos de financiamento de vendas de comerciantes de varejo.

28. Estes números são de 2007, e foram calculados como segue:

Crédito ao consumidor	Receitas 2007 ($m)	Lucro líquido 2007 ($m)	Nº de clientes (m)	Vendas por cliente ($)	Lucro por cliente ($)
Wells Fargo					
Community Banking	25.538	5.293	11,1	2.301	477
Financial	5.511	481	7,9	698	61
Total	31.049	5.774	19,0	1.634	304
Bank of America GCSBB	47.682	9.430	59	808	160

Fonte: Relatório anual 2007 do Wells Fargo e www.wellsfargo.com/about/today 2. Relatório anual 2007 Bank of America.

Para uma comparação precisa, devem ser incluídas duas divisões do Wells Fargo. O Community Banking Group oferece uma linha completa de produtos e serviços financeiros diversificados para consumidores e pequenas empresas (11,1 milhões de residências). O Wells Fargo Financial oferece empréstimos imobiliários, financiamento de automóveis, cartões de crédito para pessoa física e de marca própria para varejistas, e serviços comerciais para consumidores e empresas (7,9 milhões de residências).

No Bank of America, o segmento de Serviços Bancários Globais para Consumidores e Pequenas Empresas (GCSSB) atende clientes individuais, oferecendo contas correntes e de poupança, cartões de crédito e débito, e hipotecas primárias e secundárias. Também atende pequenas empresas de certo volume de negócios, oferecendo capital, crédito e serviços de depósitos e pagamentos.

29. http://en.wikipedia.org/wiki/Hong_kong.

30. Este exemplo é de Morten T. Hansen e Bolko Von Oetinger, "Introducing T-Shaped Managers: Knowledge Management's Next Generation", *Harvard Business Review* (2001), 6.

31. Martine R. Haas, 2005. "Cosmopolitans and locals: Status rivalries, deference, and knowledge in international teams". Research on Managing Groups and Teams, 7, 203-230.

32. Este número é uma estimativa das Nações Unidas, http://www.un.org/Pubs/chronicle/2006/issue2/0206p24.htm.

33. Hipóteses: no primeiro ano, a empresa tem $1 bilhão de vendas, o lucro líquido é 10% das vendas e o patrimônio líquido é de $700 milhões. Ao longo de três anos, as vendas decorrentes de colaboração aumentam 9% (3% ao ano), os custos operacionais diminuem 2% e a necessidade de ativos diminui 2%, reduzindo a necessidade de patrimônio em 2% (além disso, as vendas adicionais exigem apenas 80% de patrimônio devido a economias de escala). O retorno sobre o patrimônio passa de 14% para 18%, um aumento de 25%.

A tabela a seguir mostra os cálculos que conduzem a um aumento de 25% do retorno sobre o patrimônio.

($ milhões)

	Ano 1	Alterações	Ano 3
Vendas	$1.000	9%	$1.090
Margem de lucro líquido	10%	2%	12%
Lucro líquido	$100		$131
Patrimônio liquido	$700		
Patrimônio como % de vendas	70%	−2%	68%
Patrimônio necessário para vendas adicionais*		$50	
Patrimônio ajustado para ganho de 2%**			$735
Retorno sobre o patrimônio	14,3%		18%
Alteração no retorno sobre o patrimônio			25%

*Vendas adicionais de 90m exigem apenas 80% do patrimônio usual, devido a economias de escala: 0,70 × 90m é a necessidade de patrimônio e o fator de escala 0,80 => 50 milhões.
**Patrimônio total necessário = (700 + 50) × 0,98 = $735 milhões.

34. A tabela a seguir mostra dados financeiros reais da Procter & Gamble, de 2002 e 2005 (extraídos dos relatórios anuais de 2002 e 2005). Presume-se que os benefícios decorrentes de colaboração (versus outras melhorias) sejam equivalentes a um aumento de receita de 15%, de 2002 a 2005 (o aumento total de receita foi 41%). Acredita-se que a margem de lucro líquido tenha aumentado 1% devido à colaboração (em virtude de reduções de custo e produtividade em pesquisa e desenvolvimento). O lucro líquido aumentou 2,0% durante o período. Presume-se que o patrimônio líquido total como % de vendas tenha caído 1% devido à colaboração (*versus* queda total real de 3,3%). Com esses benefícios decorrentes de colaboração, podemos agora identificar o aumento do retorno sobre o patrimônio (ROE) provocado pela colaboração: ele passa de 31,8% para 35,7%, um aumento de 12,6%. Conclusão: a iniciativa de colaboração na P&G teve impacto significativo sobre o ROE. Esta simulação simples indica um aumento de 12% nos três anos, de 2002 a 2005.

	2002 (real)	2005 (real)	Alteração (real)	Colaboração em 2005 (presumida)	Colaboração em 2005 (presumida)
Receitas	$40.238	$56.741	41,0%	15%	$46.274
Marg. Oper.	16,6%	19,3%	2,7%		
Lucro líquido	10,8%	12,8%	2,0%	1%	$5.468
Patrimônio	$13.706	$17.477			$15.299
Patrimônio/vendas	34,1%	30,8%		−1%	33,1%
ROE	31,8%	41,5%			35,7%
Aumento ROE		30,8%			12,6%

35. Os nomes dos países foram alterados para proteger a identidade da empresa.

36. As informações sobre o MS Estônia foram extraídas de http://en.wikipedia.org/wiki/MS_Estonia.

37. As informações sobre a matriz de colaboração na DNV são provenientes do seguinte caso: Morten T. Hansen, "Transforming DNV: From Silos to Disciplined

Collaboration Across Business Units – Changes at the Top", Teaching Case 08/2007-5458 (Fontainebleau, França: INSEAD, 2007).

38. A análise também mostrou um resultado contrário para equipes principiantes. No caso de equipes com pouca experiência nos assuntos em que trabalhavam, receber ajuda de colegas aumentava as chances de vencer propostas.

39. É interessante notar que Wall Street opera com um "desconto de diversificação de 15%"; o valor das ações de empresas com múltiplas unidades é 15% menor que o de empresas especializadas. As pesquisas indicam que o desconto provavelmente existe, mas que ele é menor – não superior a 10%. Um ótimo resumo disso tudo pode ser encontrado em Belen Villalonga, "Research Roundtable Discussion: The Diversification Discount" (Boston, MA: Harvard Business School, 2003), http://ssrn.com/abstract=402220. Este artigo tem um resumo das constatações e comentários de 16 destacados acadêmicos.

A magnitude do desconto de diversificação depende do tipo de empresas com múltiplas unidades de que estamos falando: as pesquisas revelaram que empresas cujas unidades são relacionadas, como no caso de produtos de hardware e de software, da Apple, se saem melhor que empresas cujas unidades não são relacionadas, como as de motores a jato e lâmpadas, da General Electric. Ver V. Ramanujam e P. Varadarajan "Research on Corporate Diversification: A Synthesis", *Strategic Management Journal* (1989), 523-551, para obter uma ampla análise de décadas de pesquisa sobre esse assunto. Algumas pesquisas confirmaram a hipótese de que a diversificação relacionada e moderada pode aprimorar o desempenho. Ver, por exemplo, Costas Markides, "Consequence of Corporate Refocusing: Ex-ante Evidence", *Academy of Management Journal* (1992), 398-412. Um crescente corpo de pesquisa sustenta que isso depende de se estamos falando de economias desenvolvidas (com mercados maduros e eficientes) ou em desenvolvimento. O argumento é que em economias em desenvolvimento, os conglomerados – empresas que operam muitas linhas de negócios diferentes – saem-se bem porque desempenham funções normalmente desempenhadas no mercado: têm um mercado interno para obtenção de capital, que distribui dinheiro para as unidades de negócios, e um mercado de trabalho interno, que desloca os funcionários de acordo com as necessidades dessas diferentes unidades. Ver Tarun Khanna e Krishna Palepu, "Why Focused Strategies May Be Wrong for Emerging Markets", *Harvard Business Review* (1997); e Abhirup Chakrabarti, Kulwant Singh e Ishtiaq Mahmood, "Diversification and Performance: Evidence from East Asian Firms", *Strategic Management Journal* (2007), 101-120.

40. Várias pesquisas tentam determinar o número de aquisições que não dão certo. Uma pesquisa KPMG ("Beating the Bears", 2003), com base em uma amostra das maiores transações realizadas em 2000-2001, constatou que 66% fracassaram (tendo como base a alteração no preço das ações antes da transação e um ano depois). A Mercer Management Consulting, atualmente Oliver Wyman ("Trans-Atlantic Merger and Acquisition Activity Delivers Shareholder Value", *Canadian Corporate News*, 28 de maio de 2002), analisou 152 aquisições, e usou como critério de sucesso lucros

maiores do que a média do setor no decorrer de dois anos. Verificou-se que 39% tiveram um desempenho inferior ao esperado (resultados de pesquisa obtidos através da Oliver Wyman, em 25 de novembro de 2008, em uma apresentação de slides denominada "How successful are transatlantic mergers and acquisitions at creating value?" Café da manhã com a imprensa, Paris, 21 de março de 2002). Uma pesquisa realizada pela Accenture ("Accenture/Economist Intelligence Unit 2006 Global M&A Survey", 2006) avaliou 420 altos executivos e descobriu que 55% acreditavam que as sinergias de custos esperadas não foram alcançadas, enquanto 50% achavam que as sinergias de receitas não foram atingidas em suas últimas aquisições. Os livros *The Synergy Trap: How Companies Lose the Acquisition Game*, de Mark Sirower (2007), e *Deals From Hell: M&A Lessons That Rise Above the Ashes*, de Robert Bruner (2005), revelam como a busca por sinergia pode reduzir o valor para os acionistas. Outras pesquisas produziram constatações semelhantes.

Algumas pesquisas demonstraram que as aquisições podem ser compensadoras. Por exemplo, uma pesquisa da KPMG ("The Determinants of M&A Success: What Factors Contribute to Deal Success?", 2007) examinou 510 transações anunciadas entre 1º de janeiro de 2000 e 31 de dezembro de 2004, e descobriu que o preço das ações da adquirente aumentou 10,8% a mais que as ações de empresas similares não adquirentes do setor, após dois anos.

Entretanto, esses são resultados médios, amplamente distribuídos dentro da amostra. O que todas essas pesquisas têm em comum é que elas revelam que há uma ampla distribuição de desempenho pós-aquisição, e que uma grande parte apresenta resultados medíocres. Ao que tudo indica, aquisições são um jogo fraudulento com resultados incertos – e, muitas vezes, insatisfatórios.

41. Discurso de Gunter Thielen, "Growth as an Entrepreneurial Challenge", University of St. Gallen, Suíça, 14 de maio de 2004.

42. A ênfase em descentralização tende a continuar. Hartmut Ostrowski, novo chairman e CEO da empresa, que sucedeu Thielen em 1º de janeiro de 2008, provavelmente manterá essa conduta: "Para gerar crescimento orgânico duradouro, Ostrowski considera mais importante do que nunca que todos os executivos aproveitem sua liberdade de iniciativa e se esforcem para alcançar metas ambiciosas com máxima responsabilidade individual." "Bertelsmann Readies for Growth", press release, 13 de dezembro de 2007, www.bertelsmann.com (acessado em 16 de dezembro de 2007).

43. Os problemas da Bertelsmann para lançar uma livraria virtual estão bem documentados no caso e teaching note seguintes: J. Barsoux e C. D. Galunic, "Bertelsmann (A) Corporate Structures and the Internet Age", Caso 06/2007-4907 (Fontainebleau, França: INSEAD, 2000); e J. Barsoux, "Bertelsmann: Corporate Structure and the Internet Age" Teaching note 06/2007-4907 (Fontainebleau, França: INSEAD, 2000).

44. Libby Quaid, "Some Seek a Single Agency to Ensure Safety of All Produce", *San Diego Union Tribune*, 10 de outubro de 2006, www.signonsandiego.com (acessado em 17 de dezembro de 2007).

45. Morten T. Hansen, "Transforming DNV: From Silos to Disciplined Collaboration Across Business Units – The Food Business in 2005", Teaching case 08/2007-5458 (Fontainebleau, França: INSEAD, 2007).

46. Evidentemente, a unidade de certificação não podia certificar o trabalho de consultoria de outra unidade, mas havia outras grandes oportunidades de vender novos serviços para clientes existentes.

47. Este número e outros deste caso foram alterados por motivo de sigilo.

Capítulo 3

1. Todas as informações sobre o 11 de Setembro foram retiradas de duas fontes: (1) The National Commission on Terrorist Attacks Upon the United States, Final Report of the National Commission on Terrorist Attacks Upon the United States, (Nova York: W. W. Norton & Company, 2004). Este relatório é informalmente conhecido como "the 9/11 Commission report" e "the 9/11 report". "Jane" é um nome fictício usado no relatório (página 271). (2) The House Permanent Select Committee on Intelligence e the Senate Select Committee on Intelligence, *9/11 Report: Joint Congressional Inquiry. Report of the Joint Inquiry into the Terrorist Attacks of September 11, 2001*, 24 de julho de 2003, http://news.findlaw.com/hdocs/docs/911rpt/. Este relatório não é o mesmo que "the 9/11 Commission report", e contém testemunhos não existentes neste último.

Além disso, Jan Rivkin, Michael Roberto e Erika Ferlins escreveram um estudo de caso, da Harvard Business School, sobre a situação do serviço de inteligência nacional antes de 11 de setembro, e ele apresenta resumos de parte do conteúdo do "9/11 Commission report". J. Rivkin, M. Roberto e E. Ferlins, "Managing National Intelligence (A): Before 9/11", Case 9-706-463 (Boston: Harvard Business School, 2006).

2. *Final Report of the National Commission on Terrorist Attacks Upon the United States*, 159.

3. Ibid., 354.

4. Ibid., 267.

5. Ibid., 269-270.

6. Ibid., 272. O memorando completo pode ser obtido em http://thememoryhole.org/911/phoenix-memo.

7. O relatório da Comissão do 11 de Setembro dedicou muito pouco espaço a este memorando, mas ele recebeu muita atenção durante as audiências. Outras pessoas reconheceram sua importância, incluindo Robert S. Mueller, diretor do FBI, que comentou o seguinte sobre o memorando e outras informações: "Não tivemos pessoas que olhassem o cenário como um todo e juntassem as peças." Citado em David Johnston e Don Van Natta Jr., "Traces of Terror: The F.B.I. Memo: Ashcroft Learned of Agent's Alert Just after 9/11", *New York Times*, 21 de maio de 2002.

8. *Final Report of the National Commission on Terrorist Attacks Upon the United States*, 275.

9. Ibid., 276.

10. Ibid., 260.
11. Ibid., 277.
12. Ibid., 257.
13. Ibid.
14. Ibid., 259.
15. Citado em *9/11 Report: Joint Congressional Inquiry Report*, 78. O FBI praticava uma descentralização excessiva. Louis Freeh, ex-diretor do FBI, era de opinião que o trabalho deveria ser feito de forma independente nas 56 divisões de campo espalhadas pelos Estados Unidos. Para garantir que isso acontecesse, ele cortara pessoal na sede e delegara muito poder às divisões de campo. Como resultado, "os agentes especiais no comando ganharam poder, influência e independência" (*Final Report of the National Commission on Terrorist Attacks Upon the United States*, 76.) Cada divisão de campo tinha o desempenho avaliado, usando critérios como número de prisões e condenações. Nessa estrutura, casos individuais eram atribuídos a divisões de campo específicas (Nova York tratou do caso bin Laden), porém, como as divisões de campo operavam de forma independente, havia pouca motivação para colaborar em um caso.
16. *Final Report of the National Commission on Terrorist Attacks Upon the United States*, 353.
17. O número de funcionários variava de 50 a 150.000 (média = 11.076). Os setores incluíam fabricação, serviços financeiros, alta tecnologia, bens de consumo/varejo, assistência médica, serviços profissionais e energia. É uma amostra bastante representativa, mas não é aleatória, razão pela qual se recomenda cuidado ao tirar conclusões.
18. Citado em Morten T. Hansen e Nitin Nohria. "How to Build Collaborative Advantage", *Sloan Management Review* (2004).
19. Psicólogos rotularam este comportamento de "in-group" bias, em que o grupo supervaloriza sistematicamente seus membros e subestima os que não fazem parte dele. Ver R. Katz e T. J. Allen, "Investigating the Not Invented Here (NIH) Syndrome: A Look at the Performance, Tenure, and Communications Patterns of 50 R&D Project Groups", em *Readings in the Management of Innovation*, 2ª ed., publicado sob a direção de M. L. Tushman e W. L. Moore (Nova York: Ballinger/Harper & Row, 1988), 293-309; M. B. Brewer, "Ingroup Bias in the Minimal Intergroup Situation: A Cognitive Motivational Analysis", *Psychological Bulletin* 86 (1979), 307-324; e H. Tajfel e J. C. Turner, "The Social Identity Theory of Intergroup Behavior", em *Psychology of Intergroup Relations*, 2ª ed., publicado sob a direção de S. Worchel e W. G. Austin (Chicago: Nelson Hall, 1986), 7-24.
20. Realizei esta pesquisa em 1995 no setor de equipamentos eletrônicos de medição da Hewlett-Packard (hoje parte da Agilent). A pesquisa consistiu de um exame abrangente da rede de contatos entre 41 unidades de negócios, outro exame da rede de contatos entre engenheiros de 120 projetos de desenvolvimento de produtos e uma coleta de dados detalhados das características e desempenho desses projetos. Os dados permitiram uma sólida análise estatística de regressão, revelando os efeitos a que me refiro ao longo deste capítulo. Para obter uma visão geral da pesquisa, ver apêndice.

21. Este resultado está relatado em Morten T. Hansen, Louise Mors e Bjorn Lovas, "Knowledge Sharing in Organizations: Multiple Networks, Multiple Phases", *Academy of Management Journal* (2005).

A análise de 120 equipes avaliou a rede de contatos entre seus membros e, em seguida, usou essa avaliação para prever se uma equipe entraria em contato com outras divisões, levando em conta sua necessidade de fazê-lo. A análise de regressão revelou que a probabilidade de fazer contato diminuía à medida que aumentava o número de relações preexistentes entre os membros da equipe.

22. Ver Patricia Beard, *Blue Blood and Mutiny: The Fight for the Soul of Morgan Stanley* (Nova York: HarperCollins, 2007).

23. Carol J. Loomis, "Morgan Stanley Dean Witter: The Oddball Marriage Works Yes, the Morgans and the Witters have their little differences. But that didn't keep them from lapping the competition in profits last year". *Fortune*, 26 de abril de 1999.

24. Robert H. Frank, *Choosing the Right Pond: Human Behavior and the Quest for Status* (Oxford: Oxford University Press, 1985).

25. Na pesquisa da Hewlett-Packard mencionada anteriormente no capítulo, encontramos respaldo para esta hipótese: desenvolvedores de produtos não contatavam unidades de especialistas em busca das tecnologias de que precisavam, mas, em vez disso, faziam contato com unidades em que tinham conhecidos; eles pediam ajuda a pessoas que conheciam, e não a expertos que não conheciam. Ver Morten T. Hansen e Bjorn Lovas, "How Do Multinational Companies Leverage Technological Competencies? Moving from Single to Interdependent Explanations", *Strategic Management Journal* (2004). Outra pesquisa confirma essas constatações: Tiziana Casciaro e Miguel Sousa Lobo, "Competent Jerks, Lovable Fools, and the Formation of Social Networks", *Harvard Business Review* (junho de 2005).

26. Em assuntos do Serviço de Inteligência, esta barreira pode ser chamada de "não descoberto aqui", algo que ocorre quando agentes não estão dispostos a entrar em contato com outras agências para pedir informações.

27. *Final Report of the National Commission on Terrorist Attacks Upon the United States*, 417.

28. *9/11 Report: Joint Congressional Inquiry Report*, 16.

29. Estas constatações foram extraídas de Morten T. Hansen et al, "Knowledge Sharing in Organizations: Multiple Networks, Multiple Phases".

30. Jeffrey Pfeffer ressaltou muitas vezes este problema da maioria dos sistemas de incentivo. Ver Jeffrey Pfeffer, "Six Dangerous Myths About Pay", *Harvard Business Review* (maio-junho de 1998); e Jeffrey Pfeffer e Robert Sutton, *Hard Facts, Dangerous Half-Truths and Total Nonsense: Profiting from Evidence-based Management* (Boston: Harvard Business School Press, 2006), Capítulo 5.

31. Leslie Perlow, "The Time Famine: Towards a Sociology of Work Time", *Administrative Science Quarterly* 44, n. 1 (março de 1999), 57-81.

32. Morten T. Hansen, Joel Podolny e Jeffrey Pfeffer, "So Many Ties, So Little Time: A Task Contingency Perspective on the Value of Corporate Social Capital in Organizations", *Research in the Sociology of Organizations* (2001).

33. *Final Report of the National Commission on Terrorist Attacks Upon the United States*, 417.

34. A retenção de informações predominava de tal forma no FBI que o vice-diretor Bryant informou aos agentes que "disponibilizar muita informação podia ser um obstáculo à carreira". Isso é que é incentivo limitado! Parte desse sistema veio de normas estabelecidas em 1995 para restringir a partilha de informações entre o FBI e os promotores públicos do Departamento de Justiça. Mas, conforme declarou a Comissão do 11 de Setembro, "Essas normas foram mal interpretadas e mal aplicadas quase de imediato". Os agentes do FBI começaram a acreditar que a regra se aplicava à partilha de informações entre *agentes*, quando, na verdade, a regra referia-se à partilha entre agentes e *promotores públicos*. A má interpretação tornou-se regra, a qual, com o tempo, ficou conhecida como "a barreira". A Comissão do 11 de Setembro concluiu que "o fluxo de informações encolheu" em consequência de má interpretação da norma original.

35. Isto era avaliado como o percentual de todos os meses de engenharia orçados, gastos em buscas; pedimos aos gerentes de projeto para fazer essa avaliação (eles mantinham um registro detalhado de como os engenheiros de projeto empregavam o tempo). Ver Hansen et al., "Knowledge Sharing in Organizations: Multiple Networks, Multiple Phases".

36. Alguns analistas alegam que a distância não importa mais. O título do livro de Frances Cairncross, *The Death of Distance: How the Communications Revolution is Changing Our Lives* (Boston: Harvard Business School Press, 1997) já diz tudo. O livro de Thomas Friedman, *The World is Flat: a Brief History of the Twenty-First Century* (Nova York: Farrar, Straus e Giroux, 2005), também sustenta que a distância física tornou-se quase desimportante. São alegações exageradas. Larry Prusak refutou essa alegação em um editorial apropriadamente chamado "The World is Round" (*Harvard Business Review*, abril de 2006). Pesquisas acadêmicas demonstram que a distância ainda é importante. Ver Hansen e Lovas, "How Do Multinational Companies Leverage Technological Competencies?"; e Pamela Hinds e Mark Mortensen, "Understanding Conflict in Geographically Distributed Teams: The Moderating Effects of Shared Identity, Shared Context, and Spontaneous Communication", *Organization Science* (2005), 290-307. Ver também Pamela Hinds e Sara Kiesler (orgs.), *Distributed Work* (Cambridge, MA: MIT Press, 2002), que se concentra na forma de gerenciar equipes distribuídas.

37. T. Allen, *Managing the Flow of Technology* (Cambridge: MIT Press, 1977). Na pesquisa de Allen, a probabilidade de dois engenheiros se comunicarem caía de 0,25, quando estavam a dois metros de distância (basicamente sentados um ao lado do outro), para cerca de 0,05, quando estavam sentados a 25 metros de distância (ver Figura 8.3, p. 239). Um contra-argumento lógico é que pessoas que se sentam mais longe o

fazem porque trabalham em grupos diferentes; neste caso, esta constatação é apenas produto da estrutura da organização e não tem nada a ver com a menor comunicação entre engenheiros quando a distância aumenta. Levando isso em conta, Allen dividiu os profissionais em grupos formais de trabalho, e estabeleceu uma linha de separação para os que trabalhavam no mesmo grupo. Neste caso, também, a probabilidade de comunicação diminuía drasticamente à medida que a distância física aumentava (ver Figura 8.4, p. 241).

38. Ver Hansen e Lovas, "How do Multinational Companies Leverage Technological Competencies?" O mesmo fenômeno ocorre entre empresas. Ver O. Sorenson e T. Stuart, "Syndication Networks and the Spatial Distribution of Venture Capital Investments", *American Journal of Sociology* 106, n. 6 (2001). Outra pesquisa sobre comunicação em uma grande empresa revelou que a distância é um obstáculo à comunicação: Adam M. Kleinbaum, Toby E. Stuart e Michael L. Tushman, "Communication (and Coordination?) in a Modern, Complex Organization", working paper 09-004, Harvard Business School, Boston, julho de 2008.

39. Roberta Wohlstetter, *Pearl Harbor: Warning and Decision* (Stanford, CA: Stanford University Press, 1962). A citação é da página 387. O exemplo do avião invasor também é deste livro (página 11).

40. Morten T. Hansen e Martine Haas, "Competing for Attention in Knowledge Markets: Electronic Document Dissemination in a Management Consulting Company", *Administrative Science Quarterly* (2001).

41. Encontramos respaldo para esta afirmação em uma pesquisa de bancos de dados de conhecimento de uma grande empresa de consultoria (ibid.). Os consultores usavam com mais frequência os bancos de dados que continham menos documentos de alta qualidade sobre uma lista restrita de assuntos (em vez de bancos de dados que continham muitos documentos mal selecionados sobre vários assuntos).

42. Stanley Milgram, "The Small World Problem", *Psychology Today* 2 (1967), 60-67.

43. J. Travers e S. Milgram, "An Experimental Study of the Small World Problem", *Sociometry* 32 (1969), 425-443. Um estudo mais atualizado serviu como confirmação. Duncan Watts, da Universidade de Columbia, juntamente com os pesquisadores Peter Dodds e Roby Muhamad, descobriu que quando 24 mil pessoas de todas as partes do mundo enviavam e-mails para conhecidos, para entrar em contato com uma entre 18 pessoas-alvo, o número de passos nessas redes de busca ficava entre cinco e sete (como no resultado de Milgram). Peter Sheridan Dodds, Roby Muhamad e Duncan J. Watts, "An Experimental Study of Search in Global Social Networks", *Science*, 8 de agosto de 2003.

44. Jasjit Singh, Morten T. Hansen e Joel Podolny, "The World is Not Small for Everyone: Pathways of Discrimination in Searching for Information in Organizations". Working paper, INSEAD (Fontainebleau, França: INSEAD, 2009).

45. *Final Report of the National Commission on Terrorist Attacks Upon the United States*, 77.

46. *9/11 Report: Joint Congressional Inquiry Report*, páginas 55-56.

47. Ver Hansen et al., "Knowledge Sharing in Organizations: Multiple Networks, Multiple Phases".

48. A pesquisa original e abalizada sobre conhecimento tácito foi feita por M. Polanyi, *The Tacit Dimension* (Nova York: Anchor Day Books, 1966).

49. A equação foi obtida de Sergey Brin e Lawrence Page, "The Anatomy of a Large-Scale Hypertextual Web Search Engine", Universidade de Stanford (1996), http://infolab.stanford.edu/~backrub/google.html. Uma boa explicação pode ser encontrada em www.ianrogers.net/google-page-rank. Para os meus propósitos, não é necessário definir os elementos da equação (ver este site para obter explicações). O ponto principal é que é uma formula precisa para determinar a classificação de um site; quanto mais alta a classificação, mais relevante ele é considerado na busca de um assunto específico. Ver também http://en.wikipedia.org/wiki/PageRank#_note-0.

50. Há uma discussão interessante entre especialistas em estratégia, em que o conhecimento tácito – *versus* explícito – é o mais valioso porque é muito mais difícil de ser copiado pelos concorrentes. Ele protege a fonte de vantagem competitiva da empresa. Neste caso, surpreende o fato de que as empresas tenham sido lentas para copiar a fórmula de busca do Google. Ela já era conhecida em 1996, quando Brin e Page publicaram seu trabalho acadêmico.

51. A citação é de Fernand Point, *Ma Gastronomie* (tradução inglesa, 20080, 6l). O livro foi publicado inicialmente em 1969 (Paris, França). É uma citação muito interessante, sugere que o grande chef pensa que sua verdadeira habilidade é o conhecimento tácito, que não pode ser capturado numa receita. As pessoas acham que os grandes chefs não dão suas verdadeiras receitas – "o molho secreto" – porque os outros poderiam simplesmente copiá-lo e tornar-se igualmente bons. Mas isso está longe de ser verdade, porque o molho secreto está na prática da receita e não na receita em si.

52. As pesquisas a seguir demonstraram como é difícil transferir conhecimento tácito: Morten T. Hansen, "The Search-Transfer Problem: The Role of Weak Ties in Sharing Knowledge Across Organizations Subunits", *Administrative Science Quarterly* (1999); U. Zander e B. Kogut, "Knowledge and the Speed of Transfer and Imitation of Organizational Capabilities: An Empirical Test", *Organization Science* 6 (1995), 76-92; e G. Szulanski, "Exploring Internal Stickiness: Impediments to the Transfer of Best Practice Within the Firm", *Strategic Management Journal* 17, Edição especial: Knowledge and the Firm (inverno de 1996), 27-43.

53. Kieran Mulvaney, "Trainer to the Champions Had Unique View of Ali and Other Fighters", Especial para a ESPN.com, 18 de dezembro de 2007, http://sports.espn.go.com/sports/boxing/news/story?id=3158201.

54. Ver Morten T. Hansen, 1999, "The Search-Transfer Problem: The Role of Weak Ties in Sharing Knowledge across Organization Subunits", *Administrative Science Quarterly* 44, 82-11.

55. A comprovação da Tabela 3.1 é a seguinte: usando a amostra de pesquisa de 107 empresas, fiz uma análise de regressão que prediz os efeitos de cada solução

gerencial para cada uma das barreiras. Os coeficientes de regressão revelaram os seguintes resultados: mostram quanto retorno cada mecanismo produz na redução de uma barreira, conforme mostrado na figura a seguir. Por exemplo, o coeficiente dos efeitos de união na redução da barreira "não inventado aqui" é 35%. Isso significa que um aumento de 10 pontos na escala de união (escala de 0 a 100) reduz a barreira em 3,5 pontos (escala de 0 a 100). Assim, indo de 0 a 100 na escala de união, reduz essa barreira em 35 pontos. Isso é substancial.

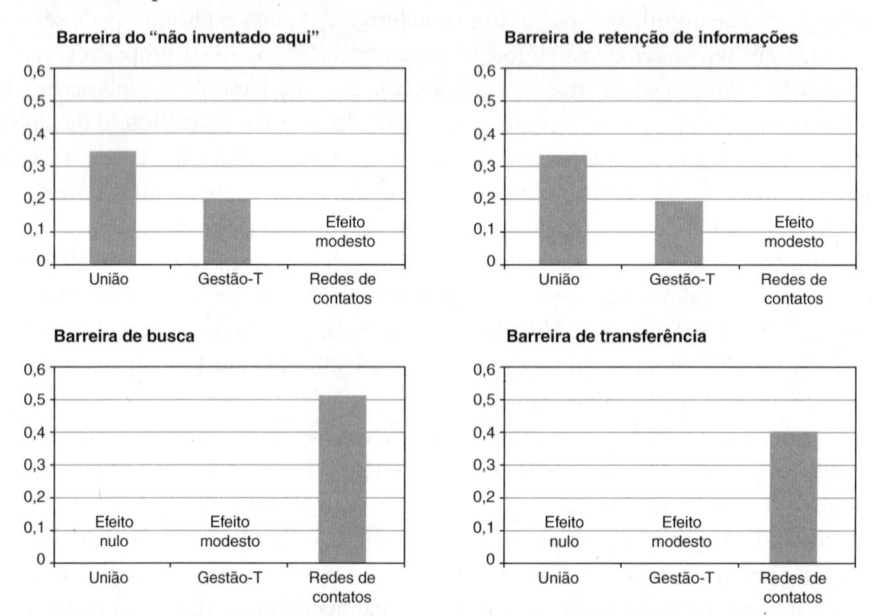

Barreira do "não inventado aqui"

União	Gestão-T	Redes de contatos
0,35	0,2	Efeito modesto

Barreira de retenção de informações

União	Gestão-T	Redes de contatos
0,33	0,2	Efeito modesto

Barreira de busca

União	Gestão-T	Redes de contatos
Efeito nulo	Efeito modesto	0,5

Barreira de transferência

União	Gestão-T	Redes de contatos
Efeito nulo	Efeito modesto	0,4

56. Sistemas de informação também ajudam nas buscas e constituem uma quarta solução que poderia ser posta neste mapa. Não fiz isso porque este livro não é sobre tecnologia da informação.

Capítulo 4

1. Este relato baseia-se principalmente em relatório detalhado fornecido em Muzafer Sherif, O. J. Harvey, B. Jack White, William R. Hood e Carolyn W. Sherif, *The Robbers Cave Experiment: Intergroup Conflict and Cooperation* (Middletown, CT: Wesleyan University Press, 1988; impresso originalmente em 1961). É uma experiência extraordinária em abrangência, ambição e rigor. A experiência de 1954 foi a terceira pesquisa de "colônia de férias" da série. A primeira (em 1949) foi semelhante às primeiras duas semanas da experiência de 1954, ao passo que a segunda (em 1953) teve de ser cancelada porque os meninos atribuíram as causas de conflitos e frustração aos administradores da colônia. A experiência de 1954 é excepcional, porque combina vários métodos: experiência de campo, análise dos meninos, observações dos participantes e miniexperiências disfarçadas de jogos. É triste ver que a pesquisa acadêmica contemporânea raramente realiza esse tipo de experiência. Dito isso, o método

especial da pesquisa de 1954 certamente não estaria dentro dos padrões de direitos humanos para o tratamento de pessoas, que diz que voluntários devem dar seu total consentimento e não devem ser submetidos a injustiças. Foi por essa razão que a experiência de 1954 nunca foi repetida.

2. Os pesquisadores esforçaram-se para selecionar cuidadosamente os meninos. Primeiro entraram em contato com diretores de várias escolas e, depois, escolheram vários garotos (200 no total). Eles entrevistaram os pais e, em seguida, selecionaram 22 garotos. Tomaram muito cuidado para escolher meninos bem ajustados; aqueles com histórico problemático ou problemas sociais poderiam comportar-se mal e arruinar a pesquisa. Sherif e seus colegas queriam descartar a possibilidade de que garotos baderneiros caracterizassem os resultados.

3. Sherif et al., *The Robbers Cave Experiment*, páginas 101 e 109.

4. Ibid., 113.

5. Ibid., 171.

6. Ibid., 171. A esta altura, dois garotos já haviam ido embora porque estavam com saudades de casa.

7. Memorando para o vice-presidente, 20 de abril de 1961, Arquivos Presidenciais, John F. Kennedy Presidential Library, Boston, http://history.nasa.gov/Apollomon/apollo2.pdf.

8. Memorando para o presidente, Assunto: Avaliação do Programa Espacial, Gabinete do Vice-presidente, 28 de abril de 1961, NASA Historical Reference Collection, sede da NASA, Washington, D.C., http://history.nasa.gov/Apollomon/apollo2.pdf.

9. "Transcrição da reunião presidencial na Casa Branca, realizada na sala de reunião com os ministros. Assunto: Verbas adicionais para a Estação Nacional de Aeronáutica e do Espaço (NASA), 21 de novembro de 1962", http://history.nasa.gov/JFK-Webbconv/pages/transcript.pdf. A transcrição foi liberada em 2001. Andrew Chaikin, "White House Tapes Shed Light on JFK Space Race Legend", *Space & Science*, 22 de agosto de 2001.

10. As deliberações estão bem descritas no seguinte documento da NASA: "Proposals: Before and After May 1961", http://history.nasa.gov/SP-4205/ch3-2.html (acessado em 13 de janeiro de 2008).

11. "Concluding Remarks by Dr. Wernher von Braun About Mode Selection for Lunar Landing Program", 7 de junho de 1962, Lunar-Orbit Rendezvous file, NASA Historical Reference Collection, sede da NASA, Washington, D.C., http://history.nasa.gov/Apollomon/apollo6.pdf. Todas as citações de von Braun relativas às decisões sobre o modo de entrar na Lua foram retiradas dessa fonte.

12. Há uma desconcertante variedade de termos para descrever metas: *metas superiores, visão, missão, metas abrangentes*, e assim por diante. Eu uso simplesmente metas de união, que pode ou não coincidir com esses outros termos, dependendo das definições usadas. O termo *meta de união* é simples e não confunde.

O livro *Feitas para durar* descreve metas ambiciosas como catalisadores de progresso irrefutáveis em empresas permanentemente notáveis; James Collins e Jerry Porras,

Feitas para durar: práticas bem-sucedidas de empresas visionárias (Rio de Janeiro: Editora Rocco, 2007). Os autores usam o termo *Big Hairy Audacious Goals* (BHAG – metas ambiciosas, complexas e audaciosas) para descrever essas convincentes metas. Embora as metas de união tenham algumas características em comum com as BHAGs (por exemplo, serem simples e concretas), a característica-chave das metas de união – que elas devem criar um destino comum – não é requisito de uma BHAG. A meta "número um ou número dois", de Jack Welch (discutida posteriormente neste capítulo), é uma BHAG, mas não é uma meta de união.

13. Catherine Thimmesh, *Team Moon: How 400,000 People Landed Apollo 11 on the Moon* (Nova York: Houghton Mifflin Company, 2006).

14. Noel Tichy e Ram Charan, "Speed, Simplicity, Self-Confidence: An Interview with Jack Welch", *Harvard Business Review* (setembro-outubro de 1989).

15. A Airbus não declarou esta meta oficialmente. Mas considerando as informações que obtive ao conversar com uma série de engenheiros e gerentes da Airbus, muitos funcionários, especialmente os engenheiros, fizeram grande esforço para cumprir essa meta unificadora de superar a Boeing.

16. A informação sobre pedidos recebidos foi obtida em http://en.wikipedia.org/wiki/Airbus#Orders_and_deliveries (acessado em 8 de janeiro de 2008). Outros critérios incluem pedidos entregues e valores de pedidos.

17. Em meados de 2000, a Airbus teve grandes problemas na fabricação do gigante A380, de dois andares. Um problema significativo foi unificar as várias facções da Airbus, notadamente as operações nacionais da Alemanha, França, Reino Unido e Espanha. Em muitos aspectos, as relações foram antagônicas desde o início – dominadas pelo "veneno de rivalidades nacionais", como escreveu o *Financial Times* em 2007 (Kevin Done, "Airbus Seeks to End 'Poison' of Rivalries", *Financial Times*, 28 de fevereiro de 2007). Dadas essas rivalidades nacionais, é surpreendente que a Airbus tenha tido um desempenho tão bom nos anos 1990 e início do ano 2000, e acredito que isso teve muita relação com o objetivo único de ultrapassar a Boeing. De muitas maneiras, essa meta de união manteve sob controle as rivalidades acirradas, algo que precisa ser tratado no âmbito de propriedade e governança corporativa. A Airbus pertence à empresa controladora EADS. Ver Peggy Hollinger e Gerrit Wiesmann, "Rivalries Have Disrupted Steep Climb of Airbus", *Financial Times*, 13 de novembro de 2006; e "Time for a New, Improved Model", *Economist*, 22 de julho de 2006.

18. "Transcrição da reunião presidencial na Casa Branca, na sala de reunião com os ministros; Assunto: Verbas adicionais para a Estação Nacional de Aeronáutica e do Espaço (NASA), 21 de novembro de 1962."

19. Thimmesh, *Team Moon: How 400,000 People Landed Apollo 11 on the Moon*, 9.

20. Pesquisa de opinião conduzida pela Beta Research Corp. (Syoset, NY), para a *BusinessWeek*. Publicada na *BusinessWeek*, 21/28 de agosto de 2006, 44-48. O resultado foi 44% e 47% para homens e mulheres, respectivamente.

21. Citado na *BusinessWeek*, 21/28 de agosto de 2006, 54.

22. Muzafer Sherif também demonstrou o poder de ter um inimigo comum em suas experiências em colônias de férias. Em uma experiência que ele realizou alguns anos antes da experiência de Robbers Cave, sua equipe gerou competição e rivalidade entre dois grupos de meninos (desta vez, eles eram chamados "Red Devils" e "Bull Dogs"). Para promover entrosamento entre eles, Sherif introduziu um inimigo comum – um terceiro grupo de campistas de uma cidade vizinha. Os Red Devils e os Bull Dogs formaram uma equipe composta de seus melhores jogadores, para disputar uma partida de softball com o novo grupo. Este provou ser o meio mais eficaz de diminuir a competição e a hostilidade entre os dois grupos (embora agora houvesse hostilidade contra um terceiro grupo). Ver Muzafer Sherif e Carolyn W. Sherif, *Groups in Harmony and Tension* (Nova York: Harper Brothers, 1953), 286.

23. Citado em *BusinessWeek*, 21/28 de agosto de 2006, 55.

24. Ibid., 52

25. Ibid., 97.

26. Ver Ruth Wageman, Debra A. Nunes, James A. Burruss e Richard Hackman, *Senior Leadership Teams: What It Takes to Make Them Great* (Boston: Harvard Business School Press, 2008).

27. Entrevista pessoal com Tom DeLong, janeiro de 2008.

28. História relatada em William A. Sahlman e Alison Berkley Wagonfeld, "Intuit's New CEO: Steve Bennett", Case 9-803-044 (Boston: Harvard Business School, 2003), 11.

29. Varda Liberman, Steven M. Samuels e Lee Ross, "The Name of the Game: Predictive Power of Reputations Versus Situational Labels in Determining Prisoner's Dilemma Game Moves", *Personality and Social Psychology Bulletin* (2004), 1175-1185.

30. Na pesquisa, os autores também descobriram que esses resultados se mantinham após sete rodadas. Na contagem do número de decisões "cooperativas" após sete rodadas, os jogadores do jogo da comunidade tinham uma média de 4,63 decisões cooperativas (de um máximo de 7), enquanto esse número era de 2,21 no jogo de Wall Street. Isso significa que os jogadores são cerca de duas vezes mais propensos a optar por uma reação cooperativa. Além disso, os autores realizaram uma pesquisa semelhante entre aprendizes de piloto de combate israelenses e obtiveram resultados similares.

31. Fabrizio Ferraro, Jeffrey Pfeffer e Robert Sutton, "Economics Language and Assumptions: How Theories Can Become Self-Fulfilling", *Academy of Management Review* (2005), 9-24.

32. R. H. Frank, T. Gilovich e D. T. Regan, "Does Studying Economics Inhibit Cooperation?" *Journal of Economic Perspectives* 7 (1993), 159-171. Ver também D. T. Miller, "The Norm of Self-Interest", *American Psychologist* 54 (1999), 1053-1060.

33. Citado em Morten Hansen, "Transforming DNV: From Silos to Disciplined Collaboration Across Business Units – Changes at the Top", Case 08/2007-5458 (Fontainebleau, França: INSEAD, 2007).

Capítulo 5

1. M. Diane Burton, "Rob Parson at Morgan Stanley (A)", Case 9-498-054 (Boston: Harvard Business School, 1998). Os nomes usados não são os nomes verdadeiros das pessoas.
2. Ibid., 7.
3. Ibid., 7.
4. Ibid., 9.
5. Ibid., 5.
6. Ibid., páginas 5, 12 e 13.
7. Diane Burton, mensagem pessoal, 9 de setembro de 2008.
8. Informações sobre esta iniciativa de mudança foram obtidas em duas fontes: M. Diane Burton, Thomas DeLong e Katherine Lawrence, "Morgan Stanley: Becoming a One-Firm Firm", Teaching case 9-400-043 (Boston: Harvard Business School, 2000), e M. Diane Burton, "The Firmwide 360-Degree Performance Evaluation Process at Morgan Stanley", Teaching case 9-498-053 (Boston: Harvard Business School, 1998).
9. O conceito de estrelas solitárias foi lançado em Morten T. Hansen, "Turning the Lone Star into a Real Team Player", *Financial Times*, 7 de agosto de 2002.
10. O conceito de gestão-T foi lançado em Morten T. Hansen e Bolko von Oetinger, "Introducing T-Shaped Managers: Knowledge Management's Next Generation", *Harvard Business Review* (março-abril de 2001).
11. Este programa de mudança está detalhado em Morten T. Hansen e Christina Darwall, "Intuit, Inc.: Transforming an Entrepreneurial Company into a Collaborative Organization (A)", Case 9-403-064 (Boston: Harvard Business School, 8 de maio de 2003).
12. Ibid.
13. Nos últimos anos, o conceito de "guerra por talentos" foi o centro das atenções (ver Ed Michaels, Helen Handfield-Jones e Beth Axelrod, *The War for Talent* (Boston: Harvard Business School Press, 2001). O argumento é que, para conquistar e manter os melhores profissionais, as empresas precisam ganhar a batalha de recrutar, desenvolver e reter grandes talentos. Isso foi questionado. Jeffrey Pfeffer e Robert Sutton, em seu livro magnífico *Hard Facts, Dangerous Half-Truths and Total Nonsense: Profiting From Evidence-based Management* (Boston: Harvard Business School Press, 2006), afirmam que "sistemas excelentes não raro são mais importantes que pessoas excelentes" (96). O professor Boris Groysberg, da *Harvard Business Review*, produziu um dos artigos mais sutis e conscientes sobre o tema, e demonstra como as estrelas dependem do ambiente em que trabalham (ver, por exemplo: Groysberg, Boris, Linda-Eling Lee e Ashish Nanda, "Can They Take It with Them? The Portability of Star Knowledge Workers' Performance: Myth or Reality". *Management Science* 54, 2008). Este capítulo se baseia nessas perspectivas mais sutis. Eu sustento que um sistema preparado para escolher e promover a gestão-T sobrepuja qualquer outro que se esforça para recrutar e reter grandes talentos de todos os tipos, incluindo estrelas solitárias.

14. Esta parte foi extraída de Hansen e von Oetinger, "Introducing T-Shaped Managers: Knowledge Management's Next Generation".

15. Steven Kerr, "On the Folly of Rewarding A, While Hoping for B", *Academy of Management Journal* 18, n. 4 (dezembro de 1975), 769-783.

16. Hansen e Darwall, "Intuit, Inc.: Transforming an Entrepreneurial Company into a Collaborative Organization (A)".

17. Ibid. Eis outro exemplo da Intuit. Carol Novello, que era vice-presidente de marketing da unidade de finanças pessoais e de pequenas empresas da Intuit, usava o critério de vendas cruzadas para avaliar a colaboração: "Nós começávamos avaliando receitas por cliente e o número médio de produtos comprados por cliente {entre todos os produtos}, e descobri que é definitivamente mais fácil colaborar quando se usa os critérios certos. Por exemplo, fizemos um piloto com um de nossos canais de atendimento telefônico. Antes da experiência, vendíamos produtos ou serviços adicionais em apenas 5% das ligações telefônicas. Aumentamos o nível de habilidade de nossos representantes, para que eles pudessem vender vários produtos em uma única chamada, e começamos a destinar as receitas, juntamente com os custos proporcionais, para as unidades de negócios cujos produtos nós vendíamos. Atualmente, efetuamos vendas em aproximadamente 25% das ligações, e nossas receitas aumentaram quase cinco vezes, com um aumento mínimo de custos."

18. A ferramenta de feedback 360 graus tornou-se muito popular nos últimos anos, mas também foi alvo de críticas. Embora possa fornecer feedback valioso, ela pode ser mal empregada e ferir sentimentos, violar privacidade e provocar a saída de funcionários. Watson Wyatt publicou uma pesquisa em 2001, revelando que empresas que usavam o feedback 360 graus tinham um valor de mercado 4,9% menor que empresas similares que não o utilizavam (ver Bruce Pfau e Ira Kay, "Does 360-Degree Feedback Negatively Affect Company Performance? Studies Show That 360-Degree Feedback May Do More Harm than Good", *HR Magazine*, 2002). Essa afirmação obviamente não se sustenta, porque não há provas de que o uso da ferramenta de feedback 360 graus *causava* a queda; as empresas de menor desempenho talvez sejam mais zelosas no uso da ferramenta para tentar melhorar seu desempenho. No entanto, a ferramenta pode ser mal empregada, e é preciso cuidado, conforme sugerido em Mary Carson, "Saying It Like It Isn't: The Pros and Cons of 360-Degree Feedback", *Business Horizons* 49 (2006), 395-402.

19. Esta informação foi obtida em Martin Gargiulo, Gokhan Ertug e Charles Galunic, "The Two Faces of Control: Network Closure and Individual Performance Among Knowledge Workers", *Administrative Science Quarterly*, no prelo.

20. Hansen e von Oetinger, "Introducing T-Shaped Managers: Knowledge Management's Next Generation".

21. Jeff Pfeffer descreveu alguns desses problemas em "Six Dangerous Myths About Pay", *Harvard Business Review* (maio-junho de 1998), onde ele sustenta, entre outras coisas, que os sistemas de remuneração podem dar errado e prejudicar o trabalho em equipe. Uma de minhas histórias favoritas, contada por Pfeffer em *What Were They Thinking? Unconventional Wisdom About Management* (Boston: Harvard Business

School Press, 2007, Capítulo 11), é o plano de remuneração por desempenho introduzido na cidade de Albuquerque, Novo México, onde as autoridades tiveram a ideia de pagar os lixeiros por oito horas de trabalho, seja qual fosse o tempo que eles demorassem para percorrer as rotas. Se eles trabalhassem duro, poderiam terminar mais cedo, o que era incentivo suficiente para estimular a eficiência, ou assim pensavam os gestores. Pode-se imaginar o que aconteceu. Os motoristas pensaram que poderiam terminar mais rápido-se não apanhassem todo o lixo, se dirigissem mais rápido e se não fossem ao depósito de lixo com tanta frequência e dirigissem pela cidade com caminhões superlotados. O sistema tornou-se mais oneroso do que antes, porque a cidade teve de compensar essas deficiências, como, por exemplo, despachar caminhões extras para coletar o lixo que ficava para trás. Conclusão da história: cuidado com o que você paga!

22. As mesmas suposições frágeis também sustentam o argumento de opções de compras de ações: "Os nossos funcionários pensam primeiro na empresa porque eles são proprietários", talvez digam alguns líderes. Pode acontecer que em pequenas empresas as opções de compra de ações estimulem a colaboração, mas em grandes empresas, e no caso de gerentes que não pertencem ao alto escalão, essas iniciativas são inexpressivas.

23. As informações sobre a Bain são provenientes de Morten T. Hansen, Nitin Nohria e Thomas Tierney, "What's Your Strategy for Managing Knowledge?" *Harvard Business Review* (1999).

24. Neste caso, o pagamento líquido precisa ser bastante substancial para que o raciocínio faça sentido. Não raro vejo sistemas de bônus em que o componente de colaboração é muito pequeno. Num sistema de bônus típico, o bônus pode ser de até 20% do salário-base (maior em cargos de vendas). Os gestores usam grande quantidade de itens para determinar o bônus, um dos quais é a colaboração, que pode receber um peso de 20%. Quanto isso rende? Bem, 20% de 20% é 4% – não muito. No caso de um gerente que ganha um salário-base de $200.000, a parte de colaboração de seu bônus – se ele obtiver pontuações altas em colaboração – equivalerá a $8.000 antes do imposto (ou cerca de $5.000 livres de impostos). Quantos gerentes será que continuarão tomando aviões o ano todo para colaborar com colegas sabendo que, se fizerem um bom trabalho, haverá um cheque de $5.000 esperando por eles no final do ano? Acho que não muitos. Não é suficiente. Faça valer a pena. Torne-o importante.

25. Entrevistas no restaurante Roy's, São Francisco, 2001.

26. Esta técnica foi descrita em Matthew Brelis, "Unconventional Business Strategy Makes Southwest Airlines a Model for Success", Knight Ridder/Tribune Business News, 6 de novembro de 2000.

27. Citado em Jeff Pfeffer e Charles O'Reilly, "Southwest Airlines (A)", Teaching case HR-1A (Stanford, CA: Stanford University, 1995).

28. Howard Leventhal, Robert Singer e Susan Jones, "Effects of Fear and Specificity of Recommendation upon Attitudes and Behavior", *Journal of Personality and Social Psychology* 2, n. 1 (1965), 20-29.

29. O artigo original que expôs este argumento relativo a atitudes no trabalho é de Gerald R. Salancik e Jeffrey Pfeffer, "A Social Information Processing Approach to Job

Attitudes and Task Design", *Administrative Science Quarterly* 23 (1978), 224-253. Desde então, as pesquisas, de forma geral, têm confirmado que o processo é recíproco: atitudes predizem comportamentos, e comportamentos predizem atitudes, este último exercendo maior impacto (Jeffrey Pfeffer, mensagem pessoal, fevereiro de 2008).

30. Ver David Garvin e Artemis March, "Harvey Golub: Recharging American Express" Case 9-396-212 (Boston: Harvard Business School, 1996).

31. Este cenário baseia-se nas suposições apresentadas na tabela seguinte.

Simulação: mudar o número de gerentes-T no grupo dos 100 melhores

	1º ano	2º ano	3º ano
Composição	Início		Fim
Estrelas solitárias	30		18
Gerentes-T	20		65
Borboletas	30		12
Molengas	20		5
Total	100		100
Profissionais que saem do grupo dos 100 melhores			
Rotatividade natural: 10% por ano	10	20	30
Molengas: 10% demitidos por ano	2	4	6
= soma de vagas no grupo dos 100 melhores	12	24	36
Novas pessoas selecionadas para as vagas			
Promovidas de escalões inferiores: metade das novas vagas	6	12	18
Recrutadas fora da empresa: metade das novas vagas	6	12	18
Das novas pessoas, 80% são T	10	20	30
Das novas pessoas, 20% são estrelas solitárias (erros)	2	4	6
Pessoas que passam a adotar comportamentos de gestão-T			
De estrelas solitárias para T: 10% convertidas anualmente	3	6	9
De borboletas para T: 10% convertidas anualmente	3	6	9
De molengas para T: 5% convertidas anualmente	1	2	3
Soma de gerentes-T			
20 iniciais menos 10% de rotatividade natural	18	16	14
Soma novos gerentes-T promovidos e recrutados	10	20	20
Soma dos que adotaram comportamentos de gestão-T	7	14	21
Soma	35	50	65
Soma de molengas			
20 iniciais menos rotatividade natural	18	16	14
Menos os demitidos	-2	-4	-6
Menos os convertidos para gestão-T	-1	-2	-3
Soma	15	10	5
Soma de borboletas			
30 iniciais menos rotatividade natural	**27**	**24**	**31**
Menos os convertidos para gestão-T	-3	-6	-9
Soma	24	18	12
Soma de estrelas solitárias			
30 iniciais menos rotatividade natural	27	24	21
Menos os convertidos para gestão-T	-3	-6	-9
Mais os novos selecionados	2	4	6
Soma	26	22	18
Soma total	**100**	**100**	**100**

Capítulo 6

1. Este exemplo é proveniente de Morten T. Hansen e Bolko von Oetinger, "Introducing T-Shaped Managers: Knowledge Management's Next Generation", *Harvard Business Review* (março-abril de 2001). Nome, lugares e informações de interesse comercial foram trocados no exemplo, embora Les Owen seja um nome real.

2. Evento ocorrido em 1994, em Corpus Christi, Texas, quando um raio provocou uma avaria na usina de extração Three Rivers, da Kock Industries. O raio fechou uma válvula com o petróleo ainda fluindo, fazendo com que o oleoduto enferrujado explodisse. A Kock acabou fazendo um acordo para pagar mais de $45 milhões de indenização, decorrentes de dois processos judiciais. Relatado em Ralph K. M. Kaurwitz e Jeff Nesmith, "Polluters Punished Through 'the Back Door'", *American Statesman*, 23 de julho de 2001.

3. Martine R. Haas e Morten T. Hansen, "When Using Knowledge Can Hurt Performance: The Value of Organizational Capabilities in a Management Consulting Company", *Strategic Management Journal* (2005).

4. Por exemplo, Philip Evans e Bob Wolf, do Boston Consulting Group, afirmam que "muitas interações insignificantes" melhoram a colaboração; ver Philip Evans e Bob Wolf, "Collaboration Rules", *Harvard Business Review* (julho-agosto de 2005). Esta é, basicamente, uma versão de "quanto mais, melhor". Porém, as pesquisas que associam o tamanho de redes de contatos a desempenho sugerem o contrário. Para outra análise do mito "quanto mais, melhor", ver Rob Cross, Nitin Nohria e Andrew Parker, "Six Myths About Informal Networks – and How to Overcome Them", *Sloan Management Review*, primavera de 2002.

5. Malcolm Gladwell, *O ponto da virada: Como pequenas coisas podem fazer uma grande diferença* (Rio de Janeiro: Editora Sextante, 2009).

6. Ibid.

7. Morten T. Hansen, "Knowledge Networks: Explaining Effective Knowledge Sharing in Multiunit Companies". *Organization Science* (2002).

8. Todas as informações e citações sobre Vivi Nevo são de Tim Arango, "A Media Powerhouse Everyone and Nobody Knows", *New York Times*, 28 de julho de 2008.

9. Algumas pesquisas tentaram analisar os efeitos dos traços de personalidade sobre a posição das pessoas nas redes. Em uma pesquisa – Katherine Klein, Beng-Chong Lim, Jessica Saltz e David Mayer, "How Do They Get There: An Examination of the Antecedents of Centrality in Team Networks", *Academy of Management Journal* (2004), 952-963 –, os autores examinaram traços de personalidade, incluindo extroversão, o mais intimamente relacionado a talento social. Porém, a pesquisa revelou que esse fator não estava relacionado à importância da pessoa em uma rede de contatos; os extrovertidos não tinham redes de contatos maiores do que os introvertidos. Cumpre-me assinalar que essa área não foi amplamente pesquisada; há um amplo corpo de pesquisas sobre o tema, mas muito poucas delas analisam os efeitos dos traços de personalidade sobre as redes de contatos. Isso não quer dizer que os traços de personalidade não afetem as redes de contatos.

Por exemplo, uma pesquisa revelou que a característica de automonitoramento da pessoa influenciava o seu grau de importância na rede de contatos; ver Ajay Mehra, Martin Kilduff e Daniel Brass, "The Social Networks of High and Low Self-Monitors: Implications for Workplace Performance", *Administrative Science Quarterly* 46 (2001), 121-146.

10. Na década passada, houve um amplo corpo de pesquisas acadêmicas sobre redes de contatos nas empresas, e os pesquisadores transformam, cada vez mais, as constatações em recomendações gerenciais. Ver, por exemplo: Herminia Ibarra e Mark Hunter, "How Leaders Create and Use Networks", *Harvard Business Review*, janeiro de 2007; e Robert Cross e Robert Thomas, *Driving Results Through Social Networks: How Top Organizations Leverage Networks for Performance and Growth*, San Francisco, CA: Jossey-Bass, 2009.

11. Uma pesquisa de e-mails, agendas e teleconferências em uma empresa enorme confirmou que a maior parte da comunicação ocorre dentro de limites formais. Evidentemente, isso é normal se o trabalho é formalmente dividido em blocos que exigem muitas interações. Todavia, essa divisão pode impedir o trabalho entre todas as áreas da organização. Ver Adam M. Kleinbaum, Toby E. Stuart e Michael L. Tushman, "Communication (and Coordination?) in a Modern, Complex Organization", Working paper 09-004 (Boston: Harvard Business School, julho de 2008).

12. Alguns lugares e informações foram modificados para proteger a identidade da empresa.

13. Eu uso a forma abreviada diversidade para a ideia de que é a diversidade de contatos de rede o que importa. A diversidade pode ser medida, *grosso modo*, como o número de diferentes tipos de contatos de rede (conhecido como variedade nas publicações específicas sobre redes de contatos). Uma medida mais complexa são os buracos estruturais, a medida da ausência de elos entre os contatos das pessoas (quanto menor o número de elos, mais diversos serão os contatos, porque eles tendem a possuir tipos diferentes de informação se não conversarem entre si). Ver Ronald Burt, "Structural Holes and Good Ideas", *American Journal of Sociology* (2004).

14. Morten T. Hansen, "Knowledge Networks: Explaining Effective Knowledge Sharing in Multi-unit Companies", *Organization Science* (maio-junho de 2002).

15. A diversidade da rede de contatos de uma unidade de negócios, medida pelo número de patentes, levou as equipes a serem mais inovadoras. Esse resultado – que analisa o efeito da diversidade de rede sobre o número de patentes – não foi publicado em artigo acadêmico. Eis os resultados da análise de regressão logística: ela prediz a probabilidade de uma unidade de negócios depositar pedidos de patentes em determinado ano, como resultado da variedade de tecnologias acessadas através de sua rede de contatos. Variedade é medida aqui, grosso modo, como o número de tecnologias diferentes que uma unidade consegue acessar através de seus relacionamentos (variando de 4 a 17, de um máximo de 22). Os resultados também se sustentam quando é utilizada uma medida de entropia com maior número de nuances.

	Coeficientes de regressão estimados (variável dependente = probabilidade de patentear em determinado ano)
Variedade	0,55*
Número de projetos da unidade	-0,78
Experiência	0,11
Ano	0,42
Tamanho da unidade (vendas)	-0,09
Tempo de existência da empresa	2,1
Proporção de elos entre os contatos	5,5
9 variáveis *dummy* para tecnologias	Não significativo

*Significativo no nível 0,05.
Pseudo R-squared: 0,51.

Esta análise leva em conta algumas explicações óbvias, inclusive que unidades de negócios maiores e mais antigas têm uma variedade mais ampla; que unidades com mais projetos em preparação obtêm patentes com mais frequência; e que tipos diferentes de tecnologias em uma unidade (versus os próprios contatos) promovem a diversidade.

16. Há numerosas pesquisas sobre esta questão específica da diversidade. O trabalho mais conhecido é de Ronald Burt, *Structural Holes: The Social Structure of Competition* (Cambridge, MA: Harvard University Press, 1992).

17. O trabalho original sobre laços frágeis é de Mark Granovetter, "The Strength of Weak Ties", *American Journal of Sociology* 6 (1973), 1360-1380.

18. Este resultado foi obtido ao fazer uma análise de regressão, na qual os meses de busca (número de meses de engenharia gastos nas buscas) eram a variável dependente, e a força média da rede entre unidades da equipe de projetos era uma das variáveis independentes. O coeficiente era +1,60 mês. Ou seja, para cada incremento de força (numa escala de 1 a 7), a equipe gastava mais 1,6 mês de engenharia pesquisando. As equipes tinham, em média, uma nota de força igual a 4. Uma equipe de laços muito frágeis gastava 1,6 × 2 = 3,2 meses de busca, enquanto uma equipe estreitamente ligada gastava 1,6 × 5 = 8 meses de busca (que equivalem a 12%, em média, de todos os meses de engenharia gastos no projeto, o que não é algo trivial). Para obter mais informações sobre esses resultados, ver Morten Hansen, Marie Louise Mors e Bjorn Lovas, "Knowledge Sharing in Organizations: Multiple Networks, Multiple Phases", *Academy of Management Journal* (2005).

19. Preferir o que nos é familiar apresenta tal regularidade empírica que os sociólogos até se referem a ela como "lei de homofilia" (e a sociologia não tem muitas leis). As provas são impressionantes. Ver M. McPherson, L. Smith-Lovin e J. M. Cook, "Birds of a Feather: Homophily in Social Networks", *Annual Review of Sociology* 27 (2001), 415-444.

20. Singh, Jasjit, Morten T. Hansen e Joel Podolny. "The World is Not Small for Everyone: Pathways of Discrimination in Searching for Information in Organizations". Working paper, INSEAD (Fontainebleau, França: INSEAD, 2009).

21. Citado em Morten T. Hansen e Bolko von Oetinger, "Introducing T-Shaped Managers: Knowledge Management's Next Generation".

22. A importância do rodízio de trabalho é analisado em Nitin Nohria e Sumantra Ghoshal, *The Differentiated Network: Organizing Multinational Corporations for Value Creation* (San Francisco: Jossey-Bass, 1997).

23. Esta tática é semelhante à ideia de ter contatos em comum em redes sociais. As pessoas são mais propensas a cooperar se existem muitos laços em comum (outras pessoas): se John quer alguma coisa de Jim, quanto mais laços em comum existirem entre eles (por exemplo, Mary é amiga de John e de Jim), menor a probabilidade de Jim atrapalhar John e reter informações. Nas publicações específicas sobre pesquisas através de redes de contatos, os pesquisadores debatem o que é melhor: contatos em comum ou buracos estruturais (a falta de laços em comum). O debate ultrapassou essa dicotomia e considera a combinação dos dois. Ver R. S. Burt, "Structural Holes and Good Ideas", *American Journal of Sociology* (2004), para uma discussão. Ver também Martin Gargiulo, "Network Closure and Third Party Cooperation". Artigo investigativo, INSEAD (Fontainebleau, França: INSEAD, 2003).

24. Gladwell, *O ponto da virada*.

25. Isto presume que haja contatos em comum – pessoas que são ligadas a você e ao alvo que você está tentando influenciar. Um paradoxo das redes de contatos é que pessoas que têm boas redes de busca – aquelas com ampla variedade e laços frágeis – quase sempre têm menos contatos em comum e acham difícil juntar forças para atingir alvos.

26. Uma ótima referência é Robert B. Cialdini, *Influence: The Psychology of Persuasion* (Nova York: Collins Business Essentials, 2007). Uma leitura mais fácil é fornecida em Noah J. Goldstein, Steve J. Martin e Robert B. Cialdini, *Yes! 50 Scientifically Proven Ways to Be Persuasive* (Nova York: Free Press, 2008).

27. O caso Shield e as citações foram extraídos de Anca Metiu and Lynn Selhat, "Shield: Product Development in a Distributed Team", Case 06/2005-5285 (Fontainebleau, França: INSEAD, 2005).

28. Equipes virtuais apresentam problemas de comunicação. Para esclarecimentos, ver o seguinte artigo: Pamela Hinds and Mark Mortensen, "Understanding Conflict in Geographically Distributed Teams: The Moderating Effects of Shared Identity, Shared Context, and Spontaneous Communication", *Organization Science* (2005), 290-307.

29. Note que a combinação de laços frágeis e conhecimento explícito não representa muitas dificuldades: embora as pessoas mal se conheçam, elas colaboram em temas rotineiros e de fácil entendimento, portanto a comunicação é muito mais fácil.

30. Ver Morten T. Hansen, "The Search-Transfer Problem: The Role of Weak Ties in Sharing Knowledge Across Organization Subunits", *Administrative Science Quarterly* (1999).

31. As pesquisas indicam a importância de mobilização precoce para assegurar o sucesso da equipe. Ver Jeff Ericksen e Lee Dyer, "Right from the Start: Exploring the Effects of Early Team Events on Subsequent Project Team Development and Performance", *Administrative Science Quarterly* 49 (2004), 438-471.

32. Existem vários métodos e ferramentas abrangentes de mapeamento de redes, e eles estão disponíveis em uma série de empresas de consultoria. Usá-los corretamente exige bastante esforço.

Capítulo 7
1. Citações da filmagem em vídeo da convenção, http://youtube.com/watch?v= SUzUbtIptqQ (acessado em 21 de novembro de 2008).
2. Peter Nicholas, "Schwarzenegger Deems Opponents 'Girlie Men' – Twice", *San Francisco Chronicle*, 18 de julho de 2004.
3. Ibid.
4. John Wildermuth, "Schwarzenegger Hits the Road: Governor Barnstorms for Budget", *San Francisco Chronicle*, 22 de julho de 2004.
5. Ibid.
6. Lynda Gledhill, "Governor's Gibes Stall Budget, Dems Say", *San Francisco Chronicle*, 20 de julho de 2004.
7. John M. Broder, "Not on Ballot, Schwarzenegger Is Still Rebuked", *New York Times*, 10 de novembro de 2005. As propostas eram sobre limites de gastos estaduais, reorganização distrital, estabilidade de professores e gastos de sindicatos.
8. Ibid.
9. "Governor Schwarzenegger's 2006 State of the State Address", Gabinete do Governador, 5 de janeiro de 2006 (como entregue), www.http/gov.ca.gov.
10. "Sadly, Arnold Schwarzenegger Is Likely to Prove a One-Off", *Economist*, 3 de novembro de 2007.
11. Jim Carlton, "Buddy Movie: Over Cigars, Schwarzenegger, Speaker Build Unlikely Bond – How Núñez Helped Drive Governor's Left Turn; 'You're Danny DeVito'", *Wall Street Journal*, 31 de maio de 2007.
12. Ibid.
13. Os projetos referentes aos gases de efeito estufa e à infraestrutura foram controvertidos. No caso do projeto sobre emissão de gases de efeito estufa (AB 32), o governador queria que a supervisão fosse de seu próprio grupo consultivo (The Climate Action Council). Os democratas se opuseram e alegaram que o Air Resources Board, da Califórnia, deveria ter autoridade para elaborar os detalhes, incluindo a implementação de um sistema de limite e comércio de emissões. O principal ponto de impasse no sistema de limite e comércio é que os democratas queriam reduções obrigatórias (exigindo que as empresas reduzissem emissões em certa quantidade, a partir de determinada data), enquanto o governador queria que as empresas tivessem a opção de comprar e vender créditos do sistema de comércio (permitindo que empresas que não cumprem as metas de redução comprem créditos das que as cumprem, em vez de reduzir a emissão de gases, para atender as exigências). Schwarzenegger cedeu na questão da supervisão, e os democratas cederam na exigência de obrigatoriedade. A solução foi um limite de 25% até 2020, um sistema de comércio, uma cláusula estipulando que as exigências poderiam ser suspensas em uma emergência, e supervisão pelo Air Resources Board.

A aprovação do projeto de infraestrutura também foi difícil. Em janeiro de 2006, Schwarzenegger propôs um plano de gastos de $222 bilhões, no período de dez anos, que seria financiado, em parte, pela emissão de $68 bilhões em novos títulos. Surgiram problemas espinhosos. O governador queria emitir títulos no valor de $68 bilhões, mas os legisladores queriam uma emissão menor. Os democratas queriam incluir verbas para parques e moradias a preços acessíveis. O governador queria verbas para construir novas prisões. Nenhum acordo foi fechado até março. Mas eles estavam fazendo progresso. O republicano Kevin McCarthy disse, na ocasião, que as conversações estavam "mais integradas e menos partidárias do que jamais vi em Sacramento" (Josh Richman, "Lawmakers Close In on Bond Deal", *Oakland Tribune*, 19 de abril de 2006). Colaborando e fazendo concessões, Schwarzenegger desistiu de $31 bilhões e do projeto de expansão de prisões, e os democratas abriram mão das verbas para parques e habitação. Eles acabaram com um projeto de $37 bilhões em títulos para estradas, escolas e diques. Os eleitores o aprovaram em novembro de 2006.

14. Tom Chorneau e Mark Martin, "Even Top Dems Help Governor with Turnaround: Assembly Speaker Especially Works Well with Schwarzenegger", *San Francisco Chronicle*, 31 de agosto de 2006.

15. A fonte de dados de cada escala (por exemplo, redefinir sucesso) consiste em perguntas de pesquisas que questionam pontos semelhantes. É mais eficiente do que fazer apenas uma pergunta. O coeficiente Alpha de Cronbach (CA) avalia a consistência interna das perguntas. Alfa de Cronbach das várias escalas: redefinir sucesso (CA = 0,72); ser inclusivo (CA = 0,83); e ser responsável (CA = 0,60). O último número é bastante baixo (porque ser responsável são duas subescalas: responsável por si e responsabilizar os outros).

16. Este princípio é semelhante ao princípio de liderança nível cinco concebido por Jim Collins, *Empresas feitas para vencer* (Rio de Janeiro: Elsevier, 2001). O melhor comportamento de liderança, no modelo de Collins, ocorre quando os líderes subordinam o ego à busca dos objetivos da empresa. Esse comportamento é claramente importante na colaboração: infundir colaboração na empresa, e fazer com que as pessoas se ajudem, é mais fácil se elas estiverem trabalhando para atingir metas maiores do que seus interesses limitados – e se os CEOs colocarem a empresa, e não eles mesmos, em primeiro lugar.

17. As receitas aumentaram de $21.311 milhões, em 1994, para $63.367 milhões, em 2007; relatórios anuais da Target (o ano fiscal terminou em janeiro de 2008). Cotações de ações calculadas diariamente (ajustados para refletir desdobramento de ações) na gestão do CEO Ulrich, de 14 de abril de 1994 a 30 de abril de 2008. O índice S&P 500 subiu 271% durante sua gestão, portanto, o aumento de 750% da Target supera com folga o do índice. Fonte: Datastream via Thomson One Banker, coletados em 7 de setembro de 2008.

18. Este esboço biográfico foi extraído de Neal St. Anthony, "Behind the Bull's-Eye: Bob Ulrich Transformed Target, but the Chain Still Faces Tough Competition", *Star-Tribune* (Minneapolis), 30 de novembro de 2003.

19. Ibid.

20. Jennifer Reingold, "Target's Inner Circle", *Fortune*, 31 de março de 2008.

21. "Target's Ulrich: Quiet Coach for a Winner", *Discount Store News*, 20 de setembro de 1993.

22. Reingold, "Target's Inner Circle".

23. Há algumas pesquisas acadêmicas que ligam a tendência narcisista dos CEOs à tendência de se envolver em ações ousadas para atrair atenção para si mesmos. Ver Arijit Chatterjee e Donald Hambrick, "It's All About Me: Narcissistic Chief Executive Officers and Their Effects on Company Strategy and Performance", *Administrative Science Quarterly* (2007), 351-386. Ver também Rakesh Khurana, *Searching for a Corporate Savior: The Irrational Quest for Charismatic CEOs* (Princeton, N.J.: Princeton University Press, 2002); Manfred Kets de Vries e Katharina Balazs, "Greed, Vanity and the Grandiosity of the CEO Character", em *Leadership and Governance From the Inside Out*, publicado sob a direção de R. Gandossy e J. Sonnenfeld (Nova York: Wiley, 2004), 51-61; e Michael Maccoby, *Narcissistic Leaders: Who Succeeds and Who Fails* (Boston: Harvard Business School Press, 2007).

24. Robert F. Kennedy, *Thirteen Days: A Memoir of the Cuban Missile Crisis* (Boston: W. W. Norton & Company, 1971), 34.

25. Ibid., 28.

26. Ibid.

27. Ernest R. May e Philip D. Zelikow (orgs.) *The Kennedy Tapes: Inside the White House During the Cuban Missile Crisis* (Nova York: W. W. Norton & Company, 2002), 113.

28. Arthur M. Schlesinger Jr., *A Thousand Days: John F. Kennedy in the White House* (Boston: Houghton Mifflin Company, 1965). O fiasco da Baía dos Porcos foi um dos erros de estratégia que deu origem ao termo *pensamento de grupo*, "um modo de pensar em que as pessoas se engajam quando estão profundamente envolvidas com um grupo muito coeso, quando os membros, buscando unanimidade, suprimem sua motivação de avaliar realisticamente alternativas de cursos de ação"; Irving L. Janis, *Victims of Groupthink: A Psychological Study of Foreign-Policy Decisions and Fiascoes* (Nova York: Houghton Mifflin Company, 1972), 9.

29. Este fato está detalhado em Janis, Victims of Groupthink, 147-148. Ver também Richard Hackman e Richard Walton, "Leading Groups in Organizations", em *Designing Effective Work Groups*, publicado sob a direção de Paul S. Goodman (San Francisco: Jossey-Bass, 1986), 93-103.

30. Robert F. Kennedy, *Thirteen Days*, 36.

31. Irving Janis, *Victims of Groupthink*, 149.

32. Robert F. Kennedy, *Thirteen Days*, 34.

33. Citado em Bill George e Andrew N. McLean, "Kevin Sharer at Amgen: Sustaining the High-Growth Company", Case 9-406-020 (Boston: Harvard Business School, 5 de outubro de 2005).

34. David Brooks, "The Obama-Clinton Issue", *New York Times*, 18 de dezembro de 2007.

35. As informações desta parte foram extraídas de Robert Berner, "P&G: New and Improved", *BusinessWeek*, 7 de julho de 2003.

36. Ingrid Marie Nembhard e Amy Edmondson, "Making It Safe: The Effects of Leader Inclusiveness and Professional Status on Psychological Safety and Improvement Efforts in Health Care Teams", Edição especial sobre saúde, *Journal of Organizational Behavior* 27, n. 7 (novembro de 2006), 941-966. Ver também Amy Edmondson, "Psychological Safety and Learning Behavior in Work Teams", *Administrative Science Quarterly* 44, n. 4 (dezembro de 1999), 350-383.

37. Ver David Garvin e Michael Roberto, "What You Don't Know About Making Decisions", *Harvard Business Review* (setembro de 2001).

38. A teoria de que gerentes conseguem maior adesão quando adotam um processo decisório colaborativo tem sido respaldada por pesquisas (ibid.). Para obter uma análise de grande parte dessa pesquisa, ver Michael Roberto, *Why Great Leaders Don't Take Yes for an Answer: Managing for Conflict and Consensus* (Upper Saddle River, NJ: Wharton School Publishing, 2005).

39. Usei o excelente resumo disponível em www.wikipedia.org, sob o verbete "Kitty Genovese". Muito se escreveu sobre essa história. Ver, por exemplo, A. M. Rosenthal, *Thirty-Eight Witnesses: The Kitty Genovese Case* (Berkeley: University of California Press, 1964). Os acontecimentos foram revisitados várias vezes, e a *American Psychologist* publicou um relato revisionista que questiona o fato de tantos vizinhos – 38 – terem testemunhado o assassinato sem prestar ajuda. Ver R. Manning, M. Levine e A. Collins, "The Kitty Genovese Murder and the Social Psychology of Helping: The Parable of the 38 Witnesses", *American Psychologist* 62 (setembro de 2007), 555-562.

40. Darley, J. M. & Latané, B., "Bystander intervention in emergencies: Diffusion of responsibility". *Journal of Personality and Social Psychology* (1968).

41. Descrevo esta experiência do ponto de vista de "Carl", um personagem inventado. As informações são de A. G. Ingham, G. Levinger, J. Graves e V. Peckham, "The Ringelmann Effect: Studies of Group Size and Group Performance", *Journal of Experimental Social Psychology* (1974). A pesquisa original foi realizada por um engenheiro francês chamado Max Ringelmann, que, ao que consta, realizou a experiência com cordas no final dos anos 1880 – por essa razão a denominação "The Ringelmann Effect". Ver David A. Kravitz e Barbara Martin, "Ringelmann Rediscovered: The Original Article", *Journal of Personality and Social Psychology* (1986).

42. Os pesquisadores levaram em conta a explicação plausível de que o esforço da equipe diminuiu porque os participantes não conseguiram cooperar com facilidade com todas aquelas mãos na corda. Eles refizeram a experiência, desta vez vendando os olhos dos participantes e fazendo-os acreditar que estavam puxando a corda com outras pessoas (quando, na verdade, não estavam), e a conclusão foi a mesma; uma parte da diminuição de desempenho devia-se à falta de coordenação, e a outra, à redução de esforço.

43. Os pesquisadores que rotularam este fenômeno de inércia social também reproduziram as constatações iniciais de Ringelmann; ver Bibb Latane, Kipling Williams e Stephen Harkins, "Many Hands Make Light the Work: The Causes and Consequences of Social Loafing", *Journal of Personality and Social Psychology* (1979).

44. Carlos Ghosn, "Saving the Business Without Losing the Company", *Harvard Business Review* (janeiro de 2002).

45. Mark Magnier, "Nissan Unveils Plan for Sweeping Restructuring", *Los Angeles Times*, 19 de outubro de 1999.

46. Carlos Ghosn, "Saving the Business Without Losing the Company", *Harvard Business Review* (janeiro de 2002).

47. Citado em Michael Y. Yoshino e Masako Egawa, "Implementing the Nissan Renewal Plan", Case 9-303-111 (Boston: Harvard Business School, 2006). Ver também A. Gold, M. Hirano e Y. Yokohama, "An Outsider Takes On Japan: An Interview with Nissan's Carlos Ghosn", *McKinsey Quarterly* (2001), 95-105.

48. Michael Yoshino e Masako Egawa, "Nissan Motor Co., Ltd., 2002", Case 9-303-042 (Boston: Harvard Business School, 2006).

49. Ghosn, "Saving the Business Without Losing the Company".

50. Citado em Michael Yoshino e Masako Egawa, "Nissan Motor Co., Ltd., 2002", Case 9-303-042 (Boston: Harvard Business School, 2006).

51. A tabela a seguir mostra os resultados de análise estatística (o primeiro número é o coeficiente de correlação; o segundo número é o coeficiente de regressão):

	Redefinir sucesso	**Inclusão**	**Ser responsável**
Poder	-0,62 (-0,32, sign.)	-0,54 (não sign.)	-0,25 (não sign.)
Arrogância	-0,45 (não sign.)	-0,69 (-0,40, sign.)	-0,13 (não sign.)
Atitude de defesa	-0,55 (-0,13, sign.)	-0,60(-0,20, sign.)	-0,33 (-0,26, sign.)
Medo	-0,39 (não sign.)	-0,38 (não sign.)	-0,10 (sign.)
Ego	-0,35 (não sign.)	-0,31 (não sign.)	-0,08 (sign.)
Variáveis de controle (na análise de regressão)	Idade Estabilidade Executivo sênior Líder de unidade de negócios Program. Exec.** Desempenho no trabalho***	Idade Estabilidade Executivo sênior Líder de unidade de negócios Program. Exec.** Desempenho no trabalho***	Idade Estabilidade Executivo sênior Líder de unidade de negócios Program. Exec.** Desempenho no trabalho***
	N=170* R-squared = 0,55	N=170* R-squared = 0,58	N=170* R-squared = 0,39

*A amostra original de 185 foi reduzida para 170 devido a dados faltantes.
**Foi usada uma variável *dummy* em 5 de cada 6 cursos de educação executiva de que os entrevistados participaram. Isso controla qualquer variação entre os cursos.
***Pergunta: "Sua avaliação do desempenho da pessoa, em geral?" (90% ou mais, 75-89%, 50-74%, 25-59%, abaixo de 25%).

O primeiro número de cada célula é a correlação entre dois fatores (por exemplo, -0,62 entre "poder" e "redefinir sucesso" significa que eles têm uma correlação negativa de 0,62 – muito alta).

O segundo número de cada célula é o coeficiente de uma análise de regressão, em que a variável dependente (por exemplo, "redefinir sucesso") é resultado de cinco fatores de personalidade e de um conjunto de variáveis de controle (idade, estabilidade, tipo de trabalho e desempenho no trabalho). "Sign." significa que a variável foi importante, em termos estatísticos, para prever a variável dependente, e "não sign." significa o oposto. Por exemplo, "poder" tinha um coeficiente estimado de -0,32 para explicar "redefinir sucesso"; se uma pessoa passar de 4 para 5 na escala de poder, a capacidade da pessoa em redefinir sucesso diminui 0,32 (na escala de 1 a 7).

Dois avisos de cautela sobre fazer muitas deduções dos dados: primeiro, é difícil inferir causalidade porque os dados são transversais. Não sabemos, por exemplo, se o desejo de poder determina a incapacidade de redefinir sucesso. Em vez disso, ele oferece apenas uma correlação: de que altos níveis de desejo de poder estão negativamente associados a redefinir sucesso como a realização de objetivos maiores.

Segundo, os dados são coletados de uma única fonte, o que dá origem ao chamado problema de "métodos comuns". O avaliador pode ter pensado que a pessoa tinha excelente desempenho (ou baixo desempenho), e prosseguiu respondendo as perguntas com base nessa premissa, dando notas altas para coisas que parecem boas (ser inclusivo) e notas baixas para o que parece ruim (desejo de poder). Por essa razão, usei a avaliação do entrevistado sobre o desempenho da pessoa no trabalho como uma variável de controle na análise de regressão.

Nossa pesquisa de 185 gerentes deve ser considerada preliminar e experimental. Pesquisas adicionais são necessárias para descobrir as correlações entre barreiras pessoais e comportamentos de liderança colaborativos.

52. A definição de poder é de Jeffrey Pfeffer, da Stanford Business School, que escreveu dois livros abalizados sobre o poder nas empresas: *Managing with Power* (Harvard Business School Press, 1994) e *Power in Organizations* (Prentice Hall, 1981).

53. Kevin Allison e Chrystia Freeland, "View from the top: John Chambers, chief executive of Cisco Systems", *Financial Times* (25 de abril de 2008), http://www.un.org/Pubs/chronicle/2006/issue2/0206p24.htm.

Bibliografia

Allen, Thomas J. *Managing the Flow of Technology*. Cambridge, MA: MIT Press, 1977.
Ancona, Deborah e Henrik Bresman. *X-teams: How to Build Teams That Lead, Innovate, and Succeed*. Boston: Harvard Business School Press, 2007.
Barnett, William P. e Morten T. Hansen. "The Red Queen in Organizational Evolution". *Strategic Management Journal* 17 (1996), 139-157.
Barsoux, Jean-Louis. "Bertelsmann: Corporate Structure *and* the Internet Age". Teaching note 06/2007-4907, INSEAD, Fontainebleau, França, 2000.
Barsoux, Jean-Louis e Charles D. Galunic. "Bertelsmann (A) Corporate Structures and the Internet Age". Case 06/2007-4907; Fontainebleau, França: INSEAD, 2000.
Bartlett, Christopher A., Kenton Elderkin e Barbara Feinberg. "Jan Carlzon: CEO at SAS (A)". Case 9-392-149. Boston: Harvard Business School, 1992.
Beard, Patricia. *Blue Blood and Mutiny: The Fight for the Soul of Morgan Stanley*. Nova York: HarperCollins, 2007.
Brandenburger, Adam e Barry Nalebuff. *Co-opetition: A Revolutionary Mindset That Combines Competition and Cooperation*. Nova York: Doubleday, 1996.
Brewer, Marilynn B. "Ingroup Bias in the Minimal Intergroup Situation: A Cognitive Motivational Analysis". *Psychological Bulletin* 86 (1979), 307-324.
Brin, Sergey e Lawrence Page. "The Anatomy of a Large-Scale Hypertextual Web Search Engine". Working paper, Stanford University, Stanford, 1996.
Bruner, Robert F. *Deals from Hell: M&A Lessons That Rise Above the Ashes*. Hoboken, NJ: John Wiley & Sons, 2005.
Burt, Ronald S. *Structural Holes: The Social Structure of Competition*. Cambridge: Harvard University Press, 1992.
Burt, Ronald S. "Structural Holes and Good Ideas". *The American Journal of Sociology* 110, n. 2 (2004), 349-399.

Burton, Diane M. "Rob Parson at Morgan Stanley (A)". Case 9-498-054. Boston: Harvard Business School, 1998.

Burton, Diane M. "The Firmwide 360-degree Performance Evaluation Process at Morgan Stanley". Case 9-498-053. Boston: Harvard Business School, 1998.

Burton, Diane M., Thomas J. DeLong e Katherine Lawrence. "Morgan Stanley: Becoming a One-Firm Firm". Case 9-400-043. Boston: Harvard Business School, 1999.

Cairncross, Frances. *The Death of Distance: How the Communications Revolution is Changing Our Lives*. Boston: Harvard Business School Press, 1997.

Carlton, Jim. *Apple: The Inside Story of Intrigue, Egomania, and Business Blunders*. Nova York: Collins, 1998.

Carson, Mary. "Saying It Like It Isn't: The Pros and Cons of 360-degree Feedback". *Business Horizons* 49 (2006), 395-402.

Casciaro, Tiziana e Miguel S. Lobo. "Competent Jerks, Lovable Fools, and the Formation of Social Networks". *Harvard Business Review* 83, n. 6 (2005), 92-99.

Chakrabarti, Abhirup, Kulwant Singh e Ishtiaq Mahmood. "Diversification and Performance: Evidence from East Asian Firms". *Strategic Management Journal* 28, n. 2 (2007), 101-120.

Chatterjee, Arijit e Donald Hambrick. "It's All About Me: Narcissistic Chief Executive Officers and Their Effects on Company Strategy and Performance". *Administrative Science Quarterly* 52, n. 3 (2007), 351-386.

Cialdini, Robert B. *Influence: The Psychology of Persuasion*. Nova York: Collins Business Essentials, 2007.

Collins, James C. e Jerry I. Porras. *Feitas para durar: Práticas bem-sucedidas de empresas visionárias*. Rio de Janeiro: Editora Rocco, 2007.

Collins, James C. *Empresas feitas para vencer*. Rio de Janeiro: Campus/Elsevier, 2001.

Cross, Rob, Nitin Nohria e Andrew Parker. "Six Myths About Informal Networks – and How to Overcome Them". *Sloan Management Review* 43, n. 3 (2002), 67-75.

Cross, Rob e Robert Thomas. *Driving Results Through Social Networks: How Top Organizations Leverage Networks for Performance and Growth*. San Francisco, CA: Jossey-Bass, 2009.

Darley, J. M. & B. Latané. "Bystander intervention in emergencies: Diffusion of responsibility". *Journal of Personality and Social Psychology* (1968).

Davenport, Thomas H. e Morten T. Hansen. "Knowledge Management at Andersen Consulting". Case 9-499-032. Boston: Harvard Business School, 1998.

Day, Dwayne A. *Transcript of Presidential Meeting in the Cabinet Room of the White House: Supplemental Appropriations for the National Aeronautics and Space Administration (NASA)*, NASA, 1962.

Dodds, Peter S., Roby Muhamad e Duncan J. Watts. "An Experimental Study of Search in Global Social Networks". *Science* 301, n. 5634 (2003), 827-829.

Donini-Lenhoff, Fred G. e Hannah L. Hedrick. "Growth of Specialization in Graduate Medical Education". *Journal of the American Medical Association* 284, n. 10 (2000), 1284-1289.
Edmondson, A. "Psychological Safety and Learning Behavior in Work Teams", *Administrative Science Quarterly* 44, n. 4 (dezembro de 1999), 350-383.
Ericksen, Jeff e Lee Dyer. "Right from the Start: Exploring the Effects of Early Team Events on Subsequent Project Team Development and Performance". *Administrative Science Quarterly* 49, n. 3 (2004), 438-471.
Evans, Philip e Bob Wolf. "Collaboration Rules". *Harvard Business Review* (julho de 2005), 96-103.
Ferraro, Fabrizio, Jeffrey Pfeffer e Robert I. Sutton. "Economics Language and Assumptions: How Theories Can Become Self-Fulfilling". *Academy of Management Review* 30, n. 1 (2005), 8-24.
Fleming, Lee, Santiago Mingo e David Chen. "Collaborative Brokerage, Generative Creativity, and Creative Success". *Administrative Science Quarterly* 52 (2007), 443-475.
Frank, Robert H. *Choosing the Right Pond: Human Behavior and the Quest for Status*. Oxford: Oxford University Press, 1985.
Frank, Robert H., Thomas Gilovich e Dennis T. Regan. "Does Studying Economics Inhibit Cooperation?" *Journal of Economic Perspectives* 7, n. 2 (1993), 159-171.
Friedman, Thomas L. *The World Is Flat: A Brief History of the Twenty-First Century*. Nova York: Farrar, Straus and Giroux, 2005.
Gandossy, Robert e Jeffrey Sonnenfeld. *Leadership and Governance from the Inside Out*. Nova York: John Wiley & Sons, 2004.
Gargiulo, Martin. "Network Closure and Third Party Cooperation". Working paper INSEAD. Fontainebleau, França: INSEAD, 2003.
Gargiulo, Martin, Gokhan Ertug e Charles Galunic. "The Two Faces of Control: Network Closure and Individual Performance Among Knowledge Workers". *Administrative Science Quarterly* (no prelo, 2009).
Garvin, David A. e Artemis March. "Harvey Golub: Recharging American Express". Case 9-396-212. Boston: Harvard Business School, 1996.
Garvin, David A. e Michael A. Roberto. "What You Don't Know About Making Decisions". *Harvard Business Review* 79, n. 8 (2001), 108-116.
George, Bill e Andrew N. McLean. "Kevin Sharer at Amgen: Sustaining the High-Growth Company". Case 9-406-020. Boston: Harvard Business School, 2005.
Ghosn, Carlos. "Saving the Business Without Losing the Company". *Harvard Business Review* 80, n. 1 (2002), 37-45.
Gladwell, Malcolm. *O ponto da virada – como pequenas coisas podem fazer uma grande diferença*. Rio de Janeiro: Editora Sextante, 2009.
Goldstein, Noah J., Steve J. Martin e Robert B. Cialdini. *Yes! 50 Scientifically Proven Ways to Be Persuasive*. Nova York: Free Press, 2008.
Goshal, Sumantra. "Scandinavian Airlines System (SAS) in 1988". Case 3041. Fontainebleau, França: INSEAD, CEDEP, 1988.

Granovetter, Mark. "The Strength of Weak Ties". *American Journal of Sociology* 78, n. 6 (1973), 1360-1380.

Groysberg, Boris, Linda-Eling Lee e Ashisd Nanda. "Can They Take It with Them? The Portability of Star Knowledge Workers' Performance: Myth or Reality". *Management Science* 54, 2008.

Haas, Martine R. e Morten T. Hansen. "When Using Knowledge Can Hurt Performance: The Value of Organizational Capabilities in a Management Consulting Company". *Strategic Management Journal* 26, n. 1 (2005), 1-24.

Haas, Martine R. e Morten T. Hansen. "Different Knowledge, Different Benefits: Toward a Productivity Perspective on Knowledge Sharing in Organizations". *Strategic Management Journal* 28, n. 11 (2007), 1133-1153.

Haas, Martine R. "Cosmopolitans and locals: Status rivalries, deference, and knowledge in international teams". Research on Managing Groups and Teams (2005), 203-230.

Hackman, J. Richard e Richard Walton. "Leading Groups in Organizations", em *Designing Effective Work Groups*, publicado sob a direção de Paul S. Goodman (San Francisco: Jossey-Bass, 1986), 93-103.

Hackman, J. Richard. *Leading Teams: Setting the Stage for Great Performance*. Boston: Harvard Business School Press, 2002.

Hansen, Morten T. "Knowledge Integration in Organizations". Tese de doutorado não publicada, Graduate School of Business, Stanford University, 1996.

Hansen, Morten T. "The Search-Transfer Problem: The Role of Weak Ties in Sharing Knowledge Across Organization Subunits". *Administrative Science Quarterly* 44, n. 1 (1999), 82-111.

Hansen, Morten T., Nitin Nohria e Thomas Tierney. "What's Your Strategy for Managing Knowledge?" *Harvard Business Review* 77, n. 2 (1999), 106-116.

Hansen, Morten T., Henry W. Chesbrough, Nitin Nohria e Donald Sull. "Networked Incubators: Hothouses of the New Economy". *Harvard Business Review* 78, n. 5 (2000), 74-83.

Hansen, Morten T. e Martine R. Haas. "Competing for Attention in Knowledge Markets: Electronic Document Dissemination in a Management Consulting Company". *Administrative Science Quarterly* 46, n. 1 (2001), 1-28.

Hansen, Morten T. e Bolko von Oetinger. "Introducing T-Shaped Managers: Knowledge Management's Next Generation". *Harvard Business Review* 79, n. 3 (2001), 106-116.

Hansen, Morten T., Joel Podolny e Jeffrey Pfeffer. "So Many Ties, So Little Time: A Task Contingency Perspective on the Value of Corporate Social Capital in Organizations". *Research in the Sociology of Organizations* 18 (2001): 21-57.

Hansen, Morten T. "Knowledge Networks: Explaining Effective Knowledge Sharing in Multiunit Companies". *Organization Science* 13, n. 3 (2002), 232-248.

Hansen, Morten T. "Turning the Lone Star into a Real Team Player". *Financial Times*, 7 de agosto de 2002.

Hansen, Morten T. e Christina Darwall. "Intuit, Inc.: Transforming an Entrepreneurial Company into a Collaborative Organization (A)". Case 9-403-064. Boston: Harvard Business School, 2003.

Hansen, Morten T. e Bjorn Lovas. "How Do Multinational Companies Leverage Technological Competencies? Moving from Single to Interdependent Explanations". *Strategic Management Journal* 25, n. 8 (2004), 801-822.

Hansen, Morten T. e Nitin Nohria. "How to Build Collaborative Advantage". *MIT Sloan Management Review* 46, n. 1 (2004), 4-12.

Hansen, Morten T., Louise Mors e Bjorn Lovas. "Knowledge Sharing in Organizations: Multiple Networks, Multiple Phases". *Academy of Management Journal* 48, n. 5 (2005), 776-793.

Hansen, Morten T. "Collaborate for Value." *Financial Times*, 13 de julho de 2007.

Hansen, Morten T. "Transforming DNV: From Silos to Disciplined Collaboration Across Business Units – the Food Business". Case 08/2007-5458. Fontainebleau, França: INSEAD, 2007.

Hansen, Morten T. "Transforming DNV: From Silos to Disciplined Collaboration Across Business Units – Changes at the Top". Case 08/2007-5458. Fontainebleau, França: INSEAD, 2007.

Hansen, Morten T. e Julian Birkinshaw. "The Innovation Value Chain". *Harvard Business Review* 85, n. 6 (2007), 121-130.

Hargadon, Andrew. *How Breakthrough Happens: The Surprising Truth About How Companies Innovate*. Boston: Harvard Business School Press, 2003.

Hayek, Friedrich A. "The Use of Knowledge in Society". *American Economic Review* 35 (1945), 519-530.

Hinds, Pamela J. e Mark Mortensen. "Understanding Conflict in Geographically Distributed Teams: the Moderating Effects of Shared Identity, Shared Context, and Spontaneous Communication". *Organization Science* 16, n. 3 (2005), 290-307.

Hinds, Pamela J. e Sara Kiesler. *Distributed Work*. Cambridge, MA: MIT Press, 2002.

Huston, Larry e Nabil Sakkab. "Connect and Develop: Inside Procter & Gamble's New Model for Innovation". *Harvard Business Review* (março de 2006), 58-68.

Ibarra, Herminia e Mark Hunter. "How Leaders Create and Use Networks". *Harvard Business Review* (janeiro de 2007), 40-47.

Ingham, Alan G., G. Levinger, J. Graver e V. Packham. "The Ringelmann Effect: Studies of Group Size and Group Performance". *Journal of Experimental Social Psychology* 10, n. 4 (1974), 371-384.

Janis, Irving L. *Victims of Groupthink: A Psychological Study of Foreign-policy Decisions and Fiascoes*. Boston, MA: Houghton, Mifflin Company, 1972.

Kao, John J. "Scandinavian Airlines System". Case 9-487-041. Boston: Harvard Business School, 1996.

Kennedy, Robert F. *Thirteen Days: A Memoir of the Cuban Missile Crisis*. Nova York: W. W. Norton & Company, 1971.

Kets de Vries, Manfred e Katharina Balazs. "Greed, Vanity and the Grandiosity of the CEO Character", em *Leadership and Governance From the Inside Out*, publicado sob a direção de R. Gandossy e J. Sonnenfeld. Nova York: Wiley, 2004.

Kerr, Steven. "On the Folly of Rewarding A, While Hoping for B". *Academy of Management Journal* 18, n. 4 (1975), 769-783.

Khanna, Tarun e Krishna Palepu. "Why Focused Strategies May Be Wrong for Emerging Markets". *Harvard Business Review* 75, n. 4 (1997), 41-51.

Khurana, Rakesh. *Searching for a Corporate Savior: The Irrational Quest for Charismatic CEOs*. Princeton, NJ: Princeton University Press, 2002.

Klein, Katherine J., Beng-Chong Lim, Jessica Saltz e David Mayer. "How Do They Get There? An Examination of the Antecedents of Centrality in Team Networks". *Academy of Management Journal* 47, n. 6 (2004), 952-963.

Kleinbaum, Adam M., Toby E. Stuart e Michael L. Tushman. "Communication (and Coordination?) in a Modern, Complex Organization". Working Paper 09-004, Harvard Business School, Boston, 2008.

Kravitz, D. A. e B. Martin. "Ringelmann Rediscovered: The Original Article". *Journal of Personality and Social Psychology* 50 (1986), 936-941.

Lafley, A. G. e Ram Charan. *The Game Changer: How You Can Drive Revenue and Profit Growth With Innovation*, Nova York: Crown Business (2008).

Lal, Rajiv, Nitin Nohria e Carin-Isabel Knoop. "UBS: Towards the Integrated Firm". Case 9-506-026. Boston: Harvard Business School, 2006.

Latané, Bibb, Kipling Williams e Stephen Harkings. "Many Hands Make Light the Work: The Causes and Consequences of Social Loafing". *Journal of Personality and Social Psychology* 37, n. 6 (1979), 822-832.

Leventhal, Howard, Robert Singer e Susan Jones. "Effects of Fear and Specificity of Recommendation upon Attitudes and Behavior". *Journal of Personality and Social Psychology* 2 (1965), 20-29.

Levy, Steven. *The Perfect Thing: How the iPod Shuffles Commerce, Culture, and Coolness*. Nova York: Simon & Schuster, 2006.

Liberman, Varda, Steven M. Samuels e Lee Ross. "The Name of the Game: Predictive Power of Reputations Versus Situational Labels in Determining Prisoner's Dilemma Game Moves". *Personality and Social Psychology Bulletin* 30, n. 9 (2004), 1175-1185.

Maccoby, Michael. "Narcissistic Leaders: Who Succeeds and Who Fails". Boston: Harvard Business School Press, 2007.

Magee, David. *Turnaround: How Carlos Ghosn Rescued Nissan*. Nova York: Collins Business Essentials, 2003.

Manning, Rachel, Mark Levine e Allan Collins. "The Kitty Genovese Murder and the Social Psychology of Helping: The Parable of the 38 Witnesses". *American Psychologist* 62, n. 6 (2007), 555-562.

Markides, Constantinos C. "Consequences of Corporate Refocusing: Ex ante Evidence". *Academy of Management Journal* 35, n. 2 (1992), 398-412.

Martin, Jeffrey e Kathleen Eisenhardt. "Creating Cross-business Collaboration: A Recombinative View of Organizational Form". Working Paper, Universidade do Texas em Austin, 2005.

May, Ernest R. e Philip D. Zelikow (eds.). *The Kennedy Tapes: Inside the White House During the Cuban Missile Crisis*. Nova York: W. W. Norton & Company, 2002.

McPherson, Miller, Lynn Smith-Lovin e James M. Cook. "Birds of a Feather: Homophily in Social Networks". *Annual Review of Sociology* 27 (2001), 415-444.

Mehra, Ajay, Martin Kilduff e Daniel J. Brass. "The Social Networks of High and Low Self-Monitors: Implications for Workplace Performance". *Administrative Science Quarterly* 46, n. 2 (2001), 121-146.

Metiu, Anca e Lynn Selhat. "Shield: Product Development in a Distributed Team". Case 06/2005-5285. Fontainebleau, França: INSEAD, 2005.

Michaels, Ed, Helen Handfield-Jones e Beth Axelrod. *The War for Talent*. Boston: Harvard Business School Press, 2001.

Milgram, Stanley. "The Small-World Problem". *Psychology Today* 2 (1967), 60-67.

Miller, Dale T. "The Norm of Self-Interest". *American Psychologist* 54, n. 12 (1999), 1053-1060.

Moran, Steven, Immanuel Hermreck e Charles D. Galunic. "Bertelsmann (B): Corporate Structures for Value Creation". Case 06-2007-4907. Fontainebleau, França: INSEAD, 2004.

Nembhard, Ingrid Marie e A. Edmondson. "Making It Safe: The Effects of Leader Inclusiveness and Professional Status on Psychological Safety and Improvement Efforts in Health Care Teams". Edição especial sobre saúde. *Journal of Organizational Behavior* 27, n. 7 (novembro de 2006), 941-966.

Nohria, Nitin e Sumantra Ghoshal. *The Differentiated Network: Organizing Multinational Corporations for Value Creation*. San Francisco: Jossey-Bass, 1997.

Perlow, Leslie A. "The Time Famine: Towards a Sociology of Work Time". *Administrative Science Quarterly* 44, n. 1 (março de 1999), 57-81.

Pfau, Bruce e Ira Kay. "Does 360-Degree Feedback Negatively Affect Company Performance?" *HR Magazine* 47, n. 6 (2002), 54-59.

Pfeffer, Jeffrey. *Power in Organizations*. Nova York: Financial Times Prentice Hall, 1981.

Pfeffer, Jeffrey. *Managing with Power: Politics and Influence in Organizations*. Boston: Harvard Business School Press, 1994.

Pfeffer, Jeffrey e Charles O'Reilly. "Southwest Airlines (A)". Case HR1A. Stanford, CA: Stanford University Press, 1995.

Pfeffer, Jeffrey. "Six Dangerous Myths About Pay". *Harvard Business Review* 76, n. 3 (1998), 109-119.

Pfeffer, Jeffrey e Robert I. Sutton. *Hard Facts, Dangerous Half-Truths, and Total Nonsense: Profiting from Evidence-Based Management*. Boston: Harvard Business School Press, 2006.

Pfeffer, Jeffrey. *What Were They Thinking? Unconventional Wisdom About Management.* Boston: Harvard Business School Press, 2007.

Piskorski, Mikolaj Jan e Alessandro L. Spadini. "Procter & Gamble: Organization 2005". Case 9-707-519. Boston: Harvard Business School, 2007.

Point, Fernand. *Ma Gastronomie.* Paris: Flammarion, 1969.

Point, Fernand. *Ma Gastronomie* (Tradução inglesa). Nova York: Overlook/Rookery, 2008.

Polanyi, Michael. *The Tacit Dimension.* Nova York: Anchor Day Books, 1966.

Prusak, Laurence. "The World is Round". Harvard Business Review, 84, n. 4 (2006), 18-20.

Quelch, John A. e Rohit Deshpande. *The Global Market: Developing a Strategy to Manage Across Borders.* San Francisco: Jossey-Bass, 2004.

Ramanujam, Vasudevan e P. "Rajan" Varadarajan. "Research on Corporate Diversification: A Synthesis". *Strategic Management Journal* 10, n. 6 (1989), 523-551.

Rivkin, Jan W., Michael A. Roberto e Erika M. Ferlins. "Managing National Intelligence (A): Before 9/11". Case 9-706-463. Boston: Harvard Business School, 2006.

Roberto, Michael A. *Why Great Leaders Don't Take Yes for an Answer: Managing for Conflict and Consensus.* Upper Saddle River, NJ: Wharton School Publishing, 2005.

Rosenthal, Abraham M., ed. *Thirty-Eight Witnesses: The Kitty Genovese Case.* Berkeley: University of California Press, 1964.

Rumelt, Richard P. *Strategy, Structure, and Economic Performance.* Boston: Harvard University Press, 1974.

Sahlman, William A. e Alison B. Wagonfeld. "Intuit's New CEO: Steve Bennett". Case 9-803-044. Boston: Harvard Business School, 2003.

Salancik, Gerald R. e Jeffrey Pfeffer. "A Social Information Processing Approach to Job Attitudes and Task Design". *Administrative Science Quarterly* 23, n. 2 (1978), 224-253.

Schlesinger, Arthur M. *A Thousand Days: John F. Kennedy in the White House.* Boston, MA: Houghton Mifflin, 1965.

Sherif, Muzafer e Carolyn W. Sherif. *Groups in Harmony and Tension.* Nova York: Harper and Brothers, 1953.

Sherif, Muzafer, O. J. Harvey, B. Jack White, William R. Hood e Carolyn W. Sherif. *The Robbers Cave Experiment: Intergroup Conflict and Cooperation.* Middletown, CT: Wesleyan University Press, 1988.

Singh, Jasjit, Morten T. Hansen e Joel Podolny. "The World is Not Small for Everyone: Pathways of Discrimination in Searching for Information in Organizations". Working paper, INSEAD (Fontainebleau, França: INSEAD, 2009).

Sirower, Mark L. *The Synergy Trap: How Companies Lose the Acquisition Game.* Nova York: Free Press, 2007.

Sobel, Robert. *I.T.T.: The Management of Opportunity.* Nova York: Times Books, 1982.

Sobel, Robert. *The Rise and Fall of the Conglomerate Kings*. Nova York: Beard Books, 1999.

Sorenson, Olav e Toby Stuart. "Syndication Networks and the Spatial Distribution of Venture Capital Investments". *American Journal of Sociology* 106, n. 6 (2001), 1546-1588.

Szulanski, Gabriel. "Exploring Internal Stickiness: Impediments to the Transfer of Best Practice Within the Firm". *Strategic Management Journal* 17 (1996), 27-43.

Tajfel, H. e J. C. Turner. "The Social Identity Theory of Intergroup Behavior", em *Psychology of Intergroup Relations*, 2ª ed., publicado sob a direção de S. Worchel e W. G. Austin, Chicago: Nelson Hall, 1986, 7-24.

The House Permanent Select Committee On Intelligence And The Senate Select Committee On Intelligence. *The 9/11 Report: Joint Congressional Inquiry. Report of the Joint Inquiry into the Terrorist Attacks of September 11, 2001*. 2003.

The National Commission on Terrorist Attacks Upon the United States. *Final Report of the National Commission on Terrorist Attacks Upon the United States*. Nova York: W. W. Norton & Company, 2004.

Thimmesh, Catherine. *Team Moon: How 400,000 People Landed Apollo 11 on the Moon*. Nova York: Houghton Mifflin Company, 2006.

Tichy, Noel M. e Ram Charan. "Speed, Simplicity, Self-Confidence: An Interview with Jack Welch". *Harvard Business Review* (setembro-outubro de 1989), 112-120.

Travers, Jeffrey e Stanley Milgram. "An Experimental Study of the Small World Problem". *Sociometry* 32 (1969), 425-443.

Tushman, Michael L. e William L. Moore, eds. *Readings in the Management of Innovation*, 2ª ed. Nova York: Ballinger/Harper & Row, 1988.

Villalonga, Belen. *Research Roundtable Discussion: The Diversification Discount*. Boston: Harvard Business School, 2003.

Wagemann, Ruth, Debra A. Nunes, James A. Burruss e Richard Hackman. *Senior Leadership Teams: What It Takes to Make Them Great*. Boston: Harvard Business School Press, 2008.

Wohlstetter, Roberta. *Pearl Harbor: Warning and Decision*. Stanford, CA: Stanford University Press, 1962.

Yoshino, Michael e Masako Egawa. "Nissan Motor Co. Ltd.". Case 9-303-042. Boston: Harvard Business School, 2006.

Yoshino, Michael e Masako Egawa. "Implementing the Nissan Renewal Plan". Case 9-303-111. Boston: Harvard Business School, 2003.

Young, Jeffrey S. e William L. Simon. *Icon Steve Jobs: The Greatest Second Act in the History of Business*. Nova York: John Wiley & Sons, 2005.

Zander, Udo e Bruce Kogut. "Knowledge and the Speed of Transfer and Imitation of Organizational Capabilities: An Empirical Test". *Organization Science* 6, n. 1 (1995), 76-92.

Índice

admitir para obter comportamentos de gestão-T, 106, 114-115, 121
Agência Central de Inteligência (CIA), 50, 53, 61
Agilent, 134
agrupamento, 31-32
agrupamento de produtos, 31-32
Airbus, 83, 85, 87, 89
ajuda de pares, 104, 105
Ali, Muhammad, 67
Allen, Thomas, 62-63
al-Qaeda, 49-52
Amazon.com, 43
American Express, 117
Amgen, 163
Amoco, 103-104
Apple, 34
 iPod, 5-8, 10-12
armadilha da solução errada, 15
armadilhas da colaboração, 12-15
 subestimar custos, 14
 excesso de colaboração, 13
 diagnóstico incorreto de problemas, 14
 implementação da solução errada, 15
 território hostil, 12-13
 superestimar o valor potencial da, 13-14
Armstrong, Neil, 83

arrogância, liderança colaborativa e, 170, 171
Ataque a Pearl Harbor, 63
atarefamento, retenção de informações e, 60
atitude de defesa, liderança colaborativa e, 170, 171
atitudes
 defensiva, liderança colaborativa e, 170, 171
 mudança, 116-117
Atta, Mohamed, 51
autoconfiança, 57
autonomia conectada, 20-21
avaliação
 da vantagem de colaboração, 34-42
 de contribuições transfuncionais, 109
 de equipes, 118-119
 de redes de contatos, 144-146
avaliação de potencial para inovação, 34-36. *Ver também* avaliação

Bain & Company, 114, 183
Barnett, William, 179
barreira de busca, 18, 61-65
 distância física na, 62-63
 escassez de redes de contatos na, 64-65
 excesso de informações em, 63-64
 redes de contatos e, 131

soluções para, 71-72
tamanho da empresa em, 62
barreira de retenção de informações, 18, 59-61
    atarefamento, 60
    concorrência interna, 59-60
    gestão-T e, 105
    incentivos limitados, 60
    medo de perda de poder, 60-61
    redes de contatos e, 131
    soluções para, 71-72
barreira de transferência, 18, 65-69
    conhecimento tácito na, 65-67, 142
    falta de referencial comum, 67
    laços frágeis na, 67-69
    redes de contatos e, 131
barreira do "não inventado aqui", 18, 55-59
    autoconfiança em, 57
    corrida espacial e, 82-83
    cultura insular na, 56
    diferença de status em, 56-57
    gestão-T e, 105
    medo de revelar problemas na, 58
    redes de contatos e, 130
    soluções para, 71-72
barreiras à colaboração, 49-73. *Ver também*
    armadilhas da colaboração
    armadilha da solução errada e, 15
    avaliar, 69-71
    barreiras pessoais, liderança e, 168-173
    busca, 18, 61-65
    compartilhamento de informações e, 49-53
    conceber soluções para, 19
    custos de colaboração e, 46
    gestão-T e, 103-105
    identificar, 18
    "não inventado aqui", 18, 55-59
    no serviço de inteligência dos Estados Unidos, 49-53
    pesquisa sobre, 183
    redes de contatos e, 130-131
    retenção de informações, 18, 59-61
    soluções para, 69-72
    transferência, 18, 65-69
Bennett, Steve, 93, 102-103

Berner, Robert, 163
Bertelsmann, 42
Bin Laden, Usama, 50-52
Birkinshaw, Julian, 184-185
Boeing, 83, 85, 87, 89
Boston Consulting Group (BCG), 2, 182
BP. *Ver* British Petroleum (BP)
Braun, Vernher, von, 82
Brin, Sergey, 66
British Petroleum (BP), 13, 110
    gestão-T na, 103-105
    melhoria de operações na, 32-33
    redes de contatos na, 123-125, 138
Brooks, David, 163
Bruner, Robert, 13
Brunner, Gordon, 29
Burgelman, Robert, 179
Burton, Diane, 99
Burton, John, 152
Bush, George W., 52, 151
BusinessWeek, 25, 88

centralização, 55. *Ver também* descentralização
Chambers, John, 172-173
Chrysler, 42
Cisco, 172
Clarke, Richard, 52
coaching para gestão-T, 106, 115-118, 121
colaboração
    armadilhas da, 12-15
    avaliação de oportunidades de, 17-18
    avaliar a vantagem potencial da, 34-42
    barreiras à, 15, 18
    caso empresarial, 28-34, 47
    colaborar em excesso, 13
    comportamentos, 20
    concorrência e, 89
    custos de, 43-46
    definição de, 16
    descentralização com, 20-21
    diagnosticar incorretamente o problema na, 14
    disciplinada, 3, 16-19
    em território hostil, 12-13
    em toda a empresa, 16

implementar a solução errada na, 14-15
inovação com, 29
liderança na, 18-19
ligar incentivos à, 110-114
linguagem da, 29
matriz, 37-40
objetivo da, 17
passos na, 17-19
quando colaborar e quando não, 25-47
responsabilidade na, 165-168
superestimar o valor potencial da, 13-14
vendas e, 30-32
colaboração em excesso, 13, 40-42
colônia de férias, experiência, 77-79
Columbia Pictures, 13
Combelles, Annie, 40
comunidade do serviço de informações, falta de colaboração na, 49-53
barreira de busca na, 65
barreira de transferência na, 69
barreira do "não inventado aqui" na, 58
retenção de informações na, 61
soluções para, 71
concorrência
como meta para despertar entusiasmo, 87
externa, 88
interna, retenção de informações e, 59-60
união *versus*, 77-80
conhecimento
barreira de busca e, 61-65
barreira de transferência com, 65-69
coquetel Molotov com, 142
retenção, 59-61, 71-72, 105, 131
tácito, 65-66
Copeland, Deborah, 33
coquetel Molotov, 142-144
corrida especial, 80-83
Crazy for You (Gershwin), 140
Crest Whitestrips, 27
crise dos mísseis de Cuba, 161-163
cultura organizacional
insular, 56
na barreira "não inventado aqui", 56
custo de oportunidade, 43-46

custos
colaboração, 40-42
de fazer networking, 126
de oportunidade, 43-46
impacto da colaboração sobre, 33, 34
subestimar, 14

dados
ferramenta de avaliação 360 graus para coletar, 109-110
sobre contribuições transfuncionais, 109-110
Daimler, 42
Deals from Hell (Bruner), 13
Dean Witter, 57
debate, abertura ao, 163
declarações de valor, 91
Dell, 183
DeLong, Tom, 92
demitir para obter comportamentos de gestão-T, 106, 119, 121
descentralização, 20-21
como barreira, 53-55
no serviço de inteligência dos Estados Unidos, 61
desempenho, 21
avaliação de, 110
critérios de, em mudança de comportamento, 106, 118
impacto financeiro de colaboração no, 33-34
remuneração por, 110-114
unidade, 110-112
desempenho da unidade, 110-112
desempenho financeiro, impacto da colaboração sobre, 33-34
destino comum, criar um, 83, 85
Det Norske Veritas (DNV), 37-40, 44-46, 95-96
diagnóstico incorreto de problemas, 14
diagrama de soluções para barreiras, 71
diferença de status, 56-57
distância na barreira de busca, 62-63
diversidade
na tomada de decisões, 163
nas redes de contatos, 133-136

Drinkwater, Ann, 125, 139
Duet, 88
Dundee, Angelo, 67
Dvorak, Phred, 8

E. coli, 44
Edmondson, Amy, 164
efeito espectador, 165-166
eficiência de ativos, 33, 34
ego, liderança colaborativa e, 170, 172
empatia, 163
empresa de mídia, colaboração em, 34-36
entusiasmo, metas que despertam, 87
estrelas solitárias, 99-103. *Ver também* gestão-T
excesso de informação, 63-64

Fadell, Tony, 7
Federal Bureau of Investigation (FBI), 49-55, 58, 61, 65
Ferraro, Fabrizio, 95
Financial Times, 172
fome de tempo, 60
Fortune, 26, 57, 158
Frank, Robert, 57
Freeland, Chrystia, 172-173
free-riding, 113
funcionários. *Ver também* gestão
 assistência dos pares, 104-105
 como pontes, 125-126, 138-139
 remuneração por desempenho e, 112-114

Gagarin, Yuri, 80
GE. *Ver* General Electric (GE)
General Electric (GE), 83, 106
Genovese, Kitty, 165
gerenciamento de tempo, 104-105
Gershwin, George, 140
gestão
 como barreira à colaboração, 53-55
 consequências, 110
 em soluções para barreiras, 71-72
 gestão-T, 19, 99-122
 mecanismo de pessoas para, 19
 rede de contatos, 128
gestão-T, 99-122, 182

aconselhamento, 106, 115-118
como solução para barreiras, 72
desenvolvimento, 106-107
equipes na, 118-121
estrelas solitárias e, 99-103
na British Petroleum, 103-105
no mecanismo de pessoas, 19
promover a, 106, 107-110
recrutar para obter, 114-115
seleção e mudança na, 106-107
Ghosn, Carlos, 166, 168
Gillette, 28
Girl Crazy (Gershwin), 140
Gladwell, Malcolm, 126, 140
Goldman Sachs, 91
Golub, Harvey, 117
Google, 66

Haas, Martine, 2, 33, 40, 181, 182
habilidade de ouvir, 163
habilidades sociais, redes de contatos e, 127-128
Hall, Jennifer, 108
Hamilton, Lee, 55
Harvard Business School, 2, 3
Hazmi, Nawaf, 49, 53, 58
Hemp, Paul, 182
Hewlett-Packard (Agilent), 1, 183
 barreira de busca na, 62, 63
 barreira de transferência na, 65, 67-69
 "não inventado aqui" na, 55-56
 networking na, 127, 143
 pesquisa na, 179-181
 redes de contatos na, 133-137
 retenção de informações na, 59
Horchow, Roger, 126, 140

Idei, Nobuyuki, 9
Immelt, Jeffrey, 163
incentivos
 diretamente ligados à colaboração, 113-114
 em toda a empresa, 112-113
 no serviço de informações dos Estados Unidos, 61
 para gestão-T, 106, 121

pesquisa sobre, 183
remuneração por desempenho correto, 110-114
retenção de informações e, 60
indicadores
    de contribuições transfuncionais, 109
    de redes de contatos, 128, 146
inércia social, 166
influenciadores, juntar forças para atingir o alvo com, 139-141
informações, barreira de busca e, 61-65
inovação, 29
    impacto do aumento de, 33-34
    pesquisa sobre, 184-185
INSEAD, 3, 115-116, 142
inspiração, metas para despertar, 87
interesse pessoal, 95
Intuit, 93, 102-103, 109
iPod, 5-12
iTunes, 7, 10
Ive, Jonathan, 7

Jager, Durk, 25, 26
Jardine Pacific, 31-32
Jobs, Steve, 6-7, 11, 34
jogo da comunidade, 93-95
jogo dilema do prisioneiro, 93-95
Johnson, Lyndon B., 80
juntar forças para atingir o alvo, 139-141

Kagermann, Henning, 89
Kennedy, John F.
    crise dos mísseis de Cuba, 159-163, 164
    meta de união de, 80-83
    metas simples e concretas de, 85-86
Kennedy, Robert, 159-163
Kennedy, Susan, 153
Kerr, Steven, 106
Kerry, John, 151
Khrushchev, Nikita, 163
Knopf, Mildred, 140-141
Kovacevich, Richard, 30-31, 34

laços frágeis, 68
Lafley, A. G., 25-28, 163
Leggate, John, 13

Lehman, Roger, 115-116, 168
Lennon, John, 67
Levy, Steven, 7
liberdade empresarial, 42
liderança
    coaching para, 106, 115-118
    colaborativa, 151-174
    derrubar barreiras pessoais em, 168-172
    descentralização e, 20-21
    envolver outros em, 155, 156, 159-164
    estrelas solitárias e, 99-103
    individual, em colaboração disciplinada, 20
    mecanismos de, 19
    metas e interesses pessoais em, 159
    mudança de estilo em, 172-173
    na união, 77-95
    no trabalho de equipe em geral, exceto na cúpula, 92-93
    poder de decisão, 164
    redefinir sucesso em, 155-159
    responsabilização em, 155, 156, 165-168
liderança inclusiva, 156, 161-164, 168
linguagem de colaboração, 93-96
Lovas, Bjorn, 180

Ma Gastronomie (Point), 67
Mack, John, 92, 101
Madsen, Henrik, 38, 95-96
March, James, 179
Mars, Charlie, 87
Marshall Space Flight Center, 82-83
McCartney, Paul, 67
McCone, John, 161
McNamara, Robert, 161
mecanismo de pessoas, 19, 71-72
mecanismo de redes de contatos, 19, 71-72
mecanismo de unificação, 18, 72, 77-95
    exagerar, 96-97
    experiência em colônia de férias sobre, 77-79
    linguagem de colaboração no, 93-96
    metas de união no, 80-89
    valor essencial do trabalho em equipe no, 89-93

mecanismos
    pessoas, 19, 71-72
    redes de contatos, 19, 71-72
    unificação, 19, 71-72
medidas. *Ver* indicadores
medo, liderança colaborativa e, 170-171
Memorial Sloan-Kettering Cancer Institute, 183
metas
    criar destino comum em, 83, 85
    de colaboração, 17
    de união, 72, 80-89
    despertar entusiasmo com, 87
    exemplos de união, 84
    liderança pessoal e, 159
    redefinir, 155-159, 168
    simples e concretas, 85-86
    vagas e abstratas, 86
Microsoft, 87, 89
Mihdhar, Klalid al, 49, 50, 53, 61, 69
Milgram, Stanley, 64
molengas, demissão, 119, 121
Morgan Stanley, 57, 84
    estrelas solitárias em, 99-101
    trabalho de equipe em, 91, 92-93
Mors, Louise, 180
Moseley, Winston, 165
Mossberg, Walt, 9
motivação
    cultura insular e, 56
    em "não inventado aqui", 56-59
    em retenção de informações, 59-61
    falta de como barreira de colaboração, 18
    mecanismo de unificação para, 19
    pesquisa sobre, 183
Moussaoui, Zacarias, 51-53
MP3
    iPod, 5-9, 10-12
    Sony, 5-6
MS *Estonia*, 38
mudança
    atitudinal, 116-117
    comportamental, 116-118
    para gestão-T, 106-107
    traços de personalidade de líderes, 172-173

mudança sistêmica, 116-118
Mueller, Robert, 65
Mulcahy, Anne, 88, 158
Mulvaney, Kieran, 67
mundo pequeno, 64-65
Murray, Kevin, 152

Nagel, David, 103-105, 110
NASA, 80-86
Nasr, Paul, 99-101
Natural Selection Foods, 44
Nevo, Vivi, 127
New York Times, 127
Nissan, 84, 166, 168
Nohria, Nitin, 183
Nooyi, Indra, 20
Norwest, 30
Núñez, Fabian, 153, 159

O último grande herói (filme), 13
Obama, Barack, 163
Oetinger, Bolko von, 2, 182
11 de setembro de 2001, ataques de. *Ver* comunidade do serviço de inteligência, falta de colaboração na
oportunidades
    avaliar para colaboração, 17-18
    avaliar potencial de, 34-36
    e redes de contatos, 128-130
    matriz de colaboração de, 37-40
    rejeitar, 42-46
    subestimar, 42
    superestimar, 40-42
Owen, Les, 123-125, 137, 138, 139

P&G. *Ver* Procter & Gamble (P&G)
Packer, Bob, 127
Page, Larry, 66
Paley, Emily, 140
Pampers, 29
Pantene Pro-V, 29
Parson, Rob, 99-101
Parsons, Richard, 127
Pepper, John, 25
PepsiCo, 20
Perata, Don, 153, 159

Perfect Thing, The (Levy), 7
Perlow, Leslie, 60
pesquisa sobre tétano, 116-117
Pfeffer, Jeffrey, 95, 179, 180
PlayStation, 8
poder
    líderes, desejo de, 169-170
    retenção de informações e medo de perder, 60-61
poder de decidir, 164-164
Podolny, Joel, 179, 180, 183
Point, Fernand, 66
pontes, 125, 138-139
ponto da virada, O (Gladwell), 126
PortalPlayer, 7
pressão de pares, 118
Procter & Gamble (P&G), 25-28
    desempenho financeiro da, 34
    inovação na, 29
Procter, William, 29
programas de rodízio de função, 139
promoção, gestão-T, 106, 107-110, 121

recrutar para obter comportamentos de gestão-T, 114-115, 121
recursos existentes, reutilização de, 33
redes de contatos em toda a empresa, 143-146
redes de contatos, 123-147
    arte de, 128-130
    avaliar, 146
    capturar valor com, 139-143
    como solução para barreiras, 72
    diversidade *versus* tamanho em, 133-136
    exagerar, 126
    habilidades sociais e, 127-128
    identificar oportunidades de, 128-131, 131-139
    juntar forças para atingir o alvo com, 139-141
    laços fortes *versus* frágeis em, 67-69, 136-137, 141-144
    mapeamento, 144-146
    mitos sobre, 125-128
    na barreira de busca, 64-65
    na Procter & Gamble, 27

pessoal *versus* empresarial, 144, 146
planejar intervenções em, 146
pontes em, 125-126, 137-139
regras de, 131
voltadas para fora *versus* para dentro, 131-133
referenciais comuns, 67
Relatório da Comissão do 11 de Setembro, 52-53, 55, 61, 65
responsabilidade
    em liderança, 165-168
    união exagerada e, 96-97
responsabilização, 165-168
    em liderança, 155, 156, 165-168
    em união exagerada, 96-97
    exigir responsabilidade, 167-168
    individual, 166-167
reutilização de recursos existentes, 33
Rice, Condoleezza, 52
Rio, 7
Robbers Cave, experiência, 77-80
Ross, Lee, 94-95
Roy's, restaurantes, 114-115
Rubinstein, Jon, 7
Rusk, Dean, 161

SAP, 84
Scandinavian Airlines, 84
Schlesinger, Arthur, 161
Schwarzenegger, Arnold, 13, 151-155, 173
    redefinição de sucesso por, 155, 157, 159
Sculley, John, 7
segurança de alimentos, 44-46
segurança psicológica, 164
seis graus de separação, 64-65
serviços de gestão de risco, 37-40, 44-46
Sharer, Kevin, 163
Sherif, Muzafer, 77-79, 92
Shibh, Ramzi bin al-, 51
Shield, projeto, 141-142
simplicidade em metas, 85-86
Singh, Jasjit, 184
Sony, 7
    Columbia Pictures, 13
    Connect, 6, 8-12
    Walkman, 5-6

Soubra, Zacaria Mustapha, 50
Southwest Airlines, 115
Stringer, Howard, 5-6, 9
sucesso, redefinir, 155-159
Sutton, Robert, 95

tamanho da empresa na barreira de busca, 62
Target, 158-159
Taylor, Maxwell, 161
tecnologia, barreira de transferência, 65-69
Tenet, George, 52
terrorismo, colaboração da comunidade do serviço de informações sobre, 49-55
　barreira de busca no, 65
　barreira de transferência no, 69
　barreira do "não inventado aqui" no, 58
　retenção de informações no, 61
Texas Instruments, 7
Thielen, Günter, 42
Thornton, John, 127
Tierney, Thomas, 183
timing, saber quando colaborar e quando não, 25-47
Titanic, 38
tomada de decisões
　autocrática *versus* inclusiva, 159-164
　descentralizada, 20-21
　melhoria na qualidade de, 33
Toshiba, 7
trabalho de equipe
　arruinar a colaboração com, 91
　colaboração em toda a empresa *versus*, 17
　como único propósito, 93
　como valor essencial, 89-93
　definição de, 91
　em todo lugar, exceto na cúpula, 92
　gestão-T, 118-121
　laços fortes *versus* frágeis no, 141-144

trabalho em equipe na, 89, 91, 92
traços de personalidade, 127-128, 172-173
360 graus, ferramenta de avaliação, 109-110
Tsujino, Koichiro, 9

Ulrich, Robert, 158-159
Universidade de Stanford, 93-95
Universidade de Yale, 64, 116
USS *Cole*, atentado à bomba, 49, 50, 61

VAIO, PC, 6
valor
　redes de contatos na captura de, 139-143
　superestimar o potencial, 13-14
valores. *Ver* valores essenciais
valores essenciais
　conflitantes, 90-91
　trabalho de equipe como, 89-93
vendas
　agrupamento e, 31-32
　impacto da colaboração sobre, 33, 34
　venda cruzada, 30-32
vendas cruzadas, 30-32
　na DNV, 37-40

Walkman, 5-6, 8, 10
Wall Street Journal, 8, 153
Webb, James, 81-85
Welch, Jack, 83
Wells Fargo, 17, 30-31, 35
Williams, Kenneth, 50-51
Wiser, Philip, 6, 8, 9
Wohlstetter, Roberta, 63
Wolfson Microelectronics, 7

Xerox, 88

Zetsche, Dieter, 42
Zhang Ziyi, 127

Cartão Resposta

050120048-7/2003-DR/RJ
Elsevier Editora Ltda

CORREIOS

ELSEVIER

SAC | 0800 026 53 40
ELSEVIER | sac@elsevier.com.br

CARTÃO RESPOSTA
Não é necessário selar

O SELO SERÁ PAGO POR
Elsevier Editora Ltda

20299-999 - Rio de Janeiro - RJ

Acreditamos que sua resposta nos ajuda a aperfeiçoar continuamente nosso trabalho para atendê-lo(la) melhor e aos outros leitores.
**Por favor, preencha o formulário abaixo e envie pelos correios.
Agradecemos sua colaboração.**

Seu Nome: _____

Sexo: ☐ Feminino ☐ Masculino   CPF: _____

Endereço: _____

E-mail: _____

Curso ou Profissão: _____

Ano/Período em que estuda: _____

Livro adquirido e autor: _____

Como ficou conhecendo este livro?

☐ Mala direta   ☐ E-mail da Elsevier
☐ Recomendação de amigo   ☐ Anúncio (onde?) _____
☐ Recomendação de seu professor?
☐ Site (qual?) _____   ☐ Resenha jornal ou revista
☐ Evento (qual?) _____   ☐ Outro (qual?) _____

Onde costuma comprar livros?

☐ Internet (qual site?) _____
☐ Livrarias ☐ Feiras e eventos ☐ Mala direta

☐ Quero receber informações e ofertas especiais sobre livros da Elsevier e Parceiros

Qual(is) o(s) conteúdo(s) de seu interesse?

Jurídico - ☐ Livros Profissionais ☐ Livros Universitários ☐ OAB ☐ Teoria Geral e Filosofia do Direito

Educação & Referência - ☐ Comportamento ☐ Desenvolvimento Sustentável ☐ Dicionários e Enciclopédias ☐ Divulgação Científica ☐ Educação Familiar ☐ Finanças Pessoais ☐ Idiomas ☐ Interesse Geral ☐ Motivação ☐ Qualidade de Vida ☐ Sociedade e Política

Negócios - ☐ Administração/Gestão Empresarial ☐ Biografias ☐ Carreira e Liderança Empresariais ☐ E-Business ☐ Estratégia ☐ Light Business ☐ Marketing/Vendas ☐ RH/Gestão de Pessoas ☐ Tecnologia

Concursos - ☐ Administração Pública e Orçamento ☐ Ciências ☐ Contabilidade ☐ Dicas e Técnicas de Estudo ☐ Informática ☐ Jurídico Exatas ☐ Língua Estrangeira ☐ Língua Portuguesa ☐ Outros

Universitário - ☐ Administração ☐ Ciências Políticas ☐ Computação ☐ Comunicação ☐ Economia ☐ Engenharia ☐ Estatística ☐ Finanças ☐ Física ☐ História ☐ Psicologia ☐ Relações Internacionais ☐ Turismo

Áreas da Saúde - ☐ Anestesia ☐ Bioética ☐ Cardiologia ☐ Ciências Básicas ☐ Cirurgia ☐ Cirurgia Plástica ☐ Cirurgia Vascular e Endovascular ☐ Dermatologia ☐ Ecocardiologia ☐ Eletrocardiologia ☐ Emergência ☐ Enfermagem ☐ Fisioterapia ☐ Genética Médica ☐ Ginecologia e Obstetrícia ☐ Imunologia Clínica ☐ Medicina Baseada em Evidências ☐ Neurologia ☐ Odontologia ☐ Oftalmologia ☐ Ortopedia ☐ Pediatria ☐ Radiologia ☐ Terapia Intensiva ☐ Urologia ☐ Veterinária

Outras Áreas - _____

Tem algum comentário sobre este livro que deseja compartilhar conosco?

_____

* A informação que você está fornecendo será usada apenas pela Elsevier e não será vendida, alugada ou distribuída por terceiros sem permissão preliminar.